Ancient- Future

예배학

- 하나님의 구원 내러티브의 구현 -

로버트 E. 웨버 지음
이승진 옮김

기독교문서선교회

기독교문서선교회(Christian Literature Center: 약칭 CLC)는 1941년 영국 콜체스터에서 켄 아담스에 의해 시작되었으며 국제 본부는 미국의 필라델피아에 있습니다.

국제 CLC는 59개 나라에서 180개의 본부를 두고, 약 650여 명의 선교사들이 이동도서차량 40대를 이용하여 문서 보급에 힘쓰고 있으며 이메일 주문을 통해 130여 국으로 책을 공급하고 있습니다.

한국 CLC는 청교도적 복음주의 신학과 신앙서적을 출판하는 문서선교 기관으로서, 한 영혼이라도 구원되길 소망하면서 주님이 오시는 그날까지 최선을 다할 것입니다.

ANCIENT-FUTURE
WORSHIP
Proclaiming and Enacting God's Narrative

Written by
Robert E. Webber

Translated by
Seung-Jin Lee

Copyright © 2008 by Joanne Webber
Originally published in English under the title as
Ancient-Future Worship
by Baker Academic,
a division of Baker publishing Group,
Grand Rapids, Michigan, 49516, U.S.A.

All rights reserved.

Korean Edition
Copyright © 2011, 2021 by Christian Literature Center
Seoul, Korea

추천사

김상구 박사
백석대학교 신학대학원 실천신학 교수

오늘날 기독교 예배가 올바른 방향을 잃어버리고 인간의 자기만족을 추구하거나 인본주의적인 욕망의 투사에 불과하다는 비판을 받고 있다. 그렇다면 과연 바람직한 기독교 예배의 대안은 무엇일까? 예수께서는 "하나님은 영이시니 예배하는 자가 영과 진리로 예배할지니라"(요 4:24)고 말씀하셨다. 그렇다면 과연 '영과 진리'로 드리는 예배는 어떤 예배일까? 이 질문에 대해서 저자 로버트 E. 웨버 박사는 본서를 통해서 고대와 미래를 관통하는 예배, 다시 말해서 초대교회의 전통에 충실하면서도 미래 기독교 예배가 나아가야 할 방향으로 "역사 속에서 실현된 하나님의 구원 내러티브"를 선포하고 구현하는 예배로 압축하고 있다.

두 부분으로 구성된 본서의 1부에서 저자는 예배의 신학적인 근거를 하나님의 구원 내러티브 위에 정초시킨다. 그래서 예배는 하나님의 이야기를 구현하고 실행하며, 과거와 미래를 관통하는 하나님의 구원 이야기와 관련해서는 과거의 기억으로서의 예배와 미래의 예상으로서의 예배를 강조한다. 이어서 2부에서는 예배와 설교, 성만찬, 기도와 같이 예배의 핵심적인 구성요소들을 하나님의 구원 내러티브와 결부시키고 있다. 먼저 예배는 과거 하나님의 구원 이야기에 대한 기억과 미래 하나님의 구원 이야기에 대한 예상의 기준에 맞게 변혁시킬 것을 제안하며, 설교 역시 성경에 펼쳐진 하나님의 구원 내러티브를 선포하고 실행해야 한다는 점을 강조하며, 성만찬에 대해서도 단순히 그리스도의 임재에 관한 신학적인 논쟁에 머무를 것이 아니라 성찬에 임재하시는 하나님의 현존성에 근거하여 성만찬의 진정한 영적인 기쁨과 감격을 회복할 것을 강조한다. 이렇게 하나님의 구원에 관한 내러티브로 기독교 예배 전체가 회복될 때 이러한 예배야말로 하나님이 찾으시고 기뻐하시는 영과 진리의 예배라는 것이다.

오늘날과 같이 기독교 예배의 본질이 인본주의적인 자기만족에 의하여 퇴색되고 변질되기 쉬운 시대에 2천 년 예배 역사를 관통하는 저자의 예배학적인 통찰과 혜안이 한국교회 예배 현장을 새롭게 갱신하는 데 귀한 밑거름이 되기를 기대하면서 적극적으로 추천한다. 아울러 귀한 책이 성실한 번역자를 만나 더욱 빛나고 있기에 일독을 권한다.

역자 서문

오늘날 기독교 예배는 급변하는 문화의 조류 속에서 그리고 상대주의적인 철학과 가치관의 홍수 속에서 앞으로 나아갈 방향타를 놓쳐 버리고 이리저리 표류하고 있다. 예배 참가자들의 심리적인 정서나 개인주의적인 관심사에 부응하기 위한 감동적인 음악들, 숨 쉴 틈조차 허용하지 않을 정도로 연속적으로 쏟아지는 화려한 영상들, 연출들 그리고 강력한 스피커를 통해서 울려 오는 설득력 있는 메시지들과 수많은 외침들 속에서 기독교 예배의 본질과 그 지향점에 대한 진지한 고민이 필요한 시점이다. 혹시 진정으로 예배드리는 자를 찾으시는 하나님의 모습은 오늘날 우리가 드리는 예배 중에 임재하시는지, 아니면 그분은 과연 어디에 계시는 것인지 그리고 이렇게 소란스러운 예배가 과연 누구를 기쁘게 하고 누구를 영화롭게 하는 것인지, 혹시 매주 반복적으로 소란스럽게 진행되는 예배를 통해서 정작 예배 참가자들마저도 소모적인 영성의 쳇바퀴 속에서 점점 더 영적인 피로가 가중되고 있는 것은 아닌지에 대한 진지한 반성과 성찰이 필요하다.

이런 상황에서 평생토록 기독교 예배의 본질과 그 지향점에 대하여 연구해 왔던 로버트 E. 웨버 박사가 이제 자신의 평생의 사역을 주님 앞에서 정리하고 마감하는 각오로 이 책을 저술하였다. 이 책에서 저자는 미래 기독교의 본질과 지향점에 대한 해답은 신약성경에서부터 시작된 기독교 예배에 대한 초대교회 교부들의 해석으로부터 발견되어야 하며 그 해답은 창조-성육신-재창조로 이어지는 하나님의 장엄한 구원의 이야기에 있음을 역설하고 있다. 기독교 예배는 바로 이 세상의 구원을 실행하시고 완성하신 역사 속에서의 하나님의 구원 이야기를 우리 인간의 가시적이고 물질적인 모든 수단들을 전부 동원하여 찬송하고 기도하고 성만찬으로 구현하며 인간의 언어로 표현하여 선포하는 것이라고 한다. 그렇게 인간에게 허락된 모든 수단을 통해서 하나님의 구원 이야기를 선포하고 노래하고 실행하고 구현할 때 그를 통해서 우리는 하나님의 구원 세계 속에서 자신의 본래 자리를 발견할 수 있을 것이고 그 과정을 통해서 성경 속에 펼쳐진 하나님의 구원은 이 세상의 과거와 현재와 미래의 역사를 관통하여 주님의 나라를 향하여 곧장 달려갈 수 있을 것이라고 한다. 기독교 예배는 인류 역사 속에서 성취된 하나님의 구원 이야기를 실행하는 것이라는 저자의 주장이, 목회 현장에서 예배의 신학적인 근거와 그 구체적인 실천 방안을 모색하는 모든 이들에게 귀중한 이정표가 될 수 있기를 희망한다.

2011년 1월
이승진 識

CONTENTS

목 차

추천사 | 5
역자 서문 | 7
감사의 글 | 11
고대-미래 시리즈에 대한 소개 | 15
저자 서문 | 17

제1부 예배 안에서 하나님의 이야기를 재발견하기

1장 예배는 하나님의 이야기를 실행한다 | 29
2장 예배는 과거를 기억한다 | 47
3장 예배는 미래를 예상한다 | 69
4장 하나님의 충만한 구원 이야기가 사라진 이유 | 85

제 2 부 하나님의 이야기를 예배에 적용하기

5장 예배, 기억과 예상으로 변혁시키기　｜　115

6장 말씀, 성경의 내러티브 본질로 변혁시키기　｜　149

7장 성만찬, 성찬에 임재하시는 하나님의 현존으로 변혁시키기　｜　179

8장 기도, 고대 예배 스타일의 재발견을 통해서 변혁시키기　｜　205

결론: 고대-미래의 예배를 향한 나의 순례　｜　229

부록: 고대 복음주의 미래로의 초청　｜　247

참고문헌　｜　254

감사의 글

나는 2006년 8월 25일에 췌장암 말기의 진단을 받은 이후로, 내가 이 책의 저자라는 사실이 얼마나 크나큰 특권인지를 너무 잘 깨닫게 되었습니다. 내 생애의 마지막 작품이 될 이 책을 저술하는 동안 지난 30년의 저술 활동들을 돌이켜 생각해 보면서 내 저술의 내용과 스타일에 영향을 주었던 수많은 책들과 사람들 그리고 사건들을 떠올려 보았습니다. 또한 이 시대 교회가 처한 상황에 응답할 수 있도록 용기와 기회를 베풀어 준 분들과 저술 활동을 지원해 준 출판사들에 대해서도 감사하게 생각합니다.

Baker 출판사는 1999년 이래로 내가 관여했던 주요 출판사입니다. 이 출판사의 선임 편집자인 밥 호섹(Bob Hosack)에게 특별히 감사의 말씀을 드리고 싶습니다. (1978년에 처음 출간된)『공통의 뿌리』(Common Roots)의 재출간을 위하여 그가 먼저 나에게 연락을 해왔습니다. 이 책은 수정을 거쳐『고대-미래 시리즈: 복음주의 회복』(Ancient-Future Faith, 1999)라는 제목으로 다시 출판되었고 이 책을 계기로 이후로 계속하여 "고대-미래 시리즈"(Ancient-Future Series)가 출간되었습니다. 그 과정에서 밥 호섹은 나에게 단순한 편집인 이상의 역할을 해 주었습니다. 우리는 그 가족과 함께 우리 집에서, 해변에서 그리고 여러 레스토랑에서 함께 우정을 나누었습니다. 밥! 당신의 깊은 우정과 전문적인 지원에 대해서 정말 감사드립니다. 밥은 정말 나에게 특별한 의미가 있는 친구입니다. 폴 브링커호프(Paul Brinkerhoff)와 루이스 스턱(Lois Stuck)의 세심한 편집 작업에 대해서도 정말 특별한 감사의 말씀을 드립니다.

바로 그 시기에 나는 노던신학교(Northern Seminary)의 배려로 밥 호섹과 함께 William R. & Geraldyne B. Myers 석좌교수 사역을 시작하였습니다. 이 사역을 위해서 나는 2000년에 휘튼대학교을 떠나게 되었습니다. 이전에 비하여 비교적 줄어든 교수 업무 때문에 나는 저술을 위해서 좀 더 많은 시간을 할애할 수 있었습니다. 그리고 6년의 교수사역 후에 2006년 6월부터 2007년 4월까지 안식년이 허락되었고 바로 이 시기에 나는 이 책을 저술할 수 있었습니다.

나는 나를 위해서 베풀어 준 엄청난 사랑에 대하여 노던신학교에 큰 빚을 졌습니다. 이곳에서 보낸 지난 7년의 세월은 나에게는 큰 보람과 행복한 기억으로 남아 있으며 교수님들과 학생들, 직원들, 이사회 임원들 모두는 정말로 훌륭한 분들이셨습니다. 이곳 공동체에서 학문적으로나 영적으로, 인격적으로 다양한 차원에서 나누었던 교제들은 항상 도전적이고 감동적이었으며 나를 격려해 주었습니다.

노던신학교에서 교수사역을 시작할 때 이전의 내 학생이자 친구였던 에슐리 지쉔(Ashley Gieschen)이 행정조교로 나의 사역에 동참했습니다. 지난 7년의 세월 동안 에슐리는 내 생각과 구상을 말에서 글로 옮기는 데 매우 중요한 역할을 감당해 주었습니다. 그녀는 계속해서 컴퓨터 앞에 앉아서 당시 출간된 9권 책의 초안을 수없이 정리해 주었습니다. 그렇게 힘든 시간에도 그녀는 한 마디 불평도 없었고 자신의 일에 대한 뜨거운 열정을 가지고 우리가 함께 만들어 낸 모든 것들에 대해서 함께 기뻐해 주었습니다. 나에게는 에슐리는 진정 소중한 친구였고 정말 마음이 맞는 사람이었고 진정한 영적 멘토였습니다.

그래서 나의 마지막 7년간의 사역 속에서 노던신학교 관계자들과 특히 밥 호섹, 베이커 출판사 그리고 에슐리 지쉔이 나에게 베풀어 주었던 특별하고도 소중한 역할에 대하여 다시금 감사의 말씀을 드립니다. 이들의 도움이 없었더라면 이 기간에 저술된 이 책과 다른 책들은 결코 빛을 볼 수 없었을 것입니다.

내 사랑하는 아내에 대해서는 무슨 말을 할 수 있겠습니까? 지난 7년 동안 나의 힘든 스케줄을 감당해 주면서 그녀가 나에게 보여준 사랑에 과연 무슨 감사의 말로 다 보답할 수 있을까요? 2000년에 휘튼대학교에서 은퇴를 할 당시 나는 66세였습니다. 은퇴를 하면 대부분의 사람들은 여행을 떠나거나 손자, 손녀들을 방문하거나 좀 더 느긋한 시간을 보냅니다. 하지만 저는 그렇지 못합니다. 나는 이렇게 말했습니다. "내 삶과 내 사역은 둘이 아니라 하나다. 나는 죽을 때까지 가르치고 저술하면서 살고 싶다." 이런 나를 위한 조안의 지원은 늘 한결같았고 내 생애 마지막 7개월 동안 아내의 손과 발은 전부 예수님의 손과 발이 되어 주었습니다. 내 생애 마지막 순간까지 나를 사랑으로 섬겨 주었고 가능한 한 내가 고통스러워하지 않고 안정을 누릴 수 있도록 배려해 주었습니다. 또 그녀가 할 수 있는 최대한 자주 화롯가 곁에서 글을 쓰는 내 곁을 지켜 주었습니다. 그 덕분에 이 책의 원고는 내가 사망하기 불과 몇 주 전에 무사히 완성될 수 있었습니다.

이제 마지막으로 독자 여러분에게도 감사의 말씀을 드려야겠습니다. 어느 책이건 독자가 없이는 저술되거나 출간될 수 없습니다. 그런 의미에서 여러분 역시 내가 이 책을 저술할 수 있도록 나에게 도움을 주셨습니다. 지난 세월 동안 여러 컨퍼런스에서나 전화, 이메일을 통해서 여러 독자들께서 저와 연락을 해 주셨습니다. 여러분들께서 저에게 베푸신 관심과 사랑에 대해서 저도 제 마음을 담아 감사와 책임감으로 응답했기를 바랍니다.

저와 함께 매일매일 그 많은 문을 열고서 함께 조금씩 앞으로 나아갈 수 있었던 것들에 대해서 모든 분들께 감사드립니다.

2007년 사순절에
로버트 E. 웨버

Ancient-Future Worship

Proclaming and Enacting
God's Narrative

고대-미래 시리즈에 대한 소개

이 책 『예배학: 하나님의 구원 내러티브의 구현』(*Ancient-Future Worship : Proclaiming and Enacting God's Narrative*)은 '고대-미래 시리즈'(the Ancient-Future Series) 중의 한 권이다. 이 시리즈에서 본인은 특별한 관점으로부터, 다시 말해서 고대의 기독교 전통에 깃들어 있는 지혜에 근거하면서 이런 통찰들을 현재와 미래의 교회의 삶과 신앙, 예배, 사역 그리고 영성에 각각 적용시키려는 목적으로 기독교 신앙과 실천에 관한 주제들을 다루었다.

이 시리즈에서 본인은 특히 오늘날의 교회 안에서 일어나고 있는 세 가지 의미심장한 탐구라는 맥락에서 현금의 이슈들을 다루었다. 첫째 이 시리즈은 신앙의 뿌리는 교회의 토대인 성경과 고대의 전통 안에서 찾아야 한다는 점을 강조한다. 나는 신앙과 실천에 관한 모든 문제의 최종적인 권위의 근거가 성경에 있다고 확신한다. 하지만 교회 역사를 통해서 일구어 온 신앙의 발전을 무조건 무시하지 않고 교부들의 기본적인 해석과 고대 교회의 신조들 그리고 그들의 실천 사례들 역시 존중한다. 이런 전통들은 이단의 가르침에 대항하면서 기독교의 근본 진리로 더욱 명료해지고 또 시간이 흐르면서 잘 정리되는 가운데 형성되었다.

둘째로 이 시리즈는 교회 일치를 향한 오늘날 전세계 교회의 노력을 지지한다. 그래서 나는 이 시리즈에서도 정교회와 가톨릭 그리고 개신교, 특히 개혁주의자들과 존 웨슬리와 조나단 에드워즈와 같은 복음주의자들과 같은 다양한 교파를 포함하는 전체 교회 역사를 참고하였다. 이렇게 다양한 전통으로부터 유용한 통찰들을 끌어오고 있기 때문에 독자들은 자신과 다른 시대와 장소를 살아가는 또 다른 헌신적인 기독교인들은 어떻게 신앙적으로 사고하고 생활하려고 노력했는지를 잘 이해할 수 있을 것이다.

마지막으로 나는 성경적이며 유구한 역사를 가지고 있는 신앙의 뿌리를 교회사에 나타난 여러 통찰들과 실천 사례들과 결합하여, 오늘날의 교회가 직면한 다음과 같은 세 번째 이슈를 다룰 토대를 마련하려고 노력했다. 즉 고대의 순수한 신앙과 탁월한 지혜들을 21세기의 새로운 문화적 상황 속에서 어떻게 전달할 것인가? 내가 주장하는 바는 교회가 미래로 나아가는 길은 전혀 새롭고 혁신적인 출발에서 시작되는 것이 아니라, 과거로부터 관통해오고 있는 쭉 뻗은 길을 따라 가야 한다는 것이다.

이상의 세 가지 주제, 뿌리, 연결 그리고 변하는 세상에서의 진정성은 미래를 향하여 앞으로 나아가는 교회로 하여금 역사적 기독교의 연속성을 잘 유지할 수 있도록 도와줄 것이다. 내가 과거 속에서 찾아내서 현재 속으로 가져와 적용시킨 것들이 오늘날 새로운 문화적 환경 속에서 목회사역을 감당해야 하는 여러분들께 도움이 되기를 바란다.

저자 서문: 개인적인 주해

이 책의 저술은 몇 달 전부터 시작된 것이 아니라 1970년대까지 거슬러 올라간다. 나는 그때부터 예배를 깊이 있는 학문의 대상으로 고민하기 시작했다. 하지만 그로부터 거의 40년이 지난 다음에야 오늘과 같은 작품이 드디어 빛을 보게 되었다. 예배에 관한 통찰이 이 책으로 결실을 맺기까지는 개인적인 경험과 힘든 학문적인 여정을 거쳐야만 했다(그 여정의 좀 더 자세한 내용은 이 책의 결론 "고대-미래의 예배를 향한 나의 순례"에 소개한다). 예배에 관한 나의 마지막 작품이 될 이 책에서 나는 여러분을 유구한 예배의 순례 안으로 초대한다.

   이 책은 학문적인 책이 아니다. 예배에 관하여 내가 저술했던 다른 책들에 비하여 이 책에서 나는 다른 사람들의 견해나 2차 자료들을 덜 의지했다. 그보다 이 책은 내가 지난 십여 년 동안 예배에 대해서 진지하게 고민하고 연구하는 과정에서 축적된 결과물이다. 지난 연구 과정에서는 성경뿐만 아니라 역사, 신학, 문화 그리고 선교학의 통찰들이 서로 결합되었다. 예전에도 예배에 관한 책을 저술한 적은 있지만 이 책 『고대-미래 시리즈: 예배학』 (*Ancient-Future Worship*)은 내가 이전에 예배에 관하여 저술했던 다른 책의 내용을 그대로 반복하는 것도 아니다. 그 대신 이 책에서 나는 구약성경 중에서도 특히 토라 예배에 관한 최근의 연구 결과물을 참고하였으며, 하나님의 이야기를 구현하는 성경과 예배의 내러티브 본질의 중요성을 강조하였다.

1. 예배의 내러티브 본질

내가 예전에 예배에 관하여 저술했던 다른 책들과 이 책을 구별짓는 핵심적인 주제는 예배 안에서 하나님의 내러티브의 중요성에 대한 재발견이다. 예배에서는 무엇보다도 하나님의 내러티브를 선포해야 하는 중요한 이유가 있다. 그 첫째는 이 책의 핵심적인 주제이기도 하지만, 하나님의 내러티브는 바로 진리(truth)이기 때문이다. 예배의 내러티브 본질에 주목해야 하는 둘째 이유는 이슬람교의 알라(Allah)가 이 세상의 유일신이라고 생각하는 사람들과의 영적인 전쟁 때문이다.

아내와 나는 지금 전세계적으로 진행되는 정치적인 상황에 대해서 큰 관심을 가지고 지켜보고 있다. 이를 위해서 아내는 나보다 더 많은 시간을 들여서 인터넷에서 정치 관련 기사를 검색하기도 하고 「월스트리트저널」(Wall Street Journal)이나 여러 정치 관련 잡지의 기사들을 읽어 보기도 하고 TV의 대담 프로그램을 시청하면서 나를 위해서 관련 정보들을 정리해서 가져다주곤 한다.

다른 대부분의 미국인들처럼 우리 부부는 이슬람교 테러분자들의 과격한 활동들이나 중동 지방에서 일어나고 있는 사태에 대해서 크게 우려하고 있다. 또 우리 부부는 유대국가를 지지하는 동시에 팔레스타인도 독립 국가가 되기를 기대하며, 중동의 이란과 시리아, 요르단, 사우디아라비아, 이집트, 레바논 그리고 아랍연맹의 모든 국가들에서 진행되고 있는 영적인 소요사태에 대해서 걱정스러운 마음으로 바라보고 있다.

아내는 정치계에서 활동하는 전문가이기도 하지만 우리 부부는 이슬람의 역사와 신학에 대해서도 큰 관심을 가지고 있다. 그래서 나도 비록 이 분야의 전문가는 아니더라도 무슬림들의 종교적인 주장에 대해서 큰 관심을 가지고 있으며 이슬람에 관한 여러 권의 책을 읽어 보았고 코란의 일부분도 자세히 읽어 보기도 했다.

이슬람과 관련하여 모든 그리스도인들이 관심을 가지고 주의 깊게 지켜봐야 할 것은 알라신이 이 우주의 주인이고 이 세상에 알라의 나라를 세우기 위해서 칼과 폭력을 동원해서라도 끝까지 투쟁해야 한다는 이슬람 과격분자들의 주장이다. 코란에 의하면 알라는 오직 유일하고 참된 진짜 신이며, 역사 속에서 모세와 다윗 그리고 심지어 예수를 포함한 많은 선지자들에게 자신을 계시했다고 주장한다. 하지만 그의 최종적이면서도 가장 권위있는 계시는 마지막 선지자인 무함마드를 통해서 주어졌다는 것이다. 또 알라가 주장하는 우주적인 내러티브를 완성하기 위하여 무슬림 과격분자들은 서구문명을 파괴하고 알라를 섬기지 않는 이교도들을 모두 죽이고 이 세상을 알라와 샤리아 법(Sharia law, 샤리아는 물가에 이르는 길 또는 생명의 길을 의미함) 아래 굴복시키기 위해서 헌신한 자들이다.

이것이 바로 이슬람 급진주의자들의 마음속에 들어 있는 '내러티브'이고, 이 세상을 바라보는 사고방식이자, 이 세상을 살아가는 삶의 방식이다. 이 내러티브는 세속적인 내러티브나 공산주의 내러티브나 그 밖의 다른 헌신적인 내러티브들과 때로는 경쟁하기도 하고 충돌을 빚어 내고 있다. 오늘날과 같이 전세계가 후기 현대 사회로 진입한 상황을 고려할 때 그리고 전세계를 하나로 통합할 수 있는 좀 더 바람직한 거대담론을 기다리는 상황에서, 왜 우리 그리스도인들은 구태의연하게 이성과 과학, 소비주의 그리고 시장논리를 강조하던 근대적인 세계관에 머물러야만 하는가?

오늘날과 같이 우주적인 내러티브가 강하게 충돌하는 상황에서 지금이야말로 이 세상을 향한 하나님의 내러티브의 진리를 올바로 회복해야 할 때다. 그리고 지금이야말로 참된 하나님의 이야기가 우리의 예배를 올바로 재구성하도록 노력해야 할 때다. 창조로부터 재창조까지를 아우르는 하나님의 충만하고도 완전한 내러티브를 회복하는 것이야말로 『고대-미래 시리

즈: 예배학』(Ancient-Future Worship)을 내가 이전에 저술했던 예배에 관한 다른 책들과 구별짓는 중심 주제이다. 내가 저술했던 다른 책에서도 같은 이야기를 들어볼 수 있겠지만, 특히 예배 안에서 그 하나님의 우주적인 이야기를 올바로 회복하고 발전시키는 것이야말로 이 책에서 특별히 집중적인 조명을 받을 것이다.

2. 이 책을 읽는 방법

『고대-미래 시리즈: 예배학』(Ancient-Future Worship)은 서로 긴밀히 연결된 두 부분으로 구성되어 있다. 먼저 1부에서는 하나님의 이야기로서의 예배에 관한 이론적인 배경을 소개하였다. 이어서 2부에서는 하나님의 이야기를 실제 예배의 중요한 단계들에 각각 적용시켰다.

"예배는 하나님의 이야기를 실행한다"라는 제목의 1장에서는 먼저 예배의 출발점을 하나님의 이야기로부터 시작한다. 여기에서 내가 "하나님의 이야기로 되돌아가야 한다"고 주장하는 이유는 일부 그리스도인들이 "하나님께 내 이야기를 갖고 가야 한다"는 잘못된 생각으로 예배에 임하기 때문이다. 하지만 오래된 관점에 따르면 하나님은 우리를 자신의 거룩한 이야기 속으로 결합시키고자 인간의 이야기 속으로 찾아 들어오신다. 여기에 이 우주에 대한 중요한 관점의 차이가 존재한다. 전자는 인간의 자기중심적이라면 후자는 하나님 중심적이다. 예배 안에서 우리 인간의 삶이 하나님의 이야기와 결합된다는 것을 올바로 깨달을 때 여러분의 전체 영적인 삶에 변화가 찾아올 것이다. 예배에서 우리는 과거에 발생한 하나님의 구원 이야기를 기억함과 동시에 미래에 발생할 하나님의 구원 이야기를 기대한다.

"예배는 과거를 기억한다"는 제목의 2장은 과거로부터 현재까지의 하나님의 구원 이야기를 기억하는 것으로서의 예배에 초점을 맞춘다. 특히 2장에서는 예배 안에서의 하나님의 창조와 이스라엘, 성육신, 예수 그리스도의 죽음과 부활에 관한 이야기의 위치에 집중한다.

3장 "예배는 미래를 예상한다"에서는 이 세상의 모든 피조계를 위한 하나님의 영원한 통치에 대한 소망의 초청에 집중한다. 우리는 흔히 우리 자신의 개인적인 미래에 대한 계획이나 직업 또는 친구들과의 바람직한 미래 관계에 소망을 두기 쉽다. 하지만 오직 하나님의 구원 이야기에 충실한 기독교 예배는 "미래는 너에게 달려 있는 것이 아니다"라고 말한다. 기독교 예배가 선포하는 메시지는 "과거 하나님의 구원 사건과 이 세상의 미래 사이에 필연적인 연결고리가 존재한다"는 것이다. 하나님께서 이 세상을 위하여 계획하신 미래를 선포하는 기독교 예배는 이렇게 선언한다. "하나님을 신뢰하라. 하나님은 이 세상과 너를 위해서 최선의 미래를 준비해 두고 계신다. 악이 최후를 지배할 수 없다. 오직 하나님만이 최후에 하실 말씀이 있다. 그분이 계획하신 미래가 우리의 삶과 예배를 인도한다. 그리고 그 미래의 비전은 주님의 재림으로 완성될 것이다. 알라가 아니라 그분이 우리의 주님이시며, 예배에서 우리가 그분의 말씀을 선포할 때 세상은 그분의 메시지를 듣게 될 것이다."

이러한 유형의 예배가 예배와 영성에 대한 우리의 고루한 생각에 혁신을 가져다 줄 것이다. 하지만 내가 이 책에서도 묻고 있듯이 "여러분은 오늘날 그러한 유형의 예배를 어디에서 찾을 수 있을까?" 나는 이런 질문을 가지고 지난 과거의 교회 역사를 살펴보면서 하나님의 구원 이야기가 예배의 중심 주제로 자리잡았던 시대의 예배를 연구하였고 그 속에서 예배가 어떤 역할을 했는지를 깨달았지만, 그와 동시에 하나님의 구원 이야기가 예배의 중심 주제로부터 밀려났던 때도 있다는 사실도 새롭게 깨달았다. 그래서 이 책의 4장에서는 "하나님의 충만한 구원 이야기가 사라진 이유"를 다루었다(최악의 시대라도 항상 하나님의 구원 이야기의 흔적 정도는 발견되기 때문에 나는 4장의 제목에 충만함[fullness]이라는 단어를 사용했다).

"하나님의 이야기를 예배에 적용하기"라는 제목의 2부에서는 하나님의 구원 이야기를 다루는 예배가 어떻게 회중의 영성 형성에 올바른 영향을 줄 수 있는지에 대해서 다루었다. 기독교 예배에 대하여 저술하던 초기에는 예배와 영성의 상호관계를 잘 이해하지 못했기 때문에 저서에서 이 둘을 서로 연결시키지 않았다. 하지만 하나님의 구원 이야기 안에서는 예배와 영성이 서로 긴밀한 관계를 맺고 있다. 회중이 함께 모여 드리는 기독교 예배는 하나님의 이야기를 실행하고 구현한다. 그래서 예배는 동사(verb)다. 영성(spirituality)이란 하나님의 전능하신 구원의 행위를 묵상하는 것이다. 말하자면 기독교의 영성의 출발점은 하나님의 구원 이야기를 성찰하는 데서부터 시작된다. 그런데 예배에는 (수동적인) 성찰의 측면이 있지만 영성은 보다 능동적인 측면이 있다. 그래서 예배와 영성을 완벽하게 비교하는 것은 거의 불가능하고, 양자의 차이에 대한 견해 차이가 있을 수 있다. 하지만 분명한 점은 예배와 영성 모두에서 우리는 하나님의 이야기와 결합되며 우리뿐 아니라 모든 세상이 하나님의 구원 이야기 안으로 흡수되고 있음을 깨닫는다. 하나님의 내러티브를 떠나서는 예배나 영성 그 어느 것도 스스로 존립할 수 없다. 우리를 그분의 이야기 속으로 그분의 은혜와 모든 역사 속에서 진행되고 있는 그분의 구원하시는 사건 속으로 인도하시는 이는 바로 하나님이시다. 그리고 지금도 하나님은 우리의 예배 속에서 그리고 우리의 영성 속에서 그 일을 계속하고 계시다.

우리가 하나님의 구원 이야기 속으로 흡수되기 위해서는 우리가 드리는 예배에 자아로부터 하나님께로 패러다임의 전환(a paradigm shift)이 일어나야 한다. 그래서 5장 "예배, 기억과 예상으로 변혁시키기"에서는 그러한 패러다임의 전환이 어떻게 일어날 수 있는지에 대해서 다루었다. 여기 5장에서 나는 기억(remembrance)과 예상(anticipation)이라는 두 가지 성경적인 주제를 오늘날 우리의 예배에 어떻게 적용시킬 것인지에 대해서 다루면서, 역사 속에서의 하나님의 일하심이라는 주제가 다시 선포되는 "말씀의 예전"(혹은 말씀의 예배, the service of the Word)과, 하나님의 이야기가 다시 들려지고 재현되며 구원의 드라마로 다시 실행되는 "성찬의 예전"(혹은 성찬의 예배, the service of the Eucharist)을 통해서 하나님의 구원 이야기에 대한 기억과 예상이 올바로 회복되어야 할 것을 역설하였다.

그 다음 6장에서는 "말씀, 성경의 내러티브 본질로 변혁시키기"라는 제목 아래 말씀의 예전을 좀 더 자세히 살펴보았다. 여기에서 나는 성경본문에 대한 딱딱하게 메마르고 무미건조한 사실적인 연구와 해설로부터 성경적인 유형론(biblical typology)의 재발견을 통해서 성경을 전체로 읽었던 고대의 방식으로 전환해야 함을 강조하였다. 이러한 고대의 설교 방식을 복원한 사람들은 구약으로부터 신약 전편에 걸쳐서 기억과 예상이라는 주제가 다양한 방식으로 반복적으로 메아리치고 있음을 발견하고서는 하나님의 말씀을 새롭게 사랑하는 방법을 배울 수 있을 것이고 본문으로부터 새로운 통찰을 깨닫고 또 설교를 통해서 이를 선포하는 새로운 기쁨도 맛볼 수 있을 것이다.

말씀의 예전에 대해서 다룬 다음에는 이어서 7장에서 "성만찬, 성찬에 임재하시는 하나님의 현존으로 변혁시키기"라는 제목 아래 '성찬 예전'에 대해서 다루었다. 여기에서 나는 과거의 성만찬에서 그동안 간과해왔던 성찬상에서의 하나님 부재의 문제를 다루었다. 성만찬에서 그리스도와의 만남으로 우리를 초대하는 그분의 말씀을 무시하는 것이야말로 성만찬의 모조품이다. 하지만 예수께서는 성만찬에서 자신을 기억할 것을 명령하신다. 그럼에도 불구하고 우리는 그동안 그 말씀을 잊어버리고 그분이 과연 어디에 계시는지 의심했다. 또 예수께서는 주님의 통치가 이 땅의 모든 만유 가운데 이루어질 것을 소망하라고 말씀하셨지만 우리는 그저 우리의 일만 신경 썼을 뿐이다. 또 성만찬의 의미를 그저 우리 안에서만 찾으려 하다 보니, 남은 것은 실망뿐이고 그 결과 우리는 점점 성만찬에서 멀어져 갔다.

마지막 8장에서는 "기도, 고대 예배 스타일의 재발견을 통해서 변혁시키기"라는 제목 아래 고대의 예배 스타일의 창문을 열어젖혀 보았다. 이 과정에서 나는 기독교 예배가 어떤 과정을 거쳐서 흥미 위주의 프로그램이나 쇼 또는 오락거리로 변질되었는지를 살펴보았다. 여기에서도 문제가 되는 것은 기독교 예배를 인간 자신 중심적이고 인간 자신의 것을 표현하려고 하는 입장이다. 만일 예배가 우리 자신에 관한 것이고 예배 시간에 사람들에게 무언가를 팔려고 하고 그들의 삶 속에 예수를 밀어 넣으려고 한다면, 그런 예배에서는 결국 오락거리나 흥미를 끄는 프로그램이 최고의 가치를 차지하고 말 것이다. 그러나 다시금 강조하다시피, 그런 예배는 하나님이 받으시는 참된 예배의 본질을 흐리는 것이다. 기독교 예배가 진정 하나님의 구원하시는 이야기를 실행하는 것이고 사람들로 하여금 그 하나님의 이야기 속에서 자신들의 삶과 이야기를 발견하도록 초청하는 것이라면, 그런 예배의 올바른 양식(style)은 기도이다. 그래서 8장에서 나는 4세기의 초기 기독교의 예전에서 발견되는 "기도 예배"(prayer worship)의 사례를 소개하면서 오늘날 우리의 예배순서에서 실제로 기도를 포함시킬 것을 제안한다. 이렇게 예배 중에 실제로 기도하다 보면 여러분도 고대의 예배 스타일을 경험하게 될 것이고 또 기도 예배에서 회중을 인도하는 방법도 배울 수 있을 것이다.

 마지막 뒷부분에는 오늘날 우리의 진부한 예배를 "고대-미래의 예배"로 패러다임의 전환을 일으키기 위해서 더 읽어야 할 책의 목록을 소개하였다. 나는 고대-미래의 예배에 대해서 강렬한 애정을 갖고 있다. 이 예배야말로 오늘날의 기독교 교회를 하나님의 구원 내러티브로 안내할 창문이라고 믿는다.

 이제 70대를 보내고 있는 내가 생각하기에, 오늘날 우리는 가장 혼란스러운 시대를 살고 있다. 중동 지방에서는 정치적 혼란의 소용돌이가 점점 더 격해지고 있으며, 기독교 신앙의 영향력이 사회 전체에 미치지 못하고 점차 한 개인의 내면에만 집중된 까닭에 세상의 문화에도 예전과 같은 영향을 미치지 못하고 있다. 예전에 기품 있고 올바르고 정직하며 하나님을 존중했던 문화가 이제는 우리 주변에서 점차 사라지고 있으며, 그 빈자리가 거칠고 사나운 것들로 대체되고 있으며, 하나님을 위하여 헌신적이고 절제된 삶을 살기를 원하는 사람들을 존중하는 문화적인 연대감도 자유라는 미명 아래 점차 흔들리고 있다. 그렇다면 우리는 이렇게 광포에 날뛰는 세상에서 어떻게 진리의 깃발을 드높일 수 있으며 어떻게 하나님의 뜻을 향한 진리의 길과 표준을 올바로 정립할 수 있을까? 나는 이런 목적을 추구하는 수많은 사역들이 많이 있음을 잘 알고 있다. 하지만 여기에는 '예배'(worship)라는 핵심적인 사역이 하나 빠져 있다고 생각한다. 그리고 이 책은 이 세상을 향한 오직 하나의 진실된 내러티브인, 참 진리 되신 하나님의 구원 이야기를 구현하는 올바른 예배를 어떻게 회복할 것인지에 대해서 다루고 있다.

마지막으로 독자 여러분은 본서의 본론을 읽기 전에 먼저 결론 부분에 소개된 "고대-미래의 예배를 향한 나의 순례"를 먼저 읽어볼 것을 권하고 싶다.

Ancient-Future Worship

Proclaming and Enacting
God's Narrative

제 1 부

예배 안에서 하나님의 이야기를 재발견하기

Ancient-Future Worship

Proclaming and Enacting
God's Narrative

1장

예배는 하나님의 이야기를 실행한다

몇해 전에 내 친구 하나가 내 눈을 물끄러미 바라보면서 이런 질문을 던졌다. "도대체 예배가 뭐지? 복잡하게 설명하지 말고 간단한 한 문장으로 대답해 보게나." 그래서 나는 1장의 제목처럼 "예배는 하나님의 이야기를 실행한다"는 네 단어로 된 짧은 문장으로 대답했다.

그러자 그 목회자는 얼굴이 굳어진 채로 "그게 무슨 뜻이냐?"는 듯이 나를 물끄러미 쳐다보았다. 그가 말했다. "밥(Bob, 저자의 애칭), 나는 자네가 말하고자 하는 뜻을 도무지 이해할 수 없네. 예배가 하나님의 이야기를 실행한다니? 그것이 도대체 무슨 뜻인지 좀 더 설명해 주게."

이 책 "고대-미래의 예배"는 바로 그 질문에 응답하기 위한 것이다. 그렇다면 어디로부터 시작할까? 그 질문에 대한 해답을 얻기 위해서 우리는 성경을 열어 볼 수도 있고, 교회의 역사 속으로 들어갈 수도 있으며 오늘날의 상황을 살펴볼 수도 있다. 성경 안에서도 우리는 창세기나 출애굽 사건 또는 그리스도 사건이나 고대 교회사, 심지어 오늘날의 상황으로부터 출발할 수도 있다. 하지만 나는 사도행전 2장에 기록된 오순절로부터 시작하고자 한다. 잠시 후 여러분은 그 이유를 알게 될 것이다.

1. 오순절의 선포

오순절 날은 분명 역사의 전환점이다. 그날은 구시대의 마지막인 동시에 새로운 역사가 시작되는 첫 날이다.

흔히 우리는 성령이 마치 오순절에서 유래되기라도 한 것처럼 오순절을 성령의 강림과 결부시키곤 한다. 하지만 사실을 말하자면 성령은 인류 역사를 초월하여 존재하는 하나님이시다. 하나님의 구원 이야기는 삼위 하나님의 이야기이기 때문에, 당연히 항상 성부와 성자 그리고 성령 하나님의 이야기일 수밖에 없다. 예를 들자면, 초대교회 교부들이 사용한 이미지에 따르면 하나님은 항상 그분의 두 손, 즉 성육신하신 말씀과 성령을 통해서 이 세상에서 일하신다고 한다.

그래서 성자께서 그러하듯이 성령 하나님도 창조의 순간부터 출애굽 사건 속에서 그 이후 이스라엘의 역사 속에서 그 상징들 속에서 성부 하나님과 함께 일하신다. 성경의 첫 번째 책인 창세기에서부터 우리는 "수면에 운행하시는"(창 1:2) 성령 하나님과 만날 수 있으며, 동일한 성령께서 구약 시대에 이스라엘 백성들에게 하나님의 말씀을 전하는 선지자들을 감동하셨다. 또 성령께서는 세례 요한을 통해서 장차 임할 심판을 말씀하셨으며 예수 그리스도의 성육신과 탄생 과정에도 역사하셨고 이후의 수세와 공생애, 십자가 상의 죽음, 부활 그리고 승천의 모든 과정 속에서도 함께 역사하셨다.

사도행전에서 우리는 예수의 승천 이후 열흘이 지난 오순절 날에도 성령께서 계속해서 역사하심을 볼 수 있다. 이 세상의 창조와 그리스도의 성육신 사건 속에서도 함께 역사하셨으며, 오순절 날에 밝히 천명하신 것처럼 동일한 성령 하나님은 이 세상의 재창조와 구속, 회복의 과정에서도 함께 역사하신다. 이렇게 성령께서 하나님의 모든 구속 사건 속에서 함께 역사하셨다면, 그 성령 하나님께서 특별히 오순절 날에 새롭게 행하신 일은 무엇일까?

오순절 날에 성령께서 이전과 달리 새롭게 행하신 것은 단순히 그분의 강림이 아니다. 왜냐하면 니케아 신경(주후 325년)에서도 분명히 언급하고 있는 바와 같이 성령은 모든 피조물의 원천이자 근원인 "생명의 수여자"(the giver of life)이기 때문이다. 생명이 존재하는 곳이면 어디든, 그것은 항상 성령의 역사이다. 그렇다면 오순절 날에 특별히 성령 하나님께서 행하신 새로운 것은 무엇일까?

이와 관련하여 새로운 이해(new understanding)와 새로운 권능 부여하기(new empowerment)라는 두 단어에 주목할 필요가 있다. 먼저 새로운 이해는 오순절 날에 행한 베드로의 설교에 잘 나타난다. 오순절 날에 각자의 방언으로 하나님의 구원의 말씀을 전해 듣고서 놀란 사람들이 "이것이 어찌된 일이냐"(행 2:12)고 물었다. 그러자 사도 베드로가 일어서서 외쳤다(행 2:14-36). 당시 베드로는 이스라엘의 역사와 그리스도의 십자가 사건에 근거하여 이렇게 결론을 내렸다. "너희가 십자가에 못 박은 이 예수를 하나님이 주와 그리스도가 되게 하셨느니라"(행 2:36). 이 세상의 역사 속에서 계속 활동해 오신 삼위 하나님이 이 세상을 바로 이 순간까지 끌고 오셨다. 그리고 성령 하나님께서 깨닫게 하신 새로운 이해라는 것은 이스라엘 사람들이 그토록 오랫동안 기다려 왔던 메시아가 드디어 나타났으며 이 메시아가 바로 모든 피조계를 다스리는 주권자이며 모든 사람들은 그 앞에 회개하고 죄 사함을 위하여 그 이름으로 세례를 받고 성령을 선물로 받으라는 것이다. 이 세상의 모든 피조계의 주권자인 메시아의 도래로 말미암아 인류의 역사가 전환점에 도달했다는 것이다. 그리고 오순절 날에 역사 속에서 활동하신 하나님의 구원 이야기가 비로소 정점에 도달했으며, 그동안 이스라엘 안에 갇혀 있던 것처럼 보이는 하나님의 구원 내러티브가 이제 이 땅의 모든 사람들에게 알려져야 한다는 것이다. 그래서 하나님의 내러티브가 이스라엘뿐만 아니라 이 땅의 모든 피조물과 창조물의 역사라는 것이 새롭게 밝혀졌다. 그분이 이 세상을 새롭게 하시리라!

예수 그리스도에게서 정점에 도달했으며 오순절 날에 온 세상에 천명된 이 위대한 하나님의 이야기를 잘 요약하고 간명하게 제시하는 데는 여러 방법이 있다. 또 성경도 여러 이미지들과 그림을 보는 듯한 문장(word picture), 이야기, 유형, 유비들을 통해서 이 이야기를 전달한다. 그런데 성경에서 하나님의 구원 이야기를 전달하는 한 가지 중요한 방법은 이 이야기를 '하나님과 에덴동산', '하나님과 사막', '하나님과 겟세마네 동산', '하나님과 영원한 동산'이라는 네 가지 핵심적인 장면을 이용하는 것이다.

하지만 오늘날 사람들은 성경을 이 우주에 대한 통일된 전망을 보여 주는 합성사진으로 간주하지 않는다. 또 세상의 일로 너무나 바쁜 나머지 우주 전체를 향한 하나님의 내러티브에 별 관심도 없다. 기독교인들마저도 성경을 부분으로 조각내서 문학비평과 역사적인 검증 그리고 신학적인 체계로 성경의 파편들을 분석하는 데만 열중이다. 하지만 성경연구의 중요한 관심사가 일부분의 연구로부터 성경 전체를 아우르는 전체 맥락으로 이동하였다. 그래서 나도 아직도 많은 사람들이 관심을 갖고 있는 성경의 세부사항들을 자세히 다루지 못하는 위험을 감수하고서라도 성경 전체를 서로 통합시키는 네 가지 장면을 좀 더 자세히 살펴볼 것이다. 그렇게 함으로써 성경 전체를 관통하는 밑그림을 확보하고자 한다.

2. 하나님과 에덴동산

하나님의 이야기는 하나님 자신으로부터 시작된다. 성경을 통해서 계시된 하나님은 단일의 존재도 아니고 비인격적인 에너지도 아니며, 성부와 성자 그리고 성령이 함께 삼위 하나님의 공동체(a Triune community)로 존재한다. 여기에서 우리가 주목할 점은 삼위 하나님께서 공동체를 이루신다는 것이다. 하나님은 한 분이신 동시에 삼위로 존재하시기 때문에 기독교인들은 무슬림들이 주장하는 다신교(polytheism)를 받아들이지 않는다.

이 삼위 하나님의 공동체(Triune community)는 일체를 이루고 있으며 인격적인 존재이다. 위격(person)에 대한 성경적인 입장과 초대교회의 관점에 따르면 하나님은 홀로 존재하는 것이 아니라 삼위가 하나의 공동체적인 상호관계 속에 존재한다. 또 하나님은 영원한 사랑의 공동체이다. 만일 하나님이 하나의 단일체에 불과하다면 그분은 전혀 인격적이지도 않고 공동체적이지도 않을 것이다.

영원한 사랑이신 하나님은 삼위 안에서의 그분의 고유한 공동체에 참여할 다른 존재(공동체 안에서 인격체로 존재하는 자)를 창조하기로 작정하셨다. 그래서 하나님은 자신의 형상을 따라서 인간을 창조하였는데, 그 인간은 공동체 안에 머무르면서 그 내면으로부터 하나님의 공동체와의 친교에 참여하도록 하나님께로부터 부름을 받았다.

하나님은 먼저 이 세상을 창조하셨는데, 이 세상은 하나님 자신이 거하시는 장소인 동시에 자신의 형상을 따라 창조된 인간이 하나님과의 친교 안에서 함께 머무를 장소이기도 하다. 에덴동산이 바로 그런 장소이다. 이곳은 하나님이 창조한 곳이자 하나님께서 머무르는 곳이기도 하다. 창세기에 등장하는 이 동산에 관한 목가적인 묘사에 따르면 이곳은 하나님께서 자신이 만든 이 세상이 어떤 모습이어야 하는지 그리고 하나님과 인간 사이의 친교는 어떤 모습이어야 하는지를 잘 알 수 있다.

에덴동산의 아름다운 장면을 보여 주는 것이 바로 인격체들 간의 상호관계이다. 즉 이 동산 안에서 아담과 하와는 하나님과 함께 아름다운 조화를 이루고 있었으며 이들은 또 자연과도 아름다운 조화를 이루고 있었다.

에덴동산에서는 노동의 즐거움도 찾아볼 수 있다. 인간은 이 땅을 돌보며 동물들에게는 각기 어울리는 이름을 지어주고, 이 땅을 경작하며 이 세상을 하나님의 영광이 머무르며 그분의 권능을 찬양하는 아름다운 극장으로 만들어가기를 원하는 하나님의 뜻을 실행하는 노동의 즐거움 역시 에덴동산의 일부분을 이루고 있다.

3. 하나님과 사막

성경 전편에 나타나는 둘째 그림은 하나님과 사막이다. 인간의 타락으로 말미암아 에덴동산을 감싸고 있던 하나님과 인간의 아름다운 관계가 파괴되고 말았다. 그 결과 하나님과 인간 사이의 친교뿐만 아니라 인간과 그 이웃들과의 관계 그리고 인간과 하나님과의 관계도 깨어지고 붕괴되고 변질되고 말았다. 죄악으로 그림 전체가 얼룩지고 만 것이다.

죄악(evil)이란 단순히 선의 결핍이나 도덕적인 실패가 아니다. 죄악이란 인간이 하나님의 뜻과 목적을 실행하기를 거부하는 것이다. 또 죄악이란 고의적이고 의도적이며 맹렬하게 하나님을 배척하는 것이다. 그리고 하나님으로부터 떠난 문화를 발전시키는 쪽을 선택하는 것이기도 하다. 죄악은 또 하나님을 반역하는 것이며 이 세상의 모든 죄와 죽음의 아비인 사단을 섬기는 것이다. 하지만 죄의 결과는 사망뿐이다.

> 이러므로 한 사람으로 말미암아 죄가 세상에 들어오고 죄로 말미암아 사망이 왔나니 이와 같이 모든 사람이 죄를 지었으므로 사망이 모든 사람에게 이르렀느니라(롬 5:12).

인간의 타락으로 말미암아 사망이 이 세상에서 왕노릇하고 있다.

사망은 이 세상의 모든 피조물과 모든 문명, 모든 도시, 모든 만물을 짓누르는 악의 검은 물결과도 같다.

그 사악한 사망이 인류를 무기력하게 만들었고 모든 생명에게 파멸을 가져왔다.

사망은 또한 이 땅의 모든 나무들과 들판에 자라는 풀잎들과 모든 아름다운 꽃들에게서 그 생명력을 빼앗아버려서 하나님의 아름다운 정원을 죽음의 사막으로 뒤바꿔 버렸다.

이 사막은 하나님께 적대적인 이 세상을 묘사하는 하나의 전형적인 상징이며, 뜨거운 바람이 불어 땅 위의 모든 생명이 말라버린 황량한 세상을 묘사하는 상징이다. 태양의 뜨거운 열기가 이 땅의 모든 생명을 태워 버려서 땅은 바짝 말라 검게 그을리고 사막 위의 모든 생명들은 죽음의 저주 가운데 울부짖는다. 그곳 사막은 사르트르(Sartre)가 말한 "출구 없는 방"(*No Exit*)이며, T. S. 엘리엇(Eliot)의 "황무지"(*The Waste Land*)이며, 사무엘 버케트의 "고도를 기다리는"(*Waiting for Godot*) 곳이다.

하지만 그 사막 한가운데에서 하나님은 잃어버린 정원과 또 다시 회복될 정원을 증언할 한 증인을 일으켜 세우셨다. 하나님은 자신의 계획을 따라 아브라함 안에서 한 가족을 일으켜 세우셨고 야곱 안에서 한 족속을 일으켜 세우셨으며, 이스라엘 안에서 한 나라를 그리고 다윗 안에서 한 왕국을 일으켜 세우셨다. 하나님께서 자신의 계획을 따라 일으켜 세우신 이 족속, 이 사람들, 이 백성들이야말로 이새의 뿌리에서 솟아난 한 가지이며, 마른 사막에서 피어나는 한 송이 백합화이며, 아브라함의 혈통을 따라 약속하신 새로운 생명이다.

> 내가 너로 큰 민족을 이루고
> 네게 복을 주어 네 이름을 창대케 하리니
> 너는 복의 근원이 될지라
> 너를 축복하는 자에게는 내가 복을 내리고
> 너를 저주하는 자에게는 내가 저주하리니
> 땅의 모든 족속이 너를 인하여 복을 얻을 것이니라(창 12:2-3).

아브라함에게 하신 이 약속의 말씀에서 우리는 구속에 관한 약속, 즉 온 세상을 구속하시겠다는 하나님의 약속을 발견할 수 있다.

구약시대 이스라엘은 하나님께서 미리 말씀하셨던 약속의 직접적인 결과이다. 그리고 이 나라로부터 하나님의 기름부음을 받은 자, 즉 모든 피조물의 주권자이신 하나님의 메시아가 태어날 것이다.

이스라엘의 역사 속에는 장차 태어날 메시아에 대한 전조와 유비와 비유가 가득하다. 메시아가 오기 전의 이스라엘은 애굽 왕 바로의 폭정 아래 신음하는 사막 속의 들풀이나 다름없다. 이들이 당하는 속박은 사막으로 내쫓겨나 고통당하는 모든 피조물들에 대한 상징이다. 또한 이들 가운데 등장한 모세는 사막 가운데 속박당한 자기 백성들을 구원하도록 하나님으로부터 보냄 받은 참된 지도자인 예수의 모형이다(히 3:1-6). 또 이스라엘 백성들을 그 속박에서 벗어나도록 출애굽 사건 가운데 역사하셨던 하나님의 전능하신 손은 이 땅의 모든 피조물들을 그 사망의 저주로부터 벗어나 낙원으로 구원하고 회복하기 위한 예수 그리스도의 대속 사건들, 즉 성육신과 십자가 처형, 죽음과 부활을 미리 가리키는 모형이다(히 2:5-18).

구약에서 이스라엘 사람들을 하나의 국가로 세운 것은 삼위 하나님의 공동체를 본받아 낙원에서 하나님과 영원한 친교 안으로 들어가도록 부름 받은 교회의 모형이다(벧전 2:9-10). 그래서 구약시대에 이스라엘과 관계된 모든 것들은 궁극적으로는 장차 올 메시아와 연결시켜 이해할 수 있다(눅 24:27).

하나님께서 성육신하신 말씀으로 그 백성들 가운데 거하심과 마찬가지로 그 이전 구약시대에도 성막은 하나님이 그 백성들 가운데 함께 거하신 곳이었다(요 1:14). 성막은 또한 예수 그리스도의 모든 사역에 대한 전조이기도 하다. 즉 그가 이 땅에 영원한 생명을 가져오기 위한 새 언약과 그의 대제사장 직분, 하나님의 성전 안에서 드리는 영원한 경배, 그가 흘린 피로 말미암은 영원한 구속에 대한 전조이다(히 7-10장).

그래서 죽음과 하나님에 대한 적의로 가득한 사막이라도 아무런 희망의 흔적조차 찾아볼 수 없을 정도로 황무하지는 않다. 그 희망은 장차 메시아가 태어날 이스라엘 속에서 찾아볼 수 있다. 그 메시아는 타락으로 말미암은 이 땅의 비극을 단번에 역전시킬 것이고 이 땅의 메마른 사막을 다시금 하나님의 영광이 가득한 동산으로 회복시킬 것이다.

4. 하나님과 겟세마네 동산

겟세마네 동산은 바로 그러한 역전이 일어나는 동산이다. 그 동산에서 메마른 대지를 적셔줄 샘물이 흘러날 것이며 온 세상에 생명을 가져다 줄 새로운 보혈이 흘러날 것이다. 그래서 새로운 창조가 시작되는 곳이 바로 겟세마네 동산이다. 첫째 아담의 죄가 둘째 아담을 통해서 사함을 얻게 된 곳도 바로 이 동산이다. "한 사람의 순종치 아니함으로 많은 사람이 죄인 된 것같이 한 사람의 순종하심으로 많은 사람이 의인이 되리라"(롬 5:19).

샌프란시스코에서 로스앤젤레스로 비행기를 타고 여행하는 도중에 나는 동부 출신의 한 남자와 믿음에 관하여 대화를 나누게 되었다. 내가 그 남자에게 물었다. "당신이 생각하는 믿음의 본질을 간단히 말씀해 주시겠습니까?"

"물론입니다." 그 남자는 다음과 같이 간단한 말로 대답했다. "우리 모두는 모든 문제의 일부분인 동시에 또 우리 모두는 그 문제에 대한 해답의 일부분이기도 합니다."

그러자 내가 이렇게 다시 물었다. "기독교적인 입장에 대해서 한 번 들어보시겠습니까?"

"예, 한 번 들어봅시다." 그가 대답했다.

"말씀하신 대로 우리는 일정 부분 모든 문제의 근원입니다." 잠시 기다린 다음에 내가 덧붙였다. "하지만 이 모든 문제에 대한 해답은 오직 한 사람밖에 없습니다. 그가 바로 예수 그리스도입니다."

사도 바울은 고린도교회에게 보내는 서신에서 이 해답을 이렇게 선포하고 있다. "사망이 사람으로 말미암았으니 죽은 자의 부활도 사람으로 말미암는도다 아담 안에서 모든 사람이 죽은 것같이 그리스도 안에서 모든 사람이 삶을 얻으리라"(고전 15:21-22).

이 세상의 모든 피조물과 피조계를 구속하며 역사의 마지막 순간에 하나님의 낙원을 회복할 둘째 아담은 다름 아닌 하나님 자신이며 성육신하신 말씀이다. 사람으로서는 결코 이 낙원을 회복할 수 없다. 오직 하나님만이 이 일을 하실 수 있으며, 그분은 죄인인 우리 중의 한 사람과 같이 되셔서 죄로 말미암은 사망의 저주를 친히 담당하심으로써 그리 하실 수 있다. 우리를 대신하여 사망의 저주를 담당하심으로써 그는 사망의 권세를 무찌르고 또 다시 새로운 생명으로 부활하셨다. 사망 권세를 이기고 부활하심으로써 그리스도는 창조의 두 번째 막을 여셨고, 그 창조는 장차 하나님의 낙원을 온전히 회복하기 위하여 그리고 만유를 그의 발 아래 굴복시키고 삼위 하나님이 함께 참여하는 친교의 공동체를 이 세상에 가져오시려고 다시 이 땅에 재림하시는 날에 최고조에 달할 것이다.

1) 성육신

하나님께서 예수 그리스도 안에서 이 땅의 모든 피조물과 만유를 회복하고 새롭게 갱신하는 구속사역의 핵심이 바로 성육신(incarnation)이다. 예수 그리스도의 성육신 사건에서 하나님은 우리 인간과 연합하셨다. 그런데 예수 그리스도 안에서 하나님과 인간의 연합을 아무런 생각 없이 받아들이면서 종종 이 성육신 사건에 내포된 심오한 의미를 쉽게 무시하고 거들떠보지 않는 사람들이 있다.

하지만 초대교회 교부들은 성육신 사건을 깊이 묵상하면서, 이 성육신이 어떻게 모든 피조물과 인간의 타락과 관계되는지 그리고 그리스도의 십자가와 빈 무덤, 부활, 승천, 영원한 중보사역 그리고 마지막 날에 새 하늘과 새 땅으로 하나님의 낙원을 회복하기 위하여 다시 오시는 재림 사건과 어떻게 관계되는지를 꼼꼼히 살폈다.

성육신 사건이 하나님의 구원 이야기 속의 모든 국면들과 어떤 연관성을 지니는지에 대한 깊은 성찰이야말로 오늘날 기독교 신학과 예배가 소홀히 하는 '잃어버린 고리'(missing link)이다. 그리고 그 고리는 "하나님은 우리가 우리 자신을 위해서 할 수 없는 것을 우리를 위해서 행하셨다"는 말 속에서 찾아볼 수 있다.

한 번 생각해 보자. 하나님은 성부와 성자, 성령 하나님께서 서로 간에 누리셨던 삼위 하나님 간의 친교 안으로 초대하고자 처음 사람을 낙원에 두셨다. 그리고 그분의 고유한 생명을 함께 누리는 가운데 그분과 함께 피조물을 통해서 그분의 영광이 빛나도록 우리 인간을 초대하셨다. 그럼에도 불구하고 우리 인간은 하나님의 뜻을 거역하여 타락하고 말았다. 그리고 하나님을 거역하는 사단의 뜻을 따라 이 세상 문화와 문명을 발전시켰다. 그 결과 인류는 완전히 하나님으로부터 멀어지고 말았다. 우리의 죄와 악으로 말미암아 어떤 노력으로든 성부와 성자, 성령이 함께 향유하는 삼위 하나님의 영원한 친교 속으로 결코 들어갈 수 없게 되었다.

그래서 하나님이 직접 육신이 되신 말씀으로 타락한 인간과 연합하여 그 가운데 거하심으로써 인간의 해결 불가능한 상태를 역전시킬 수 있게 되었다. 말하자면 그분은 우리 인간의 모든 반역과 죄악을 일순간에 자신의 것으로 받아들이셨다. 그리고 그는 죄인의 신분에도 불구하고 하나님께서 원래 우리 인간에게 기대하셨고 창조의 본래 목적에 부합하는 완벽한 순종의 삶을 사셨다. 그리하심으로써 그는 타락한 인간의 삶을 역전시켰으며 뿐만 아니라 십자가에서 모든 사람들의 죄 값을 친히 지불하시고 결국 사단을 물리치고 지옥을 정복하시고 만유를 새롭게 창조하셨다. 이 모든 구속사역을 통해서 이제 우리가 그를 믿고 신뢰한다면 그는 우리 안에 거하고 우리는 그와 함께 거할 수 있게 되었다. 그래서 그의 성육신과 십자가상의 죽음 그리고 부활로 말미암아 우리는 타락 이전처럼 그 안에서 성부와 성자 그리고 성령 하나님이 함께 향유하는 영원한 친교 안으로 들어갈 수 있게 되었다. 그리고 이 모든 일은 오직 하나님께서 그의 놀라운 사랑과 은총으로 말미암아 성육신하시고 우리 인간과 연합하셔서 인간의 근본적인 상황을 친히 역전시킨 결과이다.

2) 창조와 구속

성육신 사건 안에서 창조와 구속이 서로 결합되었다. 이러한 관점은 전세계의 모든 종교 중에서 기독교만이 유일하다. 예를 들어 구약의 유대교에서는 창조주로서의 하나님을 인정하면서도 (장차 오실 그리스도에 대한 모형들이 가득 차 있기는 하지만) 구약 자체 안에서는 창조주가 창조한 이 피조계를 구속할 구속자가 없다. 이는 이슬람에서도 마찬가지이다. 이슬람교에서도 알라신은 창조주이지만 자신을 희생해 가면서까지 피조계를 구속할 의지는 없다. 그 대신 이슬람교는 율법의 종교라 할 수 있다. 그래서 창조자 알라신은 이 세상 사람들이 살면서 지켜야 할 율법들을 내려주었고 그런 율법들이 샤리아 법을 통해서 구체화되었다. 만일 사람들이 이 법을 지키지 않는다면 그 다음은 가혹한 처벌뿐이다.

기독교 이외의 다른 종교에서 피조계는 어떻게 구원받는가? 피조계 자체가 온전히 구원받는 일은 없다. 다만 가능한 구원이란 오직 죄 많은 이 세상으로부터 벗어나는 것뿐이다. 명상이나 기도 또는 영창(chanting)과 같은 종교적인 테크닉을 통해서 영혼이 신체의 물리적인 기관으로부터 잠시 벗어나서 잠깐 동안 초월과 결합될 뿐이다. 하지만 그 기간도 그리 길지 못해서 그렇게 벗어난 자아는 본래 영혼의 감옥이던 육신으로 되돌아와서 죽음으로 말미암은 마지막 해탈을 기다려야 한다.

뉴에이지를 추종하는 자들은 기독교의 구원을 이런 방식으로 변질시키려고 한다. 뉴에이지를 다루는 서적들을 보면 예수를 사람들에게 어떻게 이 세상 육신의 감옥으로부터 벗어나서 초월적인 영들과 교감을 나눌 수 있는지를 가르치는 것이 가장 중요한 목표였던 도사(guru)로 생각한다.

이런 이유 때문에 이 피조계의 온전한 구원을 위해서 피조물과 같이 낮아지셨던 창조주의 내러티브를 올바로 복원하는 것이 그리스도인들의 시급한 과제이다. 또 그리스도인들의 영적인 DNA 속에는 바로 이러한 확신이 내재해 있겠지만 내 생각으로는 그동안 이런 확신이 지난 50년 동안 상당 부분 간과되거나 심지어 무시됐던 것 같다.

예를 들어 자유주의 그리스도인들은 창조신학을 받아들이지만 그 속에는 구속에 대한 관심이 소홀하다. 그래서 자유주의 그리스도인들은 (구속적인 사회적 증언과는 정반대로) 인본주의적인 사회 갱신만을 강조할 뿐이다.

비슷한 오류를 보수적인 그리스도인들에게서도 찾아볼 수 있다. 이들은 자유주의 그리스도인들과 달리 구속신학을 받아들이지만 전적으로 그리스도의 죽음에만 집중하면서 창조와 성육신 그리고 재창조의 상호관계를 외면한다. 그 결과 보수적인 그리스도인들은 지옥으로부터 구원받기 위하여 영혼을 육신으로부터 낚아채는 데만 집중한다. 하지만 이러한 유형의 기독교는 창조와 구속을 애써 분리시키는 것으로서, 성육신과 아울러 그로 말미암아 온 세상의 구원에 대한 균형 잡힌 신앙을 거부했던 초대교회의 대표적인 이단인 영지주의(Gnosticism)에 기우는 것이다.

3) 하나님과 인간의 연합

하나님의 성육신은 육신이 되신 말씀으로 이루어졌다(요 1:14). 이를 통해서 하나님께서 문자 그대로 실제적으로 인간이 되셨다. 하나님이 그대로 육체로 변화한 것도 아니고 말씀이 단지 어떤 사람의 몸속에 들어와 거주한 것도 아니다. 성육신은 동정녀 마리아의 태를 통하여 하나님이 사람의 몸으로 태어난 사건이다. 하나님과 인간이 완벽하게 연합한 성육신은 칼케돈 신조(주후 451)를 통해서도 잘 설명되고 있다.

> 이 두 본성은 혼합도 없고, 변화도 없으며, 구분도 없고, 분리도 없으며, 양성의 구별이 연합으로 인하여 결코 없어질 수도 없으며, 각 본성의 속성들이 한 위격과 한 본체 안에서 둘 다 보존되고 함께 역사한다.

> 그리스도는 두 인격으로 분리되거나 구분되지 않고 하나의 동일한 아들이요 하나님의 독생하신 말씀이요, 주 예수 그리스도이시다. 일찍이 선지자들이 이와 같이 증거하였고, 예수 그리스도께서도 친히 우리에게 가르치셨던 바요, 우리에게 전수된 교부들의 신앙고백도 그러하다.[1]

성육신을 통한 하나님과 인간의 연합을 쉽게 설명하자면 예수께서는 100% 하나님인 동시에 100% 인간이라고 말할 수 있다. 이런 설명은 성육신에 관한 틀림없는 설명이지만, 그 의미를 좀 더 깊게 성찰해 볼 필요가 있다.

인간이신 예수 안에서의 하나님의 거룩하신 현존에 대해서 좀 더 생각해 보자. 인간 예수 안에서의 신성의 현존은 하나님과 인간의 분리로는 결코 설명될 수 없다. 마리아의 태에서 예수께서 한 인간으로 잉태될 때부터 그리고 탄생 이후 어린 시절과 성장 과정, 세례받음, 공생애 사역, 가르침과 기적의 사역 속에서 하나님께서 임재하셨다. 하지만 예수의 십자가 죽음과 매장, 부활, 승천 그리고 이제는 우리를 위해서 그리고 만물을 그 노예의 상태에서 구속하기 위하여 다시 오실 재림의 전체 과정 속에 함께하시는 하나님의 현존을 인간 예수의 활동으로부터 결코 분리해서는 안 된다.

이와 마찬가지로 인성의 현존(the human presence) 역시 예수의 성육신의 전체 과정에서 결코 분리될 수 없으며, 그 과정에서 예수의 완벽한 인성이 하나님과 함께 완전히 결합되었다. 그리고 (이러한 연합의 신비를 완전히 설명해 낼 수 있는 이 세상의 언어는 존재하지 않지만) 예수는 이 세상의 모든 만물을 파국으로 몰고 간 인간의 반역과 죽음의 저주를 자기 스스로 직접 짊어지고 떠맡아 자신의 것으로 받아들였다.

이렇게 예수 안에서 하나님은 완벽하게 인성과 연합되었기 때문에 이제 성령의 능력으로 예수는 첫째 아담의 생애를 온전히 갱신시킬 수 있었다. "총괄갱신"(recapitulation)은 사도 바울이 에베소서 1:9-10에서 사용했던 헬라어 단어의 의미를 잘 전달해 준다. "그 뜻의 비밀을 우리에게 알리셨으

---

1) *The Book of Common Prayer* (New York: Seabury Press, 1979), 864.

니 곧 그 기쁘심을 따라 그리스도 안에서 때가 찬 경륜을 위하여 예정하신 것이니 하늘에 있는 것이나 땅에 있는 것이 다 그리스도 안에서 통일되게 (recapitulate) 하려 하심이라." 만유의 총괄갱신은 이 세상을 다시금 새롭게 창조하여 만유를 하나님의 영원한 낙원에서 온전하게 회복하기 위하여 하나님께서 친히 행하시는 재창조의 사역이다.

그래서 겟세마네 동산에서 벌어진 구속 사건은 온 세상을 하나님과 화목하기 위한 일종의 전환점이 되었다. 이 전환점은 물론 그 이전에 이스라엘 사람들에게도 계시되었고 그리스도의 성육신을 통해서 육신의 모습으로 이 땅에 나타났다. 예수 그리스도는 마리아의 태에서부터 이미 성부 하나님의 뜻에 온전히 순종하시면서 새로운 인류를 속량하는 구속의 과정을 시작하셨다. 그리고 이후의 공생애와 십자가, 죽음, 지옥강하, 부활과 승천의 모든 과정은 이 세상의 구속자를 기다려왔던 이스라엘의 소망을 실현하였으며, 메시아이신 예수 그리스도는 이제 부활하여 승천한 구세주로서 온 세상의 정사와 권세들을 다스리고 계신다. 또 (창세기 3:15에서 약속된 바와 같이) 인류의 모든 죄를 속량하심으로써 그는 이 세상의 모든 죄악과 죽음의 권세를 정복하셨다. 그리하여 예수 그리스도는 정사와 권세를 굴복시키고 십자가로 승리하셨다(골 2:15).

5. 하나님과 영원한 낙원

우리는 이제 예수 그리스도의 부활과 재림 중간의 시대를 살아가고 있다. 그리스도께서 다시 재림하실 때 그는 이 세상과 하나님의 낙원을 다시 회복하실 것이다.

하나님은 그 낙원을 자신의 영원한 영광과 권능이 머무는 자리로 삼으실 것이다. 그리고 삼위 하나님과의 사랑의 친교를 위하여 친히 창조하신 피조물과 함께 (독생하신 아들과 성령과의 연합 안에서) 영원한 친교를 나누실 것이다. 바로 그때가 되면 하나님의 뜻이 "하늘에서 이미 이룬 것같이 이 땅에서도 온전히 이뤄질 것이다"(마 6:10).

오순절 날에 사도 베드로가 외쳤던 설교에서(행 2:36) 우리는 모든 만유를 다스리시는 예수 그리스도의 주권에 관한 생생한 묘사를 들을 수 있다. 즉 이스라엘의 온 집이 오랫동안 소망을 품고 기다려왔던 온 세상의 구속자가 드디어 나타났으며 드디어 그가 만유를 회복했다는 것이다. 이미 오순절 날에 시작되었던 인류 역사의 새로운 국면은 바로 예수 그리스도 안에서 성취된 하나님의 구속적인 임재를 이제 온 세상을 향하여 선포하는 것이며 주께서 회복하실 그 세상에 대한 희망을 온 세상에 선포하는 것이다. 예수가 바로 온 세상의 구세주이시고, 얼마 못되어 온 세상이 그 앞에 모든 무릎을 꿇고 모든 입으로 예수 그리스도를 주권자로 고백할 것이다(빌 2:10-11).

한편 사도행전 2:38은 하나님의 구원 내러티브에 대한 이 세상의 올바른 반응을 묘사한다. 그 바람직한 반응이란, "너희가 회개하여 각각 예수 그리스도의 이름으로 세례를 받고 죄사함을 얻으라 그리하면 성령을 선물로 받으리라"는 것이다.

세상이 창조되던 순간에 수면에 운행하시며 만유에게 생명을 불어넣어주었고 출애굽 때 홍해에서 그리고 예수께서 세례받던 당시 요단강에서 역사하시며 생명을 공급해 주었던 동일한 성령이 지금도 우리에게 새로운 생명을 가져다주신다. 그 덕분에 우리는 예수 그리스도 안에서 세례를 받게 되었고 이제 새로운 정체성을 획득하였으며, 그리스도의 몸인 교회의 일원이 되었다.

이런 의미에서 교회는 이 세상에서 행하시는 하나님의 구속 내러티브가 계속 진행되는 곳이며 마지막으로 기독교 예배가 바로 그런 곳이다. "예배를 통해서 하나님의 이야기가 실행된다"는 말은 무슨 의미인가? 이 말은 "예배는 하나님의 이야기를 선포하고 구현하며 노래한다"는 뜻이기도 하다. 예배는 결코 어떤 프로그램도 아니고 인간 자신에 관한 것도 아니다. 예배는 처음부터 끝까지 이 세상을 향한 하나님의 구원 내러티브이다. 만일 우리가 공중예배(the public worship)에서 그 하나님의 이야기를 실행하지 않으면 세상은 어떻게 자신의 이야기를 알 수 있을까?

6. 결론

나는 "예배는 하나님의 이야기를 실행한다"고 설명했던 내 말의 의미를 잘 이해하지 못했던 한 친구에 대한 이야기로부터 1장을 시작했다. 오늘날과 같이 예배가 세상의 문화를 그대로 답습하면서 종교적인 소비자들을 만족시키느라 재미있는 프로그램을 소개하고 사람들을 즐겁게 해주면서 마치 인기 있는 TV 프로그램의 하나처럼 변질된 시대에, 심지어 신학교에서 훈련받은 목회자라도 기독교 예배의 바른 의미에 대해서 혼동하는 것은 그리 이상한 일도 아니다.

이제 그 프로그램은 달라져야 하고, 무엇보다도 예배가 하나님의 복된 소식의 핵심을 올바로 담아낼 수 있어야 한다. 매일의 예배와 주간 단위의 예배 그리고 연간 단위의 예배에 이르기까지 모든 예배가 복음에 기초해야 한다. 만일 기독교 예배가 하나님께서 죄인을 구원하시고 온 세상의 회복을 위하여 계획하신 복된 소식을 그 거룩한 만찬상에서 올바로 선포하고 노래하고 재현하는 데 실패한다면, 그 예배는 세상의 문화 속에서 더럽혀질 뿐만 아니라 결국은 복음의 본질로부터도 멀어질 수밖에 없다. 예배가 하나님의 이야기를 실행하지 않고 복음의 본질에서 멀어진다면, 그 예배에 참여하는 자들은 거꾸로 하나님의 이야기로부터도 분리될 수밖에 없다.

그래서 이 책은 올바른 예배의 회복에 관한 책인 동시에, 온 세상을 향한 하나님의 복된 소식의 회복에 관한 책이기도 하다. 일단 우리가 우리의 예배 속에서 하나님의 복된 소식을 회복하기만 한다면, 즉 하나님께서 성육하신 말씀과 성령 안에서 죄인들을 위하여 예비하신 하나님의 낙원을 드디어 회복하셨다는 이 놀랍고도 위대한 소식을 회복하기만 한다면, 우리는 그 예배 안에서 우리를 만나 주시는 하나님의 놀라운 축복을 경험할 수 있을 것이다. 이 놀라운 예배에서 우리 하나님의 백성들은 함께 모여 처음부터 끝까지 세상을 향한 하나님의 구원 이야기를 노래하고 선포하고 실행하며 구현한다. 이 세상 만물의 창조주이시요 구원자이신 하나님께 영원토록 무궁한 영광을 돌릴지어다!

2장

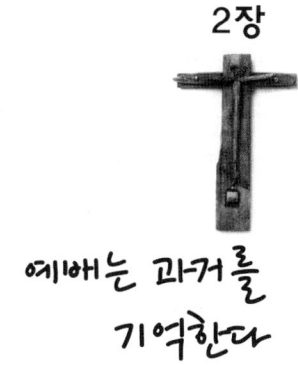

예배는 과거를 기억한다

예전에 여러분이 공부했던 고등학교나 대학교의 수업과목들을 잠시 생각해 보자. 분명 여러분은 당시 배웠던 교과과목들을 기억할 것이다. 그 과목들이 내가 배웠던 과목들과 별반 다르지 않다면 아마도 그 과목들은 끔찍하게도 제각각으로 쪼개져 있을 것이다. 분명 여러분도 크게 다르지 않겠지만 당시 나는 서로 전혀 하나로 통합되지 않는 여러 과목들의 수업을 들어야만 했다. 어떤 과목 선생님은 역사를 가르쳤고 또 다른 과목은 수학이나 화학을 가르쳤고 그 다음에는 국어를 배워야 했다. 이것을 보면 마치 당시 교과과목을 편성했던 선생님은 "학생들이 이 과목 전체를 하나로 이해할 수 있도록 하려면 이 과목 전부를 어떻게 편성해야 할까?"하는 고민은 전혀 생각도 해보지 못했던 것 같다.

우리 모두는 예전에 학교에서 이런 경험을 해 보았을 것이다. 그런데 이러한 파편화 현상은 교육계에서만 발견되는 것이 아니라 대부분의 우리 삶 속에도 깊숙이 스며있다. 그리고 불행히도 이는 교회와 특히 예배 속에도 침투해 들어와 있다.

1. 조각난 예배

조각난 예배(또는 예배 속의 파편화 현상, *fragmentation in worship*)란, 예배에서 하나님의 구원 이야기의 한두 가지 측면을 강조하기는 하지만 결국 하나님의 전체 이야기를 간과하는 예배를 말한다. 예를 들자면 어떤 그리스도인들은 예배에서 삼위 하나님 중에 한 위격에만 집중한다.

만일 기독교 예배가 성부 하나님께만 집중한다면 신자들은 하나님을 피조계의 창조주로서만 경배하거나 또는 이 세상 만물 속에 깃들어 있는 선함과 사랑의 근원자로서만 주목하거나 가난한 사람들과 약자를 돌보는 자비 많은 아버지로만 경배하게 된다. 또 이런 예배에서는 설교와 찬송, 기도와 성만찬 모두가 창조주나 사랑과 같은 주제에 편중하게 되고 신자들더러 이 세상 만물을 돌보고 가꾸며 이웃을 사랑하고 가난한 자들을 돌볼 것을 촉구하는 데 집중할 것이다.

창조와 사랑, 공의, 자비와 같은 주제들은 당연히 성경적인 주제이고 그래서 예배를 통해서 충분히 강조되어야 한다. 하지만 지나치게 성부 하나님에게만 집중하고 성자 하나님으로 말미암은 성육신과 구속, 종말론적인 재창조와 같은 주제들과 균형을 이루지 못하면, 창조와 이웃에 대한 사랑 그리고 공평과 정의와 같은 주제들은 기독교적인 독특성을 잃어버리고, 자연환경에 대한 관심이나 이웃에 대한 사랑 그리고 약자에 대한 돌봄을 중요시하는 인본주의적인 가치관 이상의 거룩한 영향력을 발휘할 수 없다.

그 다음에 예배에서 성자의 대속사역만을 강조하는 경우도 생각해 볼 수 있다. 이런 예배에서 사람들은 하나님을 주로 구세주로 경배하며, 예배의 전체 초점이 독생자의 죽음에 집중된다. 그 하나님은 우리의 죄를 대속하셨고 하나님의 공의를 만족시키기 위해서 우리 대신 죄 값을 담당하고 죽으셨다는 것이다. 또 우리는 그리스도의 의를 덧입었고, 하나님은 그리스도의 속죄를 통해서 우리를 바라보시기 때문에 하나님 앞에서 우리 죄는 용서받았고 결국 예수 그리스도로 말미암아 영생을 얻었다는 것이다. 물론 이런 주제들 역시 성경이 지속적으로 강조하는 것이다. 하지만 이런 주제가 분명 성경적이더라도 하나님의 창조에 관한 주제들과 균형을 이루지 못하거나 하나님의 성육신이 온 피조물의 재창조를 위한 것임을 충분히 강조하지 못하면, 하나님의 구원 이야기가 한 개인의 구원만을 강조하는 개인주의(individualism)로 축소되고 만다. 개인주의적인 구원관에 따르면 하나님은 이 사람 개인이나 저 사람 개인의 영혼을 구원하실 뿐 온 세상은 거들떠 보지 않는다. 또 이러한 예배에서 찬송과 합창은 주로 옆의 다른 사람을 포함한 공동체 전체보다는 나 한 사람에게 집중되기 쉽고, 설교도 주로 한 개인의 영혼을 겨냥하여 치유적인 주제를 강조하기 쉬우며, 성만찬 역시 만유의 부활을 위한 그리스도의 부활과 승천 그리고 모든 피조물과 만유에 대한 그분의 주권을 확정하기 위한 재림과 같은 거시적인 주제를 담아 내지 못하고 단순히 그리스도의 죽음에 대한 단순하고도 우울한 묵상에 머무르는 경우가 많다.

마지막으로 성령의 역사에만 집중하는 예배에 대해서도 생각해 볼 수 있다. 이 예배에서의 강조점은 주로 성령을 향하여 마음의 문을 열라거나 방언과 같은 성령의 은사를 받으라거나 또는 치유사역에 집중되는 경우가 많다. 당연히 이런 주제 역시 성경적이기 때문에 우리의 예배에서 무시되어서는 안 된다. 그런데 이런 예배 공동체가 독생자의 대속사역을 무시하는 것은 아니지만, 이들 역시 앞에서 지적했던 경우와 비슷하게 하나님의 사역을 주로 개인주의적인 관점에서 접근하곤 한다. 게다가 이런 예배는 성령의 역사를 주로 신자 개개인의 삶의 관점에서 강조하다 보니 개인의 영적인 경험을 지나치게 중요시하고 심지어 온 세상을 향한 하나님의 구원 이야기까지 무시하려들 정도이다. 이렇게 예배에서 하나님의 창조와 성육신 그리고 재창조와 같은 거시적인 주제들이 성령에 대한 개인적인 체험으로 대체되면, 신자들은 결국 하나님의 이야기보다는 자신의 개인적인 경험담을 영적인 판단의 기준으로 삼고 만다.

그래서 기독교 예배에서 우리 모두는 하나님의 거대한 이야기를 한 개인의 이야기로 축소하거나 일부분으로 조각내지 않도록 주의해야 한다. 예배를 통해서 올바로 구현해야 할 이야기는 성부와 성자 그리고 성령의 삼위 하나님 중에 어느 한 분만의 이야기가 아니라 성 삼위 하나님께서 처음부터 끝까지 함께 이끌어 오고 있는 우주적인 구원의 드라마이다. 하나님은 자신의 예정하신 뜻을 따라 세상을 창조하셨고 타락한 자기 백성들을 구원하고 세상을 회복하여 삼위 하나님께서 영원토록 향유하셨던 거룩한 친교와 사랑의 공동체 안으로 자기 백성을 인도하고자 이 세상의 시간과 공간과 역사 속으로 성육신하셨다.

결국 성경적인 예배가 구현해야 할 것이 이것이다. 과거에 있었던 하나님의 구원의 사역을 기억하고 온 피조계를 다스릴 하나님의 통치를 소망하며, 사람과 공동체 그리고 온 세상을 그분의 이야기로 변화시키도록 현재 이 순간 예수 그리스도의 이름으로 모인 자리에서 하나님의 과거와 하나님의 미래를 그대로 실행하는 것이다.

2. 성경적인 예배는 하나님의 구원하시는 행위를 기억한다.

기억이란 망각의 반대말이다. 우리가 만일 과거를 잊어버린다면 그 과거는 우리의 삶 속에서 죽은 과거나 마찬가지이다. 우리 대부분은 예전의 삶이나 가족들과의 생활 또는 과거 선조들의 유산을 기억하는 데서 크나큰 즐거움을 얻는다. 그래서 어떤 이들은 많은 시간을 들여서 선조들의 삶의 흔적을 찾아보거나, 그 이후 후손들의 족보를 정리하거나 자라나는 아이들을 위해서 선친의 사진을 사진첩에 정리하곤 한다.

물론 성경에서 말하는 기억(remembering)은 단순히 인지적인 회상 이상의 것이다. 성경적인 기억은 과거와 미래의 하나님의 구원 사건을 우리의 몸과 마음과 영혼 속으로 가져오는 것이며, 그 구원하는 사건의 능력과 효과를 예배로 모인 신앙 공동체에게 현재의 사건이 되도록 하는 것이다. 예를 들어 예수 그리스도를 기억하며 빵과 음료를 함께 떼고 함께 나눌 때 그리스도는 성령의 능력으로 말미암아 그리고 그가 십자가에서 부숴진 몸과 흘린 보혈의 상징을 통해서 그리고 이를 믿음으로 받아들이는 자들의 믿음을 통해서 그 성찬상 주변에 모인 자들에게 다시금 임재하신다. 그래서 기억(*remembrance*, 헬라어로 아남네시스)에는 과거를 현재로 살아 생생하게 재현하여 만들어 내는 힘이 있다. 기독교 예배에서 기억은 무엇보다도 신자들을 하나님께로 인도한다. "하나님! 주님의 구원하신 행위를 기억하나이다. 주께서 우리를 어떻게 그 악한 권세로부터 구원하시고 사망 권세를 정복하셨는지를 기억하나이다."

하나님을 경배하는 예배에서 하나님이 하신 일을 다시금 생각나게 한다는 것이 다소 이상하게 느껴질 수도 있다. 하지만 명심할 점은 하나님의 구원하신 행위야말로 천상에서 진행되는 영원한 예배의 중심 주제이다. 하나님은 자신의 이야기를 사랑하신다. 이 이야기는 처음부터 끝까지 삼위 하나님의 영광을 찬양하는데, 왜 그분이 기뻐하지 않겠는가? 예배에서 우리가 예수 그리스도 안에서 하나님이 행하신 구원의 행위를 기억할 때 주님은 우리의 예배를 통해서 기뻐하며 영광을 받으신다. 그래서 예배에서 우리는 그분의 이야기를 다루어야 한다. 그 이야기가 바로 하나님께서 이 세상 사람들에게 들려주신 구원의 이야기이며 예배를 통해서 다시금 하나님께 되돌아가야 할 이야기이다. 또 이 예배를 통해서 이 세상은 자신의 이야기를 배울 수 있다. 만일 예배시간에 우리가 하나님의 이야기를 경축하지도 않고 사람들에게 이 이야기를 기억하도록 요청하지도 않는다면 세상은 무슨 수로 자신들이 돌아가야 할 본래의 이야기를 들어볼 수 있겠는가?

나는 미시간 호숫가에 위치한 베다니 비치(Bethany Beach)라는 곳에서 스웨덴 사람들과 함께 살고 있다. 이 마을은 1906년에 스웨덴 출신의 침례교도와 복음주의 언약파 신자들에 의하여 세워졌다. 내가 이 책의 원고를 집필하고 있던 해에 이들은 정착 100주년을 기념하는 기념행사를 가졌다. 열흘 동안 진행된 축제 기간 내내 축하 연설과 다채로운 활동들, 영화, 사진들 그리고 과거의 성상(Icon)들이 전시되었다. 대략 400명 정도 모여 사는 이 곳에는 베다니 비치에서 진행된 삶과 사역을 통해서 감동을 받았던 천여 명의 사람들이 이전의 기억을 다시금 함께 나누고자 각지에서 모여들었다. 이들은 "지난 100년 동안의 하나님의 신실하심"이란 주제를 내걸고 함께 모여서 이전에 경험했던 아름다운 정서적 및 영적인 대각성을 추억했다. 물론 축제에 참석했던 몇몇 사람들은 그런 과거를 다 잊어버린 경우도 있지만 대부분은 이전의 기억을 통해서 다시금 일깨움을 받았다. 또 나처럼 스웨덴 출신도 아니고 나중에 이 마을에 정착한 사람들은 이전의 기억을 함께 나누면서 하나님께서 어떻게 이 마을에 찾아오셨고 미시간 남부에서 우리가 조그맣게 차지하고 있던 땅의 경계선을 넘어서서 모두가 한 마음으로 살아 계신 하나님을 증언하는 증인들을 일으켜 세우시는지를 깨닫게 되었다.

바로 그런 일이 예배를 통해서도 일어날 수 있다. 망각은 죽음으로 이어지지만 기억은 생명을 가져다주기 때문이다.

3. 예배는 기억하는 이야기 속에 위치한다

성경적이며 고대의 초대교회 예배는 결코 인간 자신에 관한 것도 아니고 인간 자신에 대한 경배가 아니라, 항상 역사 속에서의 하나님의 구원 행위에 관한 기억에 집중한다(물론 기독교 예배는 역사 속에서의 하나님의 구원 행위에 대한 내 신앙의 응답과도 관계가 있다).

예배에서의 기억의 패턴을 분명하게 보여 주는 구약성경 구절 하나가 신명기 6장에서 발견된다. 여기에서 하나님은 모세에게 무엇을 어떻게 기억해야 하는지에 대해서 분명하게 교훈하신다. 하나님은 망각의 비참한 종착점이 어디인지를 잘 아시기 때문에, 모세에게 이렇게 말씀하신다.

후일에 네 아들이 네게 묻기를 우리 하나님 여호와의 명하신 증거와 말씀과

> 규례와 법도가 무슨 뜻이뇨 하거든 너는 네 아들에게 이르기를 우리가 옛적에 애굽에서 바로의 종이 되었더니 여호와께서 권능의 손으로 우리를 애굽에서 인도하여 내셨나니 곧 여호와께서 우리의 목전에서 크고 두려운 이적과 기사를 애굽과 바로와 그 온 집에 베푸시고 우리 열조에게 맹세하신 땅으로 우리에게 주어 들어가게 하시려고 우리를 거기서 인도하여 내시고 여호와께서 우리에게 이 모든 규례를 지키라 명하셨으니 이는 우리로 우리 하나님 여호와를 경외하여 항상 복을 누리게 하기 위하심이며 또 여호와께서 우리로 오늘날과 같이 생활하게 하려 하심이라 우리가 그 명하신 대로 이 모든 명령을 우리 하나님 여호와 앞에서 삼가 지키면 그것이 곧 우리의 의로움이니라 할지니라 (신 6:20-25).

이 말씀에서 우리는 올바른 기독교 예배는 기억 속에 위치할 뿐만 아니라 영성과 윤리 역시 올바른 신앙과 순종하는 삶을 이끌어 내는 기억에 근거함을 알 수 있다.

예배와 영성 그리고 윤리의 통합이라는 동일한 관점은 네로황제의 박해 아래에서 하나님의 구원 이야기를 망각할 위기에 직면한 신자들에게 사도 베드로가 보낸 서신에서도 잘 나타난다. 사도 베드로는 이들에게 다음과 같이 교훈한다.

> 오직 너희는 택하신 족속이요 왕 같은 제사장들이요 거룩한 나라요 그의 소유된 백성이니 이는 너희를 어두운데서 불러 내어 그의 기이한 빛에 들어가게 하신 자의 아름다운 덕을 선전하게 하려 하심이라 너희가 전에는 백성이 아니더니 이제는 하나님의 백성이요 전에는 긍휼을 얻지 못하였더니 이제는 긍휼을 얻은 자니라
> 사랑하는 자들아 나그네와 행인 같은 너희를 권하노니 영혼을 거스려 싸우는 육체의 정욕을 제어하라 너희가 이방인 중에서 행실을 선하게 가져 너희를 악행한다고 비방하는 자들로 하여금 너희 선한 일을 보고 권고하시는 날에 하나님께 영광을 돌리게 하려 함이라 (벧전 2:9-12).

앞에서 살펴본 신명기의 말씀처럼 사도 베드로도 여기에서 과거 하나님의 구원에 관한 기억 속에서 예배와 영성 그리고 윤리를 하나로 결합시키고 있다. 우리가 하나님의 전능하신 구원의 행위를 기억할 때 그 기억 속에서 우리는 그분을 경배하고 싶은 열망이 생기고 그의 놀라운 구원을 묵상하며 그분이 오늘 우리에게 하신 말씀에 순종할 마음이 생긴다. 기억이란 이렇게 놀랍도록 강력하다.

스트롱(Strong)의 것이든 영(Young)의 것이든 또는 좀 더 간단한 것이든, 여러분이 애용하는 성서용어사전(concordance)을 꺼내서 기억(remember)이란 단어를 찾아보라. 이 단어의 성경적인 용례를 조사해 보면, 성경 속에서 신자들이 예배에서 무엇을 했는지를 알 수 있을 것이다. 예배 중에 그들은 무엇보다도 역사 속에서의 하나님의 구원 행위를 기억하였다. 그리고 관련 구절들을 더 읽어 보면 그 기억 행위 속에 신자의 영성과 윤리에 대한 지침이 서로 연결되어 있음을 발견할 것이다. 예를 들어 신명기의 몇몇 구절들을 살펴보자.

- 주께서 호렙산에서 큰 위엄 가운데 네 앞에 어떻게 강림하셨는지를 기억하라(4:10).
- 주께서 애굽에서 종 되었던 너희를 어떻게 구원하셨는지를 기억하라 (5:15; 15:15; 16:12; 24:18; 24:22).
- 주께서 그의 권능으로 바로 왕을 어떻게 굴복시켰는지를 기억하라 (7:18).
- 주께서 40년 동안 광야에서 너를 어떻게 인도하시며 돌보셨는지를 기억하라(8:2).
- 주께서 너의 열조에게 맹세하신 바와 같이 어떻게 너에게 재물 얻을 능력을 주셨는지를 기억하라(8:18).
- 주께서 너의 행위 때문이 아니라 바로 너를 사랑하신 까닭에 이 땅을 너에게 주셨음을 기억하라(9:7).

- 주께서 네 목전에서 너에게 놀라운 권능을 보여 주셨음을 기억하라 (11:2-7).
- 네가 지키는 유월절의 다급함과 그날에 네가 먹는 고생의 떡이 무슨 뜻인지를 기억하라(16:3).
- 주께서 미리암에게 행하신 것처럼 주님이 허락하시는 고통과 치유의 능력을 기억하라(24:9).
- 옛날을 기억하라(32:7).

신약성경에서도 하나님은 과거를 잊지 않는 분으로 묘사되고 있다. 누가복음의 마리아의 찬가(the Magnificat)에서는 자신이 전에 하신 약속을 결코 잊지 않고 기억하시는 하나님을 찬송한다. 이 놀라운 찬송을 기도하는 마음으로 깊이 묵상하다 보면, 우리 역시 하나님의 구원 행위를 기억할 뿐만 아니라 우리 마음도 하나님의 구원 행위를 향하여 활짝 열린다. 그래서 교회 역사 속에서 마리아의 찬가는 거의 모든 기도서에 항상 등장할 뿐만 아니라 대부분의 기독교 예배에서 거룩한 찬송으로 끊임없이 불려졌다.

내 영혼이 주를 찬양하며
　내 마음이 하나님 내 구주를 기뻐하였음은
그 계집종의 비천함을 돌아보셨음이라
　보라 이제 후로는 만세에 나를 복이 있다 일컬으리로다
능하신 이가 큰일을 내게 행하셨으니
　그 이름이 거룩하시며 긍휼하심이 두려워하는 자에게 대대로 이르는도다
그의 팔로 힘을 보이사 마음의 생각이 교만한 자들을 흩으셨고
　권세 있는 자를 그 위에서 내리치셨으며 비천한 자를 높이셨고
주리는 자를 좋은 것으로 배불리셨으며 부자를 공수로 보내셨도다
　그 종 이스라엘을 도우사 긍휼히 여기시고 기억하시되
우리 조상에게 말씀하신 것과 같이

아브라함과 및 그 자손에게 영원히 하시리로다(눅 1:46-55).

사도행전에 나타난 사도들의 설교 다섯 편(행 2:14-36; 3:12-26; 4:8-12; 5:29-32; 7:2-53)을 살펴보면, 모두가 하나님께서 역사 속에서 어떻게 행하셨고 이제 자기 백성을 죄와 사망의 저주에서 구원하고자 예수 그리스도 안에서 어떻게 역사하시는지에 대한 기억에 근거하고 있음을 알 수 있다. 초대교회에서는 성경적인 설교의 진수인 복음이 어떻게 선포되었는지를 보여 주기 위해서 이 중에 가장 짧은 설교를 소개하고자 한다. 당시 모든 설교들은 한결같이 주께서 정하신 시간이 예수 그리스도 안에서 드디어 도래하였고 새 시대가 열렸으며, 자기 죄를 회개하고 예수를 구세주로 받아들일 것을 명심해야 한다는 것을 강조하고 있다.

> 베드로와 사도들이 대답하여 가로되 사람보다 하나님을 순종하는 것이 마땅하니라 너희가 나무에 달아 죽인 예수를 우리 조상의 하나님이 살리시고 이스라엘로 회개케 하사 죄 사함을 얻게 하시려고 그를 오른손으로 높이사 임금과 구주를 삼으셨느니라 우리는 이 일에 증인이요 하나님이 자기를 순종하는 사람들에게 주신 성령도 그러하니라 하더라(행 5:29-32).

이 외에도 마태복음 26:26-29에서 예수께서 제자들에게 권면하신 말씀도 생각해 보자. 여기에서도 예수께서는 제자들에게 자기를 어떻게 기억해야 할 것인지를 가르쳐 주셨다. 사도 바울은 이러한 기억의 말씀을 성만찬에 관한 말씀 속에 집어 넣었다.

> 내가 너희에게 전한 것은 주께 받은 것이니 곧 주 예수께서 잡히시던 밤에 떡을 가지사 축사하시고 떼어 가라사대 이것은 너희를 위하는 내 몸이니 이것을 행하여 나를 기념하라 하시고 식후에 또한 이와 같이 잔을 가지시고 가라사대 이 잔은 내 피로 세운 새 언약이니 이것을 행하여 마실 때마다

나를 기념하라 하셨으니 너희가 이 떡을 먹으며 이 잔을 마실 때마다 주의 죽으심을 오실 때까지 전하는 것이니라(고전 11:23-26).

4. 예배에서 하나님의 구원 행위를 기억하는 방식

'예배에서 어떻게 하나님의 구원 행위를 기억할 것인가?'라는 질문과 관련하여 구약시대 이스라엘의 예배와 신약시대 교회의 예배 사이에 주목할 만한 통일성을 찾아볼 수 있다. 간단히 말하자면 하나님의 백성들은 '역사적인 사건들의 낭송'(historical recitation)과 '극적인 재현'(dramatic reenactment)을 통해서 하나님의 구원 행위를 기억해 왔다는 것이다.

1) 역사적인 사건들의 낭송을 통한 기억

구약시대의 예배와 신약시대 기독교인들의 예배에서 하나님의 구원 행위는 역사적인 사건들을 낭송하는 설교와 신조 그리고 찬송을 통해서 기억되어 왔다. 그 사실은 이상의 세 가지 사례만으로도 충분히 증명된다.

(1) 설교. 하나님의 백성들이 역사 속에서 발생한 하나님의 구원 행위를 낭송하여 기억하는 중요한 방법 중의 하나가 바로 설교이다. 신명기 전체는 한 편의 설교나 마찬가지이다. 이스라엘 백성들을 위한 하나님의 위대한 구원 행위를 진술하는 설교는 다음과 같은 놀라운 말씀으로 끝을 맺는다.

> 그 후에는 이스라엘에 모세와 같은 선지자가 일어나지 못하였나니 모세는 여호와께서 대면하여 아시던 자요 여호와께서 그를 애굽 땅에 보내사 바로와 그 모든 신하와 그 온 땅에 모든 이적과 기사와 모든 큰 권능과 위엄을 행하게 하시매 온 이스라엘 목전에서 그것을 행한 자더라(신 34:10-12).

앞에서 사도행전에 등장하는 다섯 편의 설교를 살펴보았는데, 이 모든 설교 역시 하나님의 위대한 구원의 행위를 자세히 진술하고 있다. 이렇게 성경에 나타난 설교는 항상 하나님께서 자기 백성을 구원하시고자 어떻게 이 역사 속에 들어오셔서 놀라운 구원을 실행하셨는지에 관한 것이다. 이런 맥락에서 오늘날도 하나님의 놀라운 구원 행위에 관한 진술의 차원에서 성경적인 설교를 회복해야 한다.

(2) 신조. 구약과 신약은 모두 예배의 일부분으로서 낭송해야 하는 신조들을 담고 있다. 예배의 주된 목적은 하나님의 구원 행위를 기억하는 것인데, 이 세상을 향한 하나님의 뜻을 실행하시는 하나님의 놀라운 구원 행위에 대한 간결한 신조야말로 예배의 목적을 가장 효과적으로 달성해 준다. 구약에서 가장 탁월한 신조 하나를 신명기 26:5-9에서 찾아볼 수 있다.

> 너는 또 네 하나님 여호와 앞에 아뢰기를 내 조상은 유리하는 아람 사람으로서 소수의 사람을 거느리고 애굽에 내려가서 거기 우거하여 필경은 거기서 크고 강하고 번성한 민족이 되었더니 애굽 사람이 우리를 학대하며 우리를 괴롭게 하며 우리에게 중역을 시키므로 우리가 우리 조상의 하나님 여호와께 부르짖었더니 여호와께서 우리 음성을 들으시고 우리의 고통과 신고와 압제를 하감하시고 여호와께서 강한 손과 편 팔과 큰 위엄과 이적과 기사로 우리를 애굽에서 인도하여 내시고 이곳으로 인도하사 이 땅 곧 젖과 꿀이 흐르는 땅을 주셨나이다.

이 신조는 구약시대에 첫 추수 열매를 기념하는 절기(초실절, 初實節) 동안에 이스라엘의 하나님을 예배하는 자들이 낭송하였다. 당시 예배 참가자들은 첫 수확물을 담은 바구니를 제사장 앞으로 가져와서 제단 앞에 놓았다. 이후에 예배 참가자들은 이 신조를 함께 낭송하고 이어서 이렇게 고백하였다. "여호와여 이제 내가 주께서 내게 주신 토지 소산의 맏물을 가져왔나이다"(신 26:10). 그리고 그 첫 수확물을 가난한 자들에게 나누어 주면서, 하나님의 선하심에 대한 감사로서의 예배와 하나님의 공의를 가난한 자들과 궁핍한 자들에게 확장시키는 것으로서의 예배 사이의 상호관계를 몸소 증명하였다.

역사 속에서의 하나님의 구원 행위에 대한 유사한 요약적인 진술은 신약성경에서도 발견되는데, 이런 진술들은 후에 시도신경의 토대가 되었다. 신약성경에서 발견되는 한 가지 사례는 디모데전서 3:16이다.

> 크도다 경건의 비밀이여, 그렇지 않다 하는 이 없도다
> 　그는 육신으로 나타난바 되시고 영으로 의롭다 하심을 입으시고
> 천사들에게 보이시고 만국에서 전파되시고
> 　세상에서 믿은바 되시고 영광 가운데서 올리우셨음이니라.

(3) 찬송. 성경은 또한 역사 속에서의 하나님의 구원 행위를 경축하는 찬송들로 가득하다. 여러분은 시간을 내어 시편을 읽고 묵상하는 시간을 가져 볼 것을 권한다. 얼마나 많은 시편들이 하나님의 구원 행위를 진술하면서 이스라엘과 세상을 구원하고자 다양한 방식으로 인간의 역사에 개입하신 하나님을 찬양하고 있는지를 주목해 볼 필요가 있다. 구약에 기록된 가장 유명한 시편들 중에서 거의 모든 그리스도인들이 기억할 정도로 유명한 시편이 홍해에서 애굽의 군대로부터 이스라엘을 구원하신 하나님의 놀라운 구원을 찬양하는 모세와 미리암의 찬송(the Song of Moses and Miriam)이다. 이 찬송은 다음의 가사로 시작된다.

> 내가 여호와를 찬송하리니
> 　그는 높고 영화로우심이요
> 말과 그 탄 자를
> 　바다에 던지셨음이로다(출 15:1).

하나님의 구원을 길게 진술한 다음에 이 찬송은 이렇게 끝을 맺는다.

> 여호와의 다스리심이
> 　영원무궁하시도다
> 바로의 말과 병거와 마병이
> 　함께 바다에 들어가매…(출 15:18-19a).

신약성경에도 역사 속에서의 하나님의 구원을 경축하는 찬송들이 수두룩하다. 신약성경에서 "그리스도의 찬가"(Christ-hymns)로 알려진 찬송들은 세상을 구원하시고자 인류의 역사 속으로 들어오신 하나님의 성육신과 아울러 부활하사 사망의 권세를 굴복시키고 온 세상을 통치하려고 하늘로 오르신 그리스도의 승천을 집약적으로 묘사하고 있다. 그중에 특히나 잘 알려진 찬가는 사도 바울이 빌립보교회에게 보낸 서신의 2:6-11이다. 이 찬가의 가사를 천천히 음미해 보자.

> 그는 근본 하나님의 본체시나
> 　하나님과 동등됨을 취할 것으로 여기지 아니하시고
> 오히려 자기를 비어 종의 형체를 가져
> 　사람들과 같이 되었고 사람의 모양으로 나타나셨으매
> 자기를 낮추시고 죽기까지 복종하셨으니 곧 십자가에 죽으심이라
> 　이러므로 하나님이 그를 지극히 높여
> 모든 이름 위에 뛰어난 이름을 주사
> 　하늘에 있는 자들과 땅에 있는 자들과 땅 아래 있는 자들로
> 모든 무릎을 예수의 이름에 꿇게 하시고
> 　모든 입으로 예수 그리스도를 주라 시인하여
> 하나님 아버지께 영광을 돌리게 하셨느니라.

앞에서 소개한 설교와 신조, 찬송가는 구약과 신약 전편에 걸쳐서 하나님

의 백성들이 예배에서 역사 속에서의 하나님의 구원 행위를 낭송함으로써 이를 지속적으로 기억했던 수많은 사례들 중에서 극히 일부분에 지나지 않는다. 이런 사례들로부터 우리는 기억이란 과거의 역사적인 사건들에 대한 정보를 단순히 진술하는 것이 아니라, 자기 백성뿐만 아니라 궁극적으로는 온 세상을 구원하시는 하나님의 놀라운 구원의 신비를 현재 다시금 재현하고 실행하는 것임을 명심해야 한다. 이러한 종류의 기억 활동을 통해서 하나님의 백성들은 신앙 공동체를 망각으로부터 보호하고 지속적인 생명력을 유지할 수 있었다. 사실 망각은 사망을 가리키는 분명한 표지이다. 그런데 하나님은 역사적인 사건들에 대한 낭송만으로는 충분하지 않다고 여기셨는지, 우리에게 그분의 놀라운 구원 행위를 기억할 또 다른 방법을 베풀어 주셨는데, 그것이 바로 '극적인 재현'이다.

2) 극적인 재현에 의한 기억

앞에서 살펴본 '역사적인 사건들의 낭송'이 과거에 발생한 사건들의 정보에 관한 단순한 진술이 아닌 것처럼 '극(劇)적인 재현'(또는 극을 통한 재현, dramatic reenactment) 역시 지나간 역사적인 사건들에 대한 단순하고도 무의미한 상징이 결코 아니다. 여기서 말하는 극적인 연출을 통한 재현은 예배 참여자들을 단순한 구경꾼이나 관찰자가 아니라 하나님의 구원에 대한 직접적인 참여자로 초청하는 데 초점을 둔다. 그래서 구약과 신약의 예배는 예배 공동체 안에서 예배 참여자들에 의하여 직접 실행되었던 하나님의 구원 행위를 강조한다. 예배 참여자들의 극적인 연출을 통한 하나님의 구원 행위의 재현에 대한 가장 분명한 사례는 구약시대의 희생제사와 신약시대의 성만찬에서 찾아볼 수 있다. 구약시대의 희생제사는 출애굽 사건에서의 이스라엘의 구원을 매년 반복되는 유대 절기 속에서 반복적으로 지켜졌으며, 신약시대의 성만찬은 초대교회가 어린양 되신 그리스도의 희생제사를 매년 반복되는 교회력을 따라 지키면서 점차 기독교 예배 안에 정착되었다.

먼저 구약의 희생제의와 신약의 성만찬이 어떻게 하나님의 구원 행위를 극적인 연출로 재현했는지에 대해서 살펴보자. 이 책에서는 구약의 모든 희생제사와 제의를 자세히 다룰 수 없지만, 한 가지 분명한 점은 구약의 여러 희생제사와 제의들은 하나님의 백성들로 하여금 하나님께 나아가는 계기를 제공했다는 점이다. 히브리서에서도 말씀하고 있는 바와 같이, 이러한 제의들은 "장차 오는 좋은 일의 그림자요 참 형상이 아니다"(히 10:1). 말하자면 이러한 제의들은 장차 임할 그리스도를 미리 가리키면서 그가 어떻게 세상의 생명을 위하여 자기 피를 흘릴 것인지를 전조로 보여 주었다. 구약시대 예배에서 제물의 피를 흘리는 의식은 하나님과 이스라엘 간에 맺은 언약에 근거한 의식이었다(출 24:1-8). 예배에서 반복되는 이런 의식을 통해서 이스라엘 사람들은 하나님과의 언약을 갱신하였고, 이를 통해서 "피흘림이 없이는 죄사함도 없다"(히 9:22)는 점을 분명히 하였다. 그런데 구약시대의 모든 희생제사가 세상의 죄를 대속할 그리스도의 희생을 지시하지만, 속죄일(the Day of Atonement)에 시행되는 제의만큼 그리스도의 희생을 분명히 지시하는 경우도 드물다. 이날 1년에 한 번 대제사장은 지성소 안으로 들어가서 두 마리 염소 중에 한 마리를 희생제물로 잡아 여호와께 드린다. 이어서 대제사장은 살아 있는 두 번째 염소의 머리에 손을 얹고 백성들의 죄가 이 염소에게로 옮겨졌음을 고백한다. 백성들을 대신하여 희생제물이 된 이 염소는 백성들의 죄를 짊어지고 사람들이 살지 않는 광야로 내보낸다. 첫 번째 염소는 하나님의 백성들의 죄를 대속하기 위한 피를 상징하여 희생제물로 하나님께 바쳐지고, 두 번째 염소는 백성들의 죄가 옮겨졌음을 상징하여 빈들로 내보낸다(레 16:7-10).

이제 구약시대의 희생제사를 오늘날 그리스도인들이 집행하는 성만찬과 비교해 보자. 성만찬(the Lord's Supper)은 세상의 죄를 대속하기 위한 그리스도의 대속사역을 재현하는 예배 의식이며, 구약시대의 모든 희생제사 속에 담긴 기대와 예언을 성취한 가장 핵심적인 방법이 바로 그리스도의 희생사역이며, 이를 반복적으로 재현함으로써 우리는 오늘도 과거에 이뤄진 그리스도의 희생사역에 동참할 수 있다. 그런데 그리스도의 희생제사가 오늘날 우리에게까지 그 효력을 미치게 된 계기는 교회 안에서 기독교의 전통을 따라 이 예식이 반복적으로 시행되어 왔기 때문이다. 기독교 전통(tradition)에는 "이것을 꼭 시행해야만 한다"는 규범적인 의미가 들어 있다. 사도 바울도 성만찬을 자주 시행하라는 위임명령을 주님으로부터 직접 전해 들었음을 밝히고 있다.

> 내가 너희에게 전한 것은 주께 받은 것이니 곧 주 예수께서 잡히시던 밤에 떡을 가지사 축사하시고 떼어 가라사대 이것은 너희를 위하는 내 몸이니 이것을 행하여 나를 기념하라 하시고 식후에 또한 이와 같이 잔을 가지시고 가라사대 이 잔은 내 피로 세운 새 언약이니 이것을 행하여 마실 때마다 나를 기념하라 하셨으니 너희가 이 떡을 먹으며 이 잔을 마실 때마다 주의 죽으심을 오실 때까지 전하는 것이니라(고전 11:23-26).

그렇다고 모든 그리스도인들이 성만찬에 관한 주님의 위임명령에 그대로 순종하는 것은 아니다. 예를 들어 예전에 나는 일단의 목회자들에게 성만찬 예식은 예수 그리스도의 죽음의 의미를 전달하는 효력을 지니고 있다는 점에 대해서 강의를 한 적이 있었다. 당시 나는 성만찬을 좀 더 자주 시행할 것을 권했다. 그것이 주님의 명령이기도 하거니와 성만찬은 우리를 하나님의 구원 행위에 관한 이야기의 핵심으로 인도해 주기 때문이다. 그런데 성만찬에 관한 내 강의에 감동을 받은 한 목회자가 이렇게 말했다. "성만찬에 관한 교수님의 강의에 정말 감사합니다. 그런데 우리 교회에서는 성만찬을 일 년에 딱 한 번, 송구영신예배 때 시행합니다. 제 생각으로는 우리 교회 교인들은 성만찬을 좀 더 자주 시행하는 것에 대해서 별로 관심이 없는 것 같습니다. 그래서 부탁입니다만 우리 교회 교인들에게도 성만찬만큼이나 동일한 감동을 줄 수 있는 다른 예식을 하나 소개해 주시겠습니까?" 그 말을 듣고 나는 깜짝 놀랐다. 잠시 후 나는 그 목회자에게 성만찬을 대신할 수 있는 다른 예식은 결코 존재하지 않는다고 말했다.

　하나님의 구원을 극적인 연출로 재현했던 예배의 두 번째 성경적인 사례는 구약시대의 유월절(the Hebrew Passover)과 이에 대한 신약의 성취로서의 부활절 예배이다. 이 책을 읽는 대부분의 독자들은 구약시대의 유월절에 기원하여 기독교화된 신약의 유월절인 부활절(the Christian Passover)에 참석해 보았겠지만, 구약의 유월절에 좀 더 가까운 신약의 부활절 철야예배(the Great Paschal Vigil)에 대해서 알고 있는 개신교인은 그리 많지 않을 것이다. 그러나 이 철야예배의 기원은 고린도전서 5:7-8에서 찾아볼 수 있다. "우리의 유월절 양 곧 그리스도께서 희생이 되셨느니라 이러므로 우리가 이 명절을 지키되…" 구약에는 유월절 어린양의 희생제물에 대한 반복적인 제의가 있는 것처럼 신약에서도 기독교인들은 초대교회 때부터 그리스도의 죽음을 매년 교회력의 절기에 맞추어서 기념해 오고 있다.

　기독교적인 유월절(the Christian Passover)인 부활절의 정착과 발전과정을 이 책에서 자세히 소개하는 것은 무리가 있다. 하지만 한 가지 분명한 것은 기독교적인 유월절인 부활절은 초대교회 때부터 새로 개종한 초신자가 교회의 일원으로 가입하기 위하여 거치는 예비문답과정과 긴밀하게 결부되었다는 점이다. 오늘날 부활절 철야예배(the Great Paschal Vigil)로 알려진 이 예식은 초신자가 교회 일원으로 가입하는 전체 과정의 절정에 진행되는 예배로서 부활절 전날 밤부터 시작하여 부활절 날 새벽에 비로소 끝난다. 이 예식은 예수 그리스도의 죽음과 부활의 사건을 극적인 연출로 재현하기 위하여 서로 긴밀하게 연결된 네 부분으로 구성되어 있으며, 이를 통해서 예식에 참여하는 신자를 자신과 세상을 위한 예수 그리스도의 십자가 죽음과 이후의 부활의 사건과 결합시킨다. 부활절 철야 예배의 네 부분은 다음과 같다.

(1) 빛의 예전

　이 예식에서 사용되는 불빛은 그리스도의 부활을 상징한다.

(2) 낭독의 예전
하나님의 창조와 인류의 타락, 이스라엘의 선택, 예수 그리스도를 통한 하나님의 성육신에 관한 성경본문을 읽는다.
(3) 세례 예전
동녘에서 아침 해가 떠오르기 시작하면, 예비문답과정을 거쳐서 예수 그리스도의 제자가 되기로 서약한 입교 신자는 물로 세례를 받고 그리스도의 죽음과 부활에 연합한다.
(4) 부활절 성만찬
신자들은 죽음에서 부활하신 그리스도의 부활을 송축하며 성찬상 주변에 함께 주의 부활을 경축하는 성찬을 함께 나눈다.

구약시대와 초대교회의 예배 사이에 하나님의 구원 행위에 관한 재현으로 서로 일치하는 셋째 사례가 히브리인들과 초대교회의 절기제도이다. 히브리인들의 사고방식에서 매일과 주간 그리고 매년 반복되는 시간의 흐름은 신성한 의미와 가치를 지닌 것으로 간주되었다. 그래서 유대인들의 매일 기도의 관습이 저녁과 아침의 반복적인 주기를 따라 배치되었다. 같은 맥락에서 기독교 전통에서도 매일의 기도에 대한 관습이 이전의 히브리인들의 전통처럼 매일 저녁과 아침에 반복적으로 지켜졌다. 이렇게 매일 반복되는 기도 시간에 초대교회 신자들은 그리스도의 죽음과 부활을 자신의 삶 속에서 반복적으로 재현했던 것이다. 구약시대 히브리인들이 안식일에 지키는 매주 단위의 예배도 그대로 초대교회의 전통이 되었다. 하지만 지금도 히브리인들에는 토요일이 안식하는 날이다. 창세기에 기록된 바와 같이 하나님은 여섯째 날에 창조의 사역을 완성하시고 일곱째 날에 안식하셨기 때문이다. 하지만 기독교인들의 예배일은 한 주간의 첫날인 일요일이다. 이 날은 히브리인들의 요일 계산에 따르면 일하는 날이다. 그렇다면 기독교의 예배일은 왜 히브리인들처럼 토요일이 아니라 일요일일까? 두 가지 이유 때문이다. 첫째는 예수께서 부활하신 날이 바로 일요일이기 때문이다. 둘째는 이날은 또한 재창조의 날이기도 하다. 그리스도의 부활은 새로운 시작과 새로운 창조, 새로운 출발점을 알려 준다. 이런 이유로 초대교회 신자들은 일요일을 "여덟째 날"(the eighth day)로 불렀다. 이날 일요일은 하나님께서 천지를 창조하기 시작하셨던 첫째 날과 그 첫 번째 창조를 마치고 안식하셨던 일곱째 날의 의미를 결합한 날이다. 그래서 초대교회 신자들의 마음에 첫째 날(창조 모형론, creation typology)과 일곱째 날(안식 모형론, Sabbath typology)이 여덟째 날로 결합되었고 이날 주께서 세상을 재창조하심으로써 만유가 회복되어 영원한 안식으로 들어간다고 믿었다.

구약시대 히브리인들 역시 한 해를 지키는 고유한 관습이 있었다. 당시에 매년 지키던 절기 제도들 역시 이스라엘의 역사 속에 들어오신 하나님의 임재를 반복적으로 재현하며 이를 경축하였는데, 이런 절기로는 대표적으로 신년축제일(로쉬 하샤나, Rosh Hashanah)로부터 대속죄일(욤 키푸르, Yom Kippur), 초막절(하그 하슈코트, Hag Hassukkot), 유월절(페샤흐, Pesach), 오순절(하그 샤부옷, Hag Shauu'ot)이 있다. 그런데 기독교인들 역시 히브리인들처럼 매년 반복되는 절기 제도를 통해서 하나님의 구원 행위를 경축한다. 이 절기 제도는 초대교회 탄생 이후 발전되어 3세기 이후에 정착된 것으로, 대림절(Advent, 메시아를 기다림)과 성탄절(메시아가 오셨다), 주현절(온 세상을 위하여 메시아가 나타났다), 사순절(예수의 죽음을 준비함), 성주간(예수의 마지막 주간과 대속사역을 재현함), 부활절(부활을 경축함), 승천일(성부 하나님의 보좌 우편에서 우리를 위하여 중재하기 위하여 영광 중에 승천하신 그리스도를 경축함) 그리고 오순절(성령께서 새로운 방식으로 강림하심)이 있다.

지금까지 나는 성경적인 예배는 역사 속에서의 하나님의 구원 행위에 관한 이야기를 기억하는 것이며, 예배에서 하나님의 구원 행위를 기억하는 효과적인 방법은 '역사적인 사건들의 낭송'(historical recitation)과 '극적인 재현'(dramatic reenactment)이라는 점을 간략하게 논증하였다. 물론 기독교 예배에서의 이러한 행위는 단순히 과거 사건에 대한 맹목적인 서술이나 재미있는 희극 정도로 치부되서는 안 된다. 그보다 이 예식은 자기 백성과 이 세상 만물을 구원하고자 역사 속에 개입하셨던 하나님께서 오늘도 그 일을 계속 행하시며 자기 백성들에게 생명을 베풀고 있음을 강력하게 선포하며 이 복음을 그대로 실행하는 것이다.

5. 결론

이번 장에서 나는 "예배가 어떻게 하나님의 이야기를 실행하는가?"라는 질문에 대한 답변을 모색했으며, 기억(remembrance)에 관한 성경적인 주제를 통해서 그 해답을 시도했다. 예배는 역사적인 사건의 낭송과 극적인 재현을 통해서 하나님의 구원 이야기를 기억하는 것이다. 예배에서 우리는 하나님의 위대한 구원의 행위에 관한 이야기를 찬양하고 설교하며 낭송하고 재현한다. 앞에서 살펴본 바와 같이 예배에 관한 이러한 주제는 노아의 때로부터 시작하여 구약시대 이스라엘의 예배 속에서, 초대교회의 예배에서 그리고 계시록에 등장하는 천상의 영원한 예배에 이르기까지 성경 전편에 걸쳐서 반복적으로 등장한다.

그런데 하나님의 구원 행위에 대한 기억이 성경적인 예배의 전부를 설명하지는 못한다. 예배에 포함시켜야 할 하나님의 구원 이야기의 또 다른 측면이 있기 때문이다. 그것은 바로 예배는 재창조된 우주에 대한 예수 그리스도의 온전한 통치가 펼쳐지는 미래의 하나님 나라를 예상해야 한다는 것이다. 이것이 바로 다음 장의 핵심 주제이다.

Ancient-Future Worship

Proclaming and Enacting
God's Narrative

3장

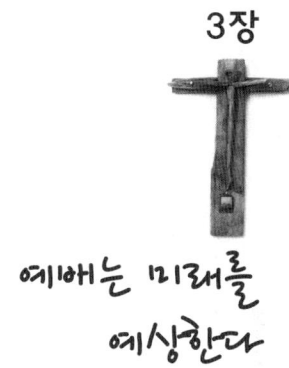

예배는 미래를
예상한다

하나님은 이 세상을 위하여 미래를 예비해 두셨다. 그래서 기독교 예배가 기억해야 할 하나님의 이야기는 과거의 사건에 국한되지 않는다. 주일학교 아이들도 이 사실을 잘 알고 있다. 하나님께서 과거와 현재 이 역사 속에서 일하고 계시는 이유는 자신의 영원한 작정을 미래에 완성하기 위함이다. 이러한 기독교적인 관심사를 가리켜서 신학적인 용어로 종말론(eschatology)이라고 한다. 이 단어는 "마지막"이나 "미래"(future)를 뜻하는 헬라어 단어 에스카톤(eschaton)과 "이론"을 뜻하는 로기아(logia)가 합쳐진 것으로 종말론(eschatology)이란 결국 역사의 마지막 때에 일어날 일들에 대한 학문을 뜻한다.

나는 20세기 중반기에 주로 신학교에서 가르쳤다. 당시에 종말론은 우리가 흔히 말하는 소위 역사의 마지막 때에 발생하리라 예상되는 일련의 사건들, 즉 휴거와 그리스도의 재림, 아마겟돈 전쟁과 같은 획기적인 사건들을 나열하는 것을 의미했다. 물론 이런 주제들은 "휴거 후 남은 자들"(the Left Behind) 시리즈에 대한 사람들의 인기나 중동 지방을 중심으로 전개되는 복잡한 국제 분쟁에 대한 정치적인 관심에서도 잘 나타나듯이, 아직도 여러 사람들의 호기심을 자극할 만한 주제이다. 하지만 "종말론이 예배와 무슨 관계가 있는가?"라고 묻는다면 아마도 대부분의 사람들은 "예배 시간에 종말론에 관하여 설교하는 것"이라고 대답할 것이다. 물론 이 말도 틀린 말은 아니지만 그러나 이 말은 예배와 종말론의 긴밀한 관계의 극히 일부분만을 설명할 뿐이다.

예배의 종말론적인 차원은 앞으로 일어날 사건들에 관한 설교 그 이상이다. 종말론적인 예배의 내용은 하나님께서 창조하신 이 땅의 모든 질서의 회복과 아울러 하늘과 땅의 모든 만물에 대한 그의 통치가 확립될 것을 선포한다. 그리고 예배의 종말론적인 속성은 하나님의 통치가 하늘에서 이미 실현된 그대로 이 땅에서 실현될 그 날과 그 위치와 긴밀한 관계가 있다.

예배는 하나님의 과거를 기억한다. 하지만 그 하나님의 과거는 그대로 하나님의 미래와 연결된다. 하나님은 자신의 나라를 회복하려고 과거와 현재 그리고 미래의 역사 속에서 일하신다. 기독교 예배는 앞에서 살펴본 바와 같이 과거의 역사 속에서 일하신 하나님의 구원을 경축하며 그 과거는 이제 미래에 완성될 것을 우리 모두는 믿는다. 그래서 기독교 예배에서는 하나님의 과거와 하나님의 미래가 서로 연결될 수밖에 없다.[1]

그리스도인이 미래를 희망한다는 것은 이 역사 속에서 장차 완성될 하나님의 목적을 자세히 탐구하는 것이며 모든 전쟁이 멈추고 평화로운 세상과 회복된 낙원 그리고 하나님의 통치에 온전히 순응하는 새 하늘과 새 땅을 기대하는 것이다. 하나님이 계획하신 미래의 비전을 바라보기 위해서는 그리스도인들은 하나님의 구원 행위들을 좀 더 자세히 이해해야 한다. 그리고 세상을 향한 하나님의 원대한 계획을 바라보며 이런 질문을 던져봐야 한다. "예배를 통해서 우리는 어떻게 이 세상의 황량한 사막이 모두 회복되어 아름다운 낙원으로 변하리라는 희망과 확신을 가질 수 있을까?"

---

1) 이 주제에 대한 좀 더 자세한 설명을 위해서는 다음을 보라. F. Balentine, *The Torah's Vision of Worship* (Minneapolis: Fortress Press, 1999). 나는 이러한 통찰에 대하여 그에게 빚을 지고 있다.

물론 우리는 예배 중의 찬송과 설교 그리고 성만찬을 통해서 경험하고 확인했던 하나님의 이야기에 대한 이미지들을 통해서 우리 앞에 놓여 있는 미래의 희망을 어렴풋이나마 바라볼 수 있다. 사실 우리는 그동안 친구나 친척들의 임종의 자리에 둘러앉아서 "하나님의 나팔소리 천지진동할 때에 예수 영광 중에 구름타시고" 다시 오시리라는 찬송을 얼마나 많이 부르고 들어 왔는가? 또 장례식장에서 목사님이 죽음 이후의 영생에 대해서 설교 말씀을 전하는 것을 들어 보지 못한 사람이 누가 있겠는가? 그리고 그동안 우리가 참여했던 성만찬에서도 우리는 "너희가 이 떡을 먹으며 이 잔을 마실 때마다 주의 죽으심을 오실 때까지 전하는 것이니라"는 말씀도 여러 번 들어 왔다.

그러나 하나님을 올바로 예배하기 원한다면, 죽음 이후의 천국과 그 영원한 천국에 마련된 신자의 처소에 대해서는 가끔 여기저기서 들어 보는 것으로는 충분치 않고, 하나님이 계획하신 미래 구원의 완성에 관한 성경의 이야기를 올바로 깨달아야 한다. 그래서 이번 3장에서 나는 하나님은 우리가 드리는 예배 시간을 통해서 세상을 위하여 준비해 두신 미래의 비전을 어떻게 밝히 드러내고 계시는지를 살펴보고자 한다. 물론 그 미래의 비전을 지금 내가 다 알 수도 없고 또 삼위 하나님의 구원 이야기의 방대한 요소들은 이 책의 한계를 벗어나기 때문에 여기서에는 단지 하나님의 미래 비전에 대한 핵심 주제만을 간략하게 소개할 것이다.

1. 온전히 회복될 피조계를 위한 하나님의 비전을 예상하기

온 세상을 향한 하나님의 비전에 대한 연구를 시작하는 방법은 먼저 창세기에 언급된 창조에 대해서 살펴보는 것이다. 6일 동안 천지를 창조하셨던 하나님의 창조 기사에서 우리는 하나님이 창조하신 본래의 피조계의 모습은 어떠했고 또 이 세상은 앞으로 어떤 모습으로 회복될 것인지에 관한 놀라운 비전을 발견할 수 있다. 그런데 창조의 이야기와 재창조의 이야기 사이에는 인간의 타락이 들어 있으며 뿐만 아니라 예수 그리스도 안에서 이 세상을 구원하고 회복시키는 하나님의 활동도 있고, 이 세상 피조계를 향하여 본래 작정하셨던 하나님의 비전이 최종적으로 완성되는 이야기도 들어 있다.

피조계의 창조에 관한 창세기의 기록에서 앞서서 분명하게 암시하는 바는, 이 세상의 창조는 바로 하나님의 선택에 의한 것이라는 점이다. 이 세상을 누가 만들었는가 하는 문제는 매우 중요하다. 맨 처음 빛을 창조하고 물과 물을 서로 나누고 마른 땅이 드러나며 들판에는 각종 과실들이 자라도록 하며, 낮과 밤을 서로 나누고 바다에는 수많은 고기들과 공중에는 온갖 종류의 새들로 가득하고 동물들을 창조하시고 마지막에 남자와 여자를 창조하시고 안식에 들어가신 분이 바로 하나님이시다.

하나님이 창조주(Creator)이심을 인정하고 강조하는 것이 매우 중요한데, 이는 성경 시대뿐만 아니라 오늘날도 마찬가지이다. 예나 지금이나 거짓된 종교는 창조주와 구세주를 서로 분리시키려고 한다. 창조주와 구세주가 서로 분리될 때, 그 창조주는 이 세상의 모든 악의 근원으로 비난받을 수밖에 없고, 구세주는 창조주와 대립하는 자리에 서고 만다. 그리고 이러한 이원론적인 시나리오에서 구원이란 이 세상으로부터 탈출이나 도피로 인식되는 영지주의적인 형태를 띤다. 그러나 성경적인 신앙에서 이 세상 피조계는 버림받은 곳이 아니라 오히려 구세주에 의하여 구원받는 대상이다. 피조계는 그 자체로 악하지 않다. 오히려 죄악의 영향 때문에 망가졌지만, 본래 하나님의 아름다운 창작품이다. 그래서 창조주이신 하나님은 자신의 창조물을 악의 참화로부터 구원하여 다시 원래 상태로 회복하신다. 결국 기독교의 구원은 피조물로부터의 도피가 아니라 "피조물을 구원하는 것"이다.

그런데 오늘날 대부분의 세속적인 영성은 창조주로서의 하나님과 구세주로서의 하나님을 서로 분리시키고자 한다. 예를 들어 뉴에이지의 영성과 마찬가지로 고대의 영지주의에서도 바람직한 영적인 삶이란, 이 세상을 향한 하나님의 목적에 순종하는 가운데 이 세상에서 삶을 꾸려가도록 부름 받는 것이 아니라 오히려 이 세상으로부터 도피하는 것이라고 여겼다.

그러나 기독교의 신앙은 영지주의와 달리 창조주 하나님과 구세주 하나님을 서로 다른 하나님으로 나누지 않는다. 창조하시고 구속하시는 한 분 하나님이 계실 뿐이다. 초대교회 당시 영지주의와의 투쟁 가운데 형성된 사도신경 역시 영지주의적인 이원론을 배격하면서, 신앙고백의 초두부터 창조주와 구세주의 일치를 다음과 같이 천명하고 있다. "전능하사 천지를 만드신 하나님 아버지를 내가 믿사오며." 창조주 하나님께서 이 세상을 창조하셨음을 확신하는 것은 매우 중요한 이유가 있다. 바로 이 믿음에 근거하여 세상의 기원이 하나님에게 달려 있음을 확신할 수 있으며, 오늘날 우리의 예배 속에서 창조주 하나님을 경축할 때에도 바로 이 믿음에 근거하여 이 세상을 향한 하나님의 놀라운 비전을 소망할 수 있기 때문이다(창 1-3장). 하나님의 창조사역은 이 세상이 하나님으로부터 시작되었으며 하나님께서 창조하신 만물의 고유한 질서와 가치가 존재함을 알려 준다.

그런데 하나님께서 창조하신 이 피조계의 궁극적인 가치와 질서를, 창조사역에 관한 둘째 단어인 하나님의 계획(design)과 결부시켜 이해하지 않는다면, 그 본래 가치가 제대로 평가되기 어렵다. 하나님께서 창조하셔서 우리가 살고 있는 이 세상은 혼돈만 가득하거나 무의미한 세상이 아니라, 모든 만물이 각자 고유한 의미와 가치를 지니고 있는 질서 있는 세상이다. 질서 있는 이 피조계는 그 본래의 계획을 드러내기 마련이다. 또 하나님의 창조 이야기 역시 이 피조계를 향한 본래의 목적과 계획을 담고 있다. 조화 속에서 움직이는 세상을 창조하신 하나님은 그분의 계획을 따라 질서 정연한 세상을 창조하시고 또 그의 작정하신 계획을 따라 사람을 창조하셨다. 그래서 피조계 안의 모든 만물들에게는 고유한 자리와 역할 그리고 의미가 있다. 또 이 세상에 사는 모든 생명체는 하나님께서 위임하신 본래의 계획에 따라 살아가야 한다. 인간 역시 하나님의 목적에 부합하는 삶을 살도록 부름 받았다. 그래서 만일 자신의 변덕스런 생각이나 고집대로 살아가려는 자들은 결국 그를 창조하신 하나님의 본래 계획에서 벗어나서 결국 그 자신을 향한 하나님의 뜻에 배역하는 것이다.

그렇다면 예배가 하나님의 영광을 송축하듯이 이 피조계 자체가 모든 만물을 향한 하나님의 계획을 예전적으로 표현하고 있다면, 이 사실은 기독교 예배에 어떤 의미를 제공하는가? 피조계 자체가 하나님의 계획을 송축하고 선포하는 "창조의 예전"(the creation liturgy)이라면, 기독교 예배 역시 몇 가지 순서를 억지로 끼워 맞춘 것이 아니라, 하나님의 계획과 나름의 질서를 갖춘 피조계처럼 질서 정연하게 하나님의 계획을 반영해야 한다. 말하자면 기독교 예배는 세상을 향한 하나님의 내러티브를 실행해야 하며 장차 모든 만물이 그 죄로부터 구속받아 하나님께서 작정하신 본래의 계획대로 회복될 미래를 지시해야 한다. 하나님의 계획을 따라 창조된 이 세상은 본래의 계획대로 회복될 미래 세상을 미리 증언하기 마련이고, 우리는 그 미래를 향한 증언을 교회의 예배 속에서 발견할 수 있어야 한다.

예배는 인류 역사와 온 세상을 향한 하나님의 미래를 미리 소망하고 실행해야 한다는 사실을 아는 것만으로도 우리가 매주 드리는 예배를 어떻게 새롭게 갱신시켜야 하는지에 관한 새로운 창문을 열어준다. 예배는 하나의 세상을 건설하는 것(world-building)이다. 왜냐하면 예배는 성육신하신 말씀과 성령 하나님이라는 하나님의 두 손으로 완수하신 재창조의 사역을 나타내 보여 주기 때문이다.

2. 예배를 통해서 세상을 향한 하나님의 비전을 계속 예상하기

창조에 관한 창세기 기사의 주목적은 하나님을 향한 영광송(doxology)에 있다. 즉 창세기의 창조 기사는 우리에게 하나님을 향하여 송축의 자세를 취하라고 한다. 하나님의 구원 이야기에 대한 우리의 합당한 반응이 바로 영광송이다. 영광송을 통해서 우리는 온 세상을 향한 하나님의 구원 이야기가 그분의 본래 뜻대로 진행되고 있음을 인하여 하나님께 영광 돌린다. 그래서 기독교 신자들에게는 창조의 영광송은 이 세상을 향한 하나님의 뜻과 의지를 깨닫고 확신하는 한 가지 방법이다. 또 영광송을 통해서 우리는 온 세상에 임하는 하나님의 영원한 통치의 능력과 영광을 잠시나마 경험할 수 있다.

먼저 창세기의 예전을 통해서 우리에게 계시된 이러한 하나님의 비전은 이제 오늘날 우리의 예배를 통해서 꾸준히 재현되어야 한다. 예배를 통해서 하나님의 과거 이야기를 기억할 때, 신자는 하나님께서 이 세상의 회복을 위하여 이미 하신 일들을 인하여 그를 찬양한다. 또 예배를 통해서 하나님의 미래 이야기를 예상할 때에도 신자는 하나님께서 성령의 능력과 예수 그리스도의 통치 안에서 세상을 향한 하나님의 구원이 완성되고 이 세상은 하나님의 본래 계획대로 온전히 회복될 것을 소망 중에 기다린다. 이렇게 미래를 소망하는 예배를 통해서 신자는 그리스도께서 지금도 만유의 주권자로서 온 세상을 통치하심과 같이 결국 이 땅의 모든 정사와 권세를 굴복시키시고 승리하실 날을 미리 증언한다.

이 점을 생각해 보자. 하나님의 미래 비전은 온 세상을 향한 하나님의 계획을 천명하고 있는 창세기의 창조의 예전을 통해서 우리에게 밝히 드러났다. 그 계획대로 온 세상은 결국 하나님의 영광을 선포하는 극장이 되어야 한다. 하나님은 이 세상에 임재하시며 자신이 창조하신 피조물과 긴밀한 친교를 나누고 계신다. 그리고 자신의 형상을 따라 지음 받은 사람들에게, 이 세상을 돌보며 피조계의 보화를 발굴하고 아름다운 문화를 발전시키고 온 세상에 퍼져 살면서 이 세상을 하나님의 영광과 위엄이 가득한 세상으로 만들라는 소명을 주셨다.

또 다른 한편으로 하나님의 미래 비전은 온전히 회복될 미래의 낙원에 이르러서야 비로소 그 본래의 영광스러운 모습을 밝히 드러낼 것이고, 그날에 모든 피조물은 안식을 누릴 것이다. 하지만 그날의 피조물을 향한 하나님의 본래 목적과 계획은 그날이 오기 전에 지금도 이 세상 어디에서든 분명하고도 생생한 모습으로 천명되고 있다. 또 요한계시록 역시 하나님의 영광을 선포하는 창세기의 예전처럼 하나님이 원하시는 이 세상의 미래를 영광스럽게 선포하는 또 하나의 예전이자 영광송이다. 계시록의 주된 목적은 미래에 대한 어떤 역사적이거나 과학적인 정보를 전달하려는 것이 아니다. 말 그대로 요한계시록은 하나님이 계획하신 미래 하나님 나라를 찬양하는 영광송을 담은 책(a book of doxological praise)이며 예배 예식서(a worship book)이다.

예를 들자면 하나님이 이스라엘과 맺은 모든 언약은 그 자체로 예배 사건(a worship event)이다. 창세기의 창조 기사도 하나님이 자신의 작정하신 계획을 따라 이 세상 피조물들과 인간 공동체와 언약을 맺은 하나의 예전적인 사건(a liturgical event)으로 읽어 보라.

인간의 타락 이래로 이스라엘이 하나님과 맺은 모든 언약과 그 언약에서 파생된 모든 예배는 꾸준히 세상을 향한 하나님의 본래 목적을 바라보고 있다. 그래서 기독교 예배는, 하나님의 백성들로 하여금 하나님과 교제를 누리며 이 땅에 하나님의 작정하신 계획을 실행하며 하나님이 인도하시는 길을 따라 걸으며 궁극적으로 온 세상을 향한 하나님의 비전을 완수하기 위하여 새 하늘과 새 땅에 관한 하나님의 비전 그리고 그 세상 안에서 살아갈 하나님의 백성들의 영원한 공동체에 관한 비전을 계속 붙잡아야 한다.

구약시대 모든 이스라엘의 예배에서 발견되는 하나님의 미래 비전으로부터 우리는 장차 임할 세상을 미리 바라보며 소망한다. 예를 들어 구약시대 성막과 성전의 예배는 하나님께서 미리 천국의 창문을 여시고서 앞으로 온전히 드러날 그리스도의 희생제사를 계시한다. 또 유월절 어린양은 하나님의 구원이 온전히 임할 대속죄의 날을 계시한다. 또 토라의 말씀은 용서받은 하나님의 백성들이 온전히 임할 새로운 세상을 소망하면서 이 땅에서 어떻게 공의를 따라 의롭게 살아야 하는지를 말씀한다.

또 예수 그리스도 안에서 맺은 새 언약 안에서 세상을 향한 하나님의 비전이 어떻게 비로소 결실을 거두었는지를 알 수 있다. 자신을 희생제물로 드림으로 말미암아 예수 그리스도는 악의 권세를 무너뜨리고 위대한 승리를 거두셨다. 그래서 기독교 예배가 송축하며, 성경이 선포하며, 주의 성만찬이 다시금 구현하며, 교회력이 매년 반복하여 선포하는 사실이 하나 있다. 그것은 바로 이 세상을 향한 하나님의 비전이 착착 진행되고 있다는 사실이다. 교회가 반복해서 선포할 메시지는 주께서 자신의 계획과 의도를 거슬러 이 세상에 파멸을 가져오려는 악한 어둠의 권세를 파멸에 이르게 하셨다는 사실이다. 그리고 그리스도께서 십자가상의 죽음과 부활로 악한 권세를 정복하셨고, 그로 말미암아 인류 역사와 이 세상을 위하여 새로운 출발점을 마련하셨음을 선포해야 한다. 그리스도께서 죄와 사망의 권세를 멸하셨으며, 그로 말미암아 창조의 예전에서도 앞서 계시하셨던 세상을 향한 새로운 비전이 드디어 새롭게 확립되었음을 선포해야 한다. 그래서 구약시대 이스라엘의 예배와 신약시대 교회의 예배에서는 항상 세상을 향한 하나님의 비전이 분명하게 천명되고 있다. 그런 몇 가지 사례들을 좀 더 자세히 살펴보자.

1) 안식일은 세상을 향한 하나님의 비전을 예상한다

창세기에 담긴 창조의 예전은 질서가 정돈된 세상, 하나의 예식과 같은 세상(a ritual world) 그리고 상호관계를 맺은 세상을 제시한다. 하나님의 계획에 관한 이런 주제들이 모두 집약된 자리가 바로 안식일이다. 예를 들어 나는 정교회에 속한 한 사람과 친구관계를 맺는 행운을 누린 적이 있었다. 그런데 그는 의복이나 행동방식과 관련하여 비교적 자유로운 입장을 취했는데, 그럼에도 불구하고 그는 안식일 규례를 포함하여 매주 유대교 예배에 꼬박꼬박 참여하며 모든 절기 행사들을 엄격하게 지키면서 유대교 공동체의 전통을 잘 따르고 있었다.

언젠가 한 번 그의 집을 방문했을 때, 그는 자기 팔로 내 어깨를 감싸안고 내 눈을 바라보면서 이렇게 물었다. "밥! 자네는 유대인들이 안식일을 왜 그토록 사랑하는지 그 이유를 아는가?" 내가 대답했다. "글쎄, 잘 모르겠는데."

그가 말했다. "안식일은 전부 상호관계의 문제이기 때문이지. 하나님과의 관계, 신앙 공동체와의 관계, 우리 가족들, 배우자와 자녀들, 손자 손녀들과의 관계, 하나님이 만드신 이 아름다운 자연과의 관계를 포함하여 모든 것들과의 관계가 바로 안식일에 달려 있기 때문이지. 우리는 안식일에는 하루 종일 어떤 일도 하지 않아. 이날은 회당에 가서 하나님께 예배드리고 또 (그 전날 미리 준비한) 맛있는 음식도 먹고, 좋은 음악도 들으면서 하루를 보내지."

결국 그가 나에게 한 말은 이것이었다. "안식일에 우리는 영원한 안식을 예상한다."

2) 성전 공간은 세상을 향한 하나님의 비전을 예상한다

구약의 예배에서 흔히 간과하고 있는 사실은 희생제사가 진행되던 성전 내부 공간은 하나님의 미래 비전을 시각화하고 있다는 점이다. 당시의 성전 내부 공간으로 들어가 본다면 하나님의 영광이 하늘과 땅을 가득 채우고 있는 미래 하나님 나라의 세상 모습으로 인한 경외감에 압도될 것이다.

이와 관련하여 나는 노던신학교(Northerm Seminary)의 신학생 밥 스텔웨건(Barb Stellwagen)으로부터 다음의 이메일을 받은 적이 있다. 이 편지에서 그녀는 오늘날 우리가 하나님을 예배하는 곳에서 어떻게 하나님의 영광과 권능을 실감 있게 경험할 수 있는지를 잘 보여 주고 있다.

짐(Jim)과 저는 믿어지지 않을 정도로 아름답고 화려한 오래된 예배당 건물이 많은 오스트리아에서 방금 돌아왔습니다. 예전 같으면 이런 예배당 건물들을 둘러보고서는 아름답기는 하지만 이미 생명력을 상실한 종교의 흔적 뿐이라는 생각에 쓸데 없는 시간 낭비로 여겼을 것입니다. 하지만 교수님의 수업을 듣고 나니 달리 생각되었습니다. 대성당 건물에 들어갈 때는 마치 이곳에서 예배를 드릴 준비를 하는 중이라는 생각이 들었습니다.

그리고서는 왕 중의 왕이신 하나님의 존전 앞으로 들어간다는 느낌이 들었습니다. 그리고 내 마음에 이 모든 영광을 받으시기에 합당한 오직 한 분만을 향한 경외감이 밀려오기 시작했습니다. 오스트리아의 다른 화려한 궁전 건물들은 여러 왕들과 왕비들이, 자신들이 누리기에 합당한 위엄만을 주장하지만 대성당에서는 오직 모든 왕들 중의 참 왕이신 하나님만이 이 모든 위엄과 아름다움을 누리기에 합당하다는 생각이 들었습니다. 그 안에서는 거대한 그림들이 성경의 여러 이야기들을 생생하게 묘사하고 있었고, 비록 저는 그 그림 밑에 적힌 독일어를 읽지 못하지만 점점 예배 속으로 빨려 들어가고 있는 제 자신을 발견할 수 있었습니다.

오스트리아의 인스브루크를 둘러보던 어느 날 우리는 어느 대성당에서 곧 시작 직전인 미사(the Mass)에 참석했는데 기타 연주가 포함된 조그만 성가대가 예배를 인도하고 있었습니다. 그 예배에 참석하는 회중들이 회중석에서 예배를 준비하는 동안, 우리 여행객들을 안내하던 여행 지도자는 대담하게도 우리를 회중석 앞으로 끌고 나왔습니다. 그리고는 자기 주변에서 이제 막 시작되는 예배는 안중에도 없다는 듯이 그 앞에 서서 예배당 건물들을 자세히 설명하기 시작했습니다. 나는 당황하여 그 옆 조심스레 서 있는데, 우리 일행들은 천연덕스럽게 여기저기 사진도 찍고 그 회중석 앞에서 서로 이야기를 나누었습니다. 순간 나는 우리가 이분들의 예배를 방해하고 있다는 생각이 들었습니다. 나는 예배당 안에 있는 거대한 기둥에 잠시 기대서서, 여행객 일행들의 일정은 무시하고 성가대의 찬송에 집중했습니다. 찬송 소리가 그 아름다운 공간에 메아리로 울려 퍼지는 것을 들으면서 나는 하나님의 위엄과 그 영광에 압도되어 순간 왈칵 눈물이 솟아났습니다. 그 순간 저는 정말 그 자리를 떠나고 싶지 않았습니다. 잠시 후 우리 일행들이 밖으로 나오자, 신자들을 불러 모으기 위하여 종탑의 종소리가 울려 퍼지기 시작했습니다(그 종소리는 정말 믿어지지 않을 정도로 웅장하고 아름다웠습니다). 나중에 나는 그 당시 예배가 젊은이들을 교회로 인도하기 위하여 기도하는 특별예배라는 이야기를 들었습니다.

아무튼 교수님의 수업을 통해서 이콘과 예전적인 예배(liturgical worship)의 아름다움에 대해서 그리고 우리의 예배 공간에서 경외감을 만들어 내는 것의 중요성에 대해서 눈을 뜰 수 있도록 해 주신 점에 대해서 감사의 말씀 드립니다.[2]

두 말할 필요 없을 정도로 분명하다.

휘튼대학교(Wheaton College)의 신약학 교수인 그렉 빌(Greg Beale)은 자신의 저서에서 유대교 전통에서 성막과 성전이 이 세상 만물 속에 계신 하나님의 임재를 상징적으로 가리키기 위한 의도로 디자인됐다는 점에 대해서 기술하고 있다. 또 그에 따르면 요한계시록 21장에 언급된 새 하늘과 새 땅은 종말론적인 성전을 가리킨다고 한다. 구약 시대의 예배 공간이었던 성전은 피조계를 향한 하나님의 궁극적인 목표를 계속 상기시킨다. 성전의 예배를 통해서 우리는 성부 하나님께서 그의 독생자와 성령과 함께 인류 역사 속에서 결국 이 모든 만물을 구속하시고 새롭게 하실 것을 미리 바라볼 수 있다. 그래서 구약의 성전은 하나님께서 이 세상을 향한 그의 본래 목적을 달성하시고자 시간과 공간 속에 역사하고 계심을 계속 증언하는 증인으로 이스라엘 역사 속에 존재한다. 그렉 빌에 따르면 이스라엘의 성전은 "하늘과 땅의 모든 우주를 담은 소우주"라고 한다.[3]

> 우리가 강조하는 논지는 이스라엘의 성전은 세 부분으로 구성되었으며, 각 부분은 이 우주의 중요 부분을 상징한다는 것이다. (1) 먼저 바깥뜰은 사람들이 살아가는 이 세상을 상징하며, (2) 성소는 눈에 보이는 하늘과 그 공간을 밝히는 빛의 원천들을 상징하며, (3) 마지막 지성소는 하나님과 그의 거룩한 무리들이 머무는 보이지 않는 거룩한 공간을 상징한다.[4]

---

2) Barb Stelwagen과의 개인적인 이메일 교신, 2006년 9월 16일.
3) G. K. Beale, *The Temple and the Church's Mission: A Biblical Theology of the Dwelling Palce of God* (Downers Grove, IL: InterVarsity Press, 2004), 31.
4) Ibid., 32-33.

바깥뜰과 성소 그리고 지성소의 세 가지 주요 공간은 하나님이 창조하신 이 모든 우주를 상징한다. 즉 앞에서 설명한 바와 같이 바깥뜰은 온 우주 만물을 가리키며 안쪽뜰(the inner court)은 우리 눈에 보이는 공간을 가리키며 지성소는 눈에 보이지 않는 부분을 가리킨다. 그래서 "이스라엘의 성전은 이 하늘과 땅을 나타내는 작은 모델로서 성전 안의 비밀스런 구석방 속에만이 아니라 이 피조계 속에 활동하시면서 이 모든 만물을 다시 회복시킬 하나님의 마지막 때의 목표를 가리킨다."[5] 이렇게 "성전을 전체 우주를 가리키는 작은 모델로 이해한다면 당연히 그 성전을 하나님께서 모든 우주의 각 부분 속에 임재하시는 거대한 우주적 성소의 축소판으로도 이해할 수 있다 … 나중에 사도 요한은 새 하늘과 새 땅의 모습을 하나님께서 그 이전에 구약시대 성전의 지성소에 머무르셨던 것처럼 새롭게 좌정하시는 거대한 우주적 성전으로 묘사한다."[6]

성전의 아름답고 질서 있는 모습 속에서 하나님은 자기 백성들에게 새 하늘과 새 땅의 아름다운 모습을 미리 보여 주신다. 이와 동일한 맥락에서 교회 역사 속에서 건축된 기독교 교회 건물들 역시 세상을 향한 하나님의 비전을 예배 공간 속에 그대로 재현하려고 노력했다. 하지만 불행히도 근대 이후 오늘날의 교회 건물들은 거의 대부분 하나님의 우주적인 비전을 담아내는 데 별로 관심을 갖지 않으며 예배 공간을 단지 실용성의 차원에서 접근하고 있다. 이런 와중에서도 좀 더 시각중심의 문화를 살아가는 이 시대에 젊은 지도자들은 공간이 어떻게 메시지를 전달할 수 있는지에 대해서 관심을 가지며 성경적이며 역사적인 예배를 재발견할 수 있는 방법들을 새롭게 모색하고 있다.

---

5) Ibid., 60.
6) Ibid., 48.

3) 거룩한 삶은 세상을 향한 하나님의 비전을 예상한다

옛 언약이나 새 언약을 막론하고 하나님의 언약 안에서는 예배와 거룩한 삶을 서로 나눌 수 없다. 예를 들어 예배와 관련하여 내가 가장 좋아하는 성경구절 중의 하나가 바로 베드로전서 2:9-10이다. "오직 너희는 택하신 족속이요 왕 같은 제사장들이요 거룩한 나라요 그의 소유된 백성이니 이는 너희를 어두운 데서 불러 내어 그의 기이한 빛에 들어가게 하신 자의 아름다운 덕을 선전하게 하려 하심이라." 이 구절의 말씀은 종말론적인 의미를 담고 있는데, 예배에 관한 다른 구절들과 결부시켜 이해한다면 하나님께서 죄와 죽음의 모든 저주로부터 자기 백성들을 구원하실 궁극적인 구원의 날을 말씀하는 것으로 이해할 수 있다.

그런데 예배에 관한 이 구절의 말씀은 하나님께서 모든 만물을 회복하실 미래 하나님의 통치를 말씀할 뿐만 아니라, 이 구절을 읽는 경건한 예배자들을 또한 거룩한 삶으로도 인도하는데, 이러한 거룩한 삶은 하나님을 예배하며 그분이 이루실 종말론적인 통치를 소망하는 직접적인 결과이기도 하다. 그래서 사도 베드로는 예배에 관한 그의 교훈에 곧바로 이어서 이렇게 적고 있다. "사랑하는 자들아 나그네와 행인 같은 너희를 권하노니 영혼을 거스려 싸우는 육체의 정욕을 제어하라 너희가 이방인 중에서 행실을 선하게 가져 너희를 악행한다고 비방하는 자들로 하여금 너희 선한 일을 보고 권고하시는 날에 하나님께 영광을 돌리게 하려 함이라"(벧전 2:11-12). 이렇게 기독교 예배는 새 하늘과 새 땅에서 완성될 인류 역사의 최고 정점을 미리 지시할 뿐만 아니라, 하나님의 백성들이 지금 이 땅에서 그 하나님 왕국의 윤리를 그대로 보여 주는 윤리적인 삶을 유도하고 형성하는 역할도 한다. 그래서 교회(와 신자)의 윤리적인 삶은 이 세상이 마지막 날에 어떻게 하나님의 통치 아래로 흡수되며 그날을 소망하는 신자들이 이 세상에서 어떻게 살아야 하는지를 온 세상을 향하여 미리 증언하는 일종의 종말론적인 증인(an eschatological witness)이다.

3. 결론

앞의 2장과 3장에서 나는 기독교 예배가 세상을 향한 하나님의 비전을 어떻게 기억하고 소망하는지에 대해서 소개했다. 예배는 하나님께서 성육하신 말씀과 성령 하나님이라는 그분의 두 손으로 어떻게 이 세상을 구원하시는지에 대해서 다루는 것이다. 성경의 하나님은 행동하시는 하나님으로서 세상을 창조하시고 또 죄와 사망의 권세에서 이 세상을 구원하시고자 그 세상 속에서 직접 거주하시고 행동하시며, 결국 이 세상을 낙원으로 회복하시며 새 하늘과 새 땅 너머로 인도하실 것이다. 이러한 하나님의 구원하시는 활동의 정점은 그리스도의 성육신과 죽음 그리고 부활로서 이를 통해서 하나님은 죄와 사망의 권세를 물리치시고 이 세상을 그로부터 구원하셨으며, 이미 시작된 이 구원은 역사의 마지막 날에 완성될 것이다.

그날이 오기까지 예배는 온 세상을 향하여 이 하나님의 비전을 증언한다. 예배에서 우리는 역사 속에 드러난 하나님의 구원사역을 기억한다. 예배로 기억할 하나님의 구원 역사 속에서 특별히 중요한 부분은 바로 이스라엘의 이야기와 아울러 그 속에 미리 등장한 모형들이 어떻게 그리스도 사건들을 가리키는지 그리고 예수 그리스도의 생애와 공생애사역, 죽음과 부활에서 정점에 달한 구원 사건들이다. 예배에서 우리는 또한 하나님의 미래 비전을 예상한다. 그래서 기독교 예배는 과거와 미래를 하나로 연결한다. 왜냐하면 이 예배 안에서 우리는 하나님이 과거에 작정하신 미래 비전이 다시 현재의 모습으로 재현되는 것을 목격하기 때문이다. 그럼에도 불구하고 안타까운 점은 세상을 향한 하나님의 비전을 그대로 담아 내야 할 기독교 예배가 오늘날 교회로부터 외면당하고 있다.

Ancient-Future Worship

Proclaming and Enacting
God's Narrative

4장

하나님의 충만한
구원 이야기가 사라진 이유

　　예배학 수업 시간이나 특강 시간에 내가 예배에 관한 성경적인 배경을 설명하다 보면 학생들은 그런 내용을 쉽게 받아들이지 못하는 것 같다. 하지만 그중에 어떤 한 탁월한 학생은 예배학 수업을 3학기 정도 마친 다음에 나를 찾아와서는 이렇게 말했다. "세 학기가 지나고 나서야 비로소 교수님께서 말씀하시는 예배가 무엇인지를 이해한 것 같습니다. 교수님 수업 덕분에 제 목회가 혁신적으로 바뀌었습니다."

　　사람들이 고대 예배의 신학을 이해하는 데 그토록 힘든 이유는 무엇일까? 내 생각에 그 한 가지 이유는 우리가 예배를 이해함에 있어서 성경 전체의 입장을 따르기보다는 주로 신약에 치우쳐 있기 때문인 것 같다. 구약의 예언이 예수 그리스도 안에서 성취되었다고 생각해서인지 예배에 관한 구약의 교훈을 무시하려는 경향이 강하다. 그러다 보니 구약을 포함한 성경 전체를 하나님의 전체 이야기로 읽고 받아들이려 하지 않는다. 또 세상을 향한 하나님의 목적을 창세기에 나타난 창조의 예전과 결부시켜 이해하려 하지 않으며, 하나님께서 피조계 전체를 구원하고 회복시키고 창조 때부터 의도하셨던 그의 창조 비전을 완성하기 위하여 역사 속에서 일해 오고 계신다는 사실에 별로 관심을 기울이려 하지 않는다. 이러한 문제점은 초대교회 당시의 대표적인 이단이었던 영지주의에게서 발견되는 심각한 문제점으로, 이들은 구약성경 전체를 정경으로 받아들이기를 거부했다. 우리 그리스도인들은 영지주의자들처럼 구약성경을 배격하는 것은 아니지만, 최소한 말할 수 있는 것은 일부 그리스도인들이 하나님의 비전에 관한 창조의 이야기를 무시하거나 세상을 향한 하나님의 목적이 구약시대 이스라엘에서부터 어떻게 작용했는지를 간과하려는 경향이 강하다.

그래서 오늘날의 기독교 예배가 어떻게 피조물을 향한 하나님의 비전을 상실하였는지를 올바로 이해하기 위하여 이번 4장에서는 먼저 고대사, 중세사, 종교개혁사, 근대사, 현대사의 다섯 단계 역사적인 과정을 따라서 예배가 어떻게 발전되어 왔는지에 대해서 간략하게 살펴볼 것이다. 각각의 단계에서 우리는 예배가 과거에 발생한 하나님의 구원 행위를 기억하며 온 세상에 그의 통치를 확립하기 위하여 다시 오시는 그날에 죄와 사망의 권세를 최종적으로 멸하고 마지막 승리를 쟁취할 것을 미리 예상하고 소망했다는 증거들을 찾아볼 것이다.

1. 고대 교회의 예배와 하나님의 비전

일반적으로 고대 교회(the ancient church)의 역사를 주후 600년까지 지속된 것으로 추산하는데, 그 이유는 많은 사람들은 이 해에 로마제국의 역사가 결정적으로 그 종착점에 도달했다고 보기 때문이다. 그런데 상당수의 개신교 신자들은 초대교회 교부들과 그들의 통찰을 별로 중요하게 생각하지 않는 경향이 있다. 그 이유는 이들도 우리처럼 오류가 있는 사람들이기 때문에 이들에게 주의를 기울일 필요가 없다는 것이다. 물론 그들도 우리처럼 시대의 조류의 영향으로부터 자유롭지 못하다. 그러나 그들이 교회사에 끼친 영향은 참으로 막중하다. 이들의 노력에 의하여 오늘날 우리가 물려받은 사도신경과 니케아 신경(주후 325) 그리고 칼케돈 신경(주후 451)이 만들어졌는데, 이런 신조들은 하나님의 천지창조와 성육신 그리고 재창조에 관한 하나님의 이야기를 그 핵심에 두고 있으며, "구원하실 이는 오직 하나님뿐이시며"(그래서 예수는 하나님이시다) "하나님이 되신 이로서만이 고침을 받을 수 있다"(그래서 예수는 인간이다)는 고대의 기본원칙을 확립하였다. 교부들은 또한 그리스도의 신성과 사람이 되신 하나님을 통한 구원에 관한 핵심적인 쟁점들을 정리했을 뿐만 아니라, 정경의 범위를 확정지었고 성경해석의 기본 원칙들을 수립하였다. 이 외에도 이들은 예전의 기본 형태를 정하였고 성경적인 사상에 부합하는 윤리적인 교훈들도 제시하였다.

지난 세기에 자유주의 진영의 신학자들은 고대 기독교가 그리스 문명의 사상들을 수용하여 발전하였다고 주장하였다. 하지만 이들은 고대 교회 교부들이 정리한 신조들의 중요성을 간과하였고 예수로부터 초자연적인 특성들을 박탈해 버렸다. 사실상 이들은 기독교의 초자연적 요소들을 완전히 제거하고 예수를 약간 특이한 사람이거나 아마도 선지자 정도일 뿐 그 이상도 이하도 아니라고 보았다. 그래서 자유주의자들은 고대 기독교 예배의 근간을 이루고 있는 하나님의 비전을 간과하였다. 하지만 최근의 신학자들은 고대 교부들에게 끼친 중요한 영향이 그리스 사상이 아니라 구약성경 그 자체였음을 다시금 인식하고 있다.

이제 우리는 사도헌장(the Apostolic Constitution)에 나오는 몇 가지 사례를 통해서 성경 전체에 근거한 예배관(禮拜觀)에 대해서 살펴볼 것이다. 이 헌장에는 고대 교회의 예배에 관한 풍부한 자료들이 들어 있는데, 일부 문서의 저작 연대는 대략 2세기까지 거슬러 올라갈 수 있다고도 하지만(대부분은 4세기 후반에 정리된 것들로서), 『히폴리투스의 사도전승』(the Apostolic Tradition of Hippolytus)부터 『사도들의 교훈』(the Didascalia of the Apostles)과 소위 클레멘트의 예전이라고 불리는 문서들을 포함하여 여러 교회 규칙과 예배, 예식 문서들을 담고 있다. 사도헌장은 대략 주후 380년경에 시리아나

콘스탄티노플에서 온전한 모습으로 정리되었는데, 이때 즈음이 바로 어거스틴이 자신의 목회사역을 시작하던 때이다.

사도헌장의 자세한 내용을 여기에 모두 소개하기에는 그 분량이 너무 많다. 그래서 우리가 앞서 살펴본 "기억과 예상"(remembrance and anticipation)이라는 성경적인 예배의 두 측면이 사도헌장에 어떻게 반영되어 있는지에 대해서 집중적으로 살펴보겠다.

1) 고대 기독교 예배 속의 기억

앞에서 우리는 고대 교회 교부들이 구약성경에 대한 영지주의자들의 입장과 격렬하게 투쟁했음을 살펴보았다. 영지주의자들은 구약성경의 하나님 여호와는 신약성경의 하나님과 전혀 다른 존재라고 생각했다. 구약성경의 하나님은 그 이후보다 저급한 존재일 뿐만 아니라 심지어 악하며 이 세상의 모든 악의 원천이라고까지 주장했다. 이들이 말하는 여호와는 물질로 된 이 세상의 창조주이지만 인간을 포함하여 눈에 보이는 물질계의 모든 것들이 악하기 때문에 결국 그 근원인 창조주도 악하고, 오직 눈에 보이지 않는 것들과 영들만이 선하다는 것이다. 이러한 영지주의 사상이나 예배에서는 인류의 구원을 위하여 이스라엘의 역사 속에서 일하신 하나님에 관한 언급이나 기대감을 전혀 찾아볼 수 없다.

구약에 대한 영지주의자들의 철저한 거부감과 달리 고대 교회 교부들은 구약의 여호와 하나님을 우리 구세주이신 예수 그리스도의 아버지이신 성부 하나님과 완벽하게 동일시하였다. 고대 교회의 모든 신학과 예전들은 이러한 입장을 갖고 있었기 때문에 실제 예배 속에서도 구약의 족장들과 이스라엘 속에서 그리고 인류의 역사 속에서 일하시는 하나님을 항상 강조했다. 그리고 같은 이유로 사도들의 전통을 충실하게 따르는 예전들은 자연히 구약 시대에 인류의 구원을 위해서 일하신 하나님에 관한 언급들로 가득 찼다. 사도헌장에 포함된 예배 관련 문서 속에 나오는 안토니의 다음과 같은 기도문에는 구약시대에 발생한 하나님의 구원 행위에 관한 기억을 강조하고 있다.

우리 조상 아브라함이 진리의 길을 따라 걸어갈 때에도
주께서는 그에게 자신을 계시하시고 인도하시며
이 시대의 참 본성을 교훈하셨나이다.
믿음으로 말미암아 지식이 생기고
주의 언약은 그 믿음과 함께 동행했나이다.
주께서 그에게 말씀하셨습니다,
"내가 너의 후손을 하늘의 별과 같이,
바다의 모래같이 많게 하리라."

아브라함에게 이삭을 주실 때에도
주님의 계획을 따라
그 아들의 생명도 그 부친의 생명처럼 인도하시며,
그에게 주님의 영광을 선포하며 말씀하셨나이다.
"나는 너의 하나님이요, 네 자손의 하나님도 되리라."

또 우리 조상 야곱이 하란으로 갈 때에도
주께서 그에게 나타나
메시아를 미리 보여 주며 말씀하셨나이다.
"보라 내가 너와 함께 할 것이며
네 재산도 많게 하리라."

주님의 신실한 종 모세에게 나타나셔서
떨기나무 불꽃 가운데 말씀하셨나이다.
"나는 스스로 있는 자로다.
이것이 나의 영원한 이름이요, 대대로 기억할 나의 표호니라."
아브라함의 후손을 지키시는 주여!

주의 이름이 영원토록 찬송을 받으실지로다.[1]

  오늘날 많은 교회들의 예배 속에서 과거 하나님의 구원에 대한 기억이 소홀히 취급받고 있다. 그 원인은 구약을 포함하여 성경 전체에 대한 통전적인 관심이 사라진 데서 기인한다. 성경에 대한 관심이 좀 더 치유적이거나 영감 있는 설교나 흥미 위주의 예배를 위한 관련 자료를 찾아 내는 쪽으로 이동하였다. 그러나 고대 교회의 예식서에서도 알 수 있듯이, 오늘날의 목회자들과 교회 지도자들은 다시금 성경으로 돌아가서 기억의 중요성에 대한 성경적인 가르침에 좀 더 충실해져야 한다. 예배를 좀 더 성경에 충실하도록 바꾸기 위해서 꼭 그 예배를 예전적으로 개선할 필요는 없다. 세상을 구원하고자 역사 속에서 일하신 하나님의 구원 행위를 기억하는 것은 꼭 예전적인 예배가 아니라 비예전적이고 즉흥적인 예배를 통해서도 효과적으로 담아낼 수 있다. 만일 예배를 준비하는 단계에서 "이 예배는 하나님께서 인류의 구원을 위하여 이스라엘의 역사 속에서 일하셨다는 소식과 성육신, 십자가 죽음, 부활, 승천, 영원한 통치와 재림과 같은 주제들을 효과적으로 선포하는가"라고 질문한 다음에 "그렇다"고 대답할 수 있다면, 여러분은 성경적인 메시지를 기억하고 예상하는 예배를 올바로 준비하고 있는 셈이다.

2) 고대 기독교 예배 속의 예상

  이제 인류의 역사가 예수 그리스도의 통치 아래 모두 굴복하는 하나님의 비전을 예상하는 예배에 대한 사례를 "사도헌장"에서 찾아보자. 이 예식서의 기도문은 방금 세례를 받아 입교한 새신자가 하나님께 드리는 기도의 모습을 보여 준다. 또한 이 고백적인 기도문은 세례받기 전 3년 동안 거쳤던 입교문답의 훈련 과정도 반영하고 있으며, 하나님의 창조로부터 그리스도

---

1) the *Apostolic Constitutions*, book VII 2-7, 다음에서 인용됨, Lucien Deiss, ed., *Early Sources of the Liturgy*, 2nd ed., trans. Benet Weatherhead (Collegeville, MN: Liturgical Press, 1975), 154-55.

의 성육신 사건과 도래할 하나님 나라에 관한 주제들을 포괄적으로 담고 있다. 또한 이 기도문은 주후 325년에 작성되었다가 380년의 콘스탄티노플 회의를 통해서 전체 교회에 최종적으로 확정된 니케아 신경의 신앙도 반영하고 있다.

> 나는 이 믿음을 따라 세례를 받았나이다.
> > 한 분이시요 창조되지 않고 그리스도의 아버지시요 유일하고 참되시고 전능하신 하나님,
>
> 모든 만물을 창조하시고 그로부터 모든 만물이 지음을 받았나이다.
> > 또 우리 주 예수 그리스도께서는 하나님의 독생자이시요 모든 만물의 맏아들이시며,
>
> 창조되지 않으셨고 성부의 기쁘신 뜻을 따라 만세 전에 아버지에게서 나시며,
> > 하늘에 있는 것들이나 땅에 있는 것들이나
>
> 보이는 것들과 보이지 않는 모든 만물이
> > 그를 통하여 지음을 받았고,
>
> 마지막 날에 하늘로부터 강림하실 그분은 동정녀 마리아에게 나시어 성육하셨고,
> > 그의 하나님과 성부의 계명을 따라 거룩한 삶을 사셨고,
>
> 본디오 빌라도에게서 고난을 받으시고 우리를 위하여 죽으셨으며,
> > 수난을 당하시고 사흘만에 죽은 자 가운데 다시 살아나셨고,
>
> 하늘로 오르시사 아버지의 보좌 우편에 좌정하시며,
> > 이 세상의 마지막 날 영광 중에 다시 오셔서
>
> 산 자들과 죽은 자들을 심판하시며, 그의 나라는 영원무궁하리로다.
> > 나는 또한 보혜사 성령 하나님 안에서 세례를 받았사오니,
>
> 그는 이 세상의 처음부터 모든 신자들을 보호하시며,
> > 우리 구세주 예수 그리스도의 약속을 따라
>
> 성부 하나님께서 사도들에게 보내신 이시요,

거룩하고 이 세상에 보편하며 사도들의
가르침을 따르는 교회를 믿는 모든 신자들에게 보내신 이심을 믿나이다.
그리고 육신의 부활을 믿사오며 죄의 용서를 믿사오며
하늘나라와 장차 임할 세상의 영생을 믿나이다.[2]

위와 같은 신앙고백을 담은 영광송을 간략하게 살펴보면 하나님의 전체 이야기를 개괄적인 형태로 담아 내고 있음을 알 수 있다. 또 이 고백문은 하나님의 이야기를 삼위일체의 구조를 따라 구분하는데, 삼위일체가 몇 가지 사실들에 대한 정보의 조각처럼 나열된 것이 아니라 구원을 위한 역동적인 활동과 아울러 삼위 하나님 간의 긴밀한 상호관계 속에서 진술되고 있다. 성부 하나님은 세상을 창조하셨고, 그의 독생자는 성육신과 죽음, 부활, 승천, 통치 그리고 그의 왕국을 영원한 통치 시대로 이끌기 위하여 영광 중에 재림하시는 일련의 과정 속에서 이 세상 피조물과 역동적인 관계를 맺고 계시다. 또 성령 하나님은 세상을 구원하시는 성부 하나님의 전체 구원 역사에 동참하셔서 성도들을 감화 감동하시며 사도들과 교회들에게 능력을 공급하시며 육신의 부활과 사죄의 은총과 다가올 하나님 나라를 증거하신다. 이보다 더 분명할 수는 없다. 그리고 이 영광송이야말로 새 신자들이 3년 동안 열과 성의를 다하여 학습한 교리문답의 핵심이다.

2. 중세 동방과 서방교회의 예배에 담긴 하나님의 비전

중세시대 동방 교회와 서방교회의 예배는 모두가 다 고대의 예배에 그 뿌리를 내리고 있으며, 특히 예배의 기본 구조로서의 말씀의 예전과 성찬의 예전의 두 기둥과 연속성을 취하고 있다. 하지만 이러한 연속성에도 불구하고 두 교회는 독자적인 예배 형식을 발전시켰다. 또 두 전통은 서로 간에 다

---
2) Ibid., 155-56.

양한 영향을 주고 받았지만, 서방교회의 뿌리는 카르타고와 로마로부터 비롯되었고 동방 교회 전통의 뿌리는 예루살렘과 안디옥 그리고 알렉산드리아로 거슬러 올라간다.

1) 동방 교회

동방 교회의 예전은 주로 콘스탄티노플에서, 특히 성 바질(St. Basil)과 성 요한 크리소스톰(St. John Chrysostom)의 예배 전통에 의하여 형성되었다. 이 예전들은 2세기와 3세기의 예전과 비교하여 매우 복잡하고 정교하게 발전되었는데, 동방 교회 예전의 주된 강조점은 항상 신비(mystery)에 있다고 할 수 있다. 동방 교회는 하나님의 이야기에 담긴 역설의 신비(the mystery of the paradox)를 중요시했다. 예를 들자면, 하나님은 때로는 보이지 아니하시고 불가해하며 무한하시면서도 성육신 사건을 통해서 인간의 눈에 볼 수 있으며 알 수 있는 존재가 되셨다. 이런 이유로 동방 교회 예배에서는 다양한 색상으로 제작된 예복을 많이 사용하며 무릎꿇는 동작이나 성호를 긋는 제스처와 화려한 언어들과 여러 번 반복되는 행동들을 많이 사용한다. 또 동방 교회 예전은 죄와 사망의 권세를 정복하신 그리스도와 만물을 새롭게 하겠다는 하나님의 약속을 미리 보증하는 그리스도의 부활을 강조하는 고대 교회 예전의 강조점을 그대로 따르고 있다.

그런데 동방 교회 예전에서 한 가지 놀라운 사실은 바로 미래 하나님의 이야기에 대한 예상도 함께 강조되고 있다는 점이다. 그래서 이 예전은 지상의 예배 참가자들이 천상의 보좌에 좌정하신 삼위 하나님을 향한 예배에 동참하도록 천상으로 안내한다. 이렇게 예배 참가자들을 천상의 예배로 안내하는 사례는 여러 곳에서 발견된다. 아래에 소개하는 기도문은『성 바질의 예전』(St. Basil Liturgy)에 포함된 것으로서, 주의를 기울여 읽어 보면 세상을 구원하시는 삼위 하나님의 이야기와 아울러 새롭게 창조된 세상에서 하나님께 드리는 영원한 예배에 관한 비전을 찾아볼 수 있다.

(낮은 목소리로) 오 참으로 살아 계신 분이시요, 거룩하신 아버지시요, 전능하시고 영원히 찬송 받으실 하나님, 거룩하신 주님의 위엄 앞에 영광 돌리며 찬송하고 감사의 기도를 드림이 마땅한 일이 아니옵니까? 오직 주님만이 참된 하나님이시기에 우리는 주님께 겸손한 마음과 회개하는 심정으로 이 거룩한 예배를 드리나이다. 주께서 우리에게 주님의 참 진리를 알려주시지 않았더라면 과연 누구인들 주님의 놀라운 행위를 말할 수 있으며 누가 과연 주님을 찬양할 수 있나이까? 모든 만물의 주인이시요 보이는 것과 보이지 않는 것과 하늘과 땅과 모든 피조물의 주인이신 하나님, 주께서는 영광의 보좌에 좌정하시며 깊은 것들을 지켜보고 계시나이다. 주님은 시작도 없으시고 보이지 않으시며 형언할 수 없으시고 변함이 없으시나이다. 오! 우리 구세주 예수 그리스도의 아버지시며 위대한 하나님이시요 구원자이시며 우리의 희망이신 주님께로부터 모든 지혜와 생명과 성화와 권능과 참 빛이 우러나오나이다. 주님으로부터 진리의 영이신 성령께서 나오셨고 그 은혜를 따라 양자됨과 장래 기업의 약속과 영원토록 좋은 것들의 첫 열매와 생명을 주는 능력과 거룩한 샘이 넘치나이다. 그로 말미암아 모든 피조물들이 지음 받아 당신을 찬양하며 주께 영원한 영광을 돌리오니 이는 모든 만물이 주님을 섬기는 종이기 때문이니이다. 또한 주께서는 하늘의 천사들과 천사장들과 보좌와 정세와 권세와 주권자들과 많은 눈 달린 그룹들(cherubim)로부터 찬양을 받으시며 여섯 날개가 달린 스랍들(seraphim)이 주님을 보좌하며 두 날개로 얼굴을 가리고 두 날개로 발을 가리고 두 날개로 날면서 그 입으로는 쉼 없이 주님을 찬양하나이다.

(큰 목소리로) 승리의 찬송을 노래하며 선포하며 외친다.

거룩! 거룩! 거룩! 만군의 주여! 하늘과 땅이 주님의 영광으로 가득하니 주의 높은 곳에 호산나, 주님의 이름으로 오시는 이여 찬미 받으소서. 높은 곳에 호산나![3]

---

3) John Warren Morris, "The Byzantine Liturgy (Ninth Century)," in *Twenty Centuries of Christian Worship*, ed. Robert Webber (Peabody, MA: Hendrickson, 1994), 163-64.

2) 서방교회

서방교회의 예전은 주로 로마교회의 영향을 많이 받았는데, 로마교회의 예배는 동방 교회와 마찬가지로 크게는 말씀과 성만찬이라는 두 구조를 공유하면서도 자세한 예배의 양식(style)은 동방 교회와 상당히 다르다. 로마교회의 예배 양식은 좀 더 엄격하고 규율적(legalistic)이다. 최근까지도(1963년의 제2차 바티칸 공의회) 로마교회에서 사제들은 라틴어가 회중의 모국어가 아님에도 불구하고 개의치 않고 예배를 주로 라틴어로 집례했다. 대부분의 개신교인의 입장에서 볼 때 로마교회 예배는 동방 교회 예전과 비교하여 너무나 예전적(liturgical)이고 기계적으로 진행되는 느낌을 주기 때문에 매우 지루하다.

동방 교회 예배는 말씀과 기호(sign) 그리고 예배음악을 통해서 가시적이고 물리적인 세계로 들어오신 천상의 하나님의 신비를 강조하는 반면에, 로마교회 미사는 성체성사(또는 성만찬의 희생제사, the eucharistic sacrifice)를 강조한다. 중세 말엽의 로마교회 미사에서는 설교를 포함한 말씀의 예전이 상대적으로 약화되었고 미사는 점차 성체성사 전후의 기도로 축소되었다. 미사에서 말씀의 예전이 빠지고 미사 전체의 초점이 그리스도의 죽음에만 집중되는가 하면, 인류 구원에 관한 하나님의 전체 이야기가 제대로 선포되지 않았다. 역사 속에서의 하나님의 구원에 관한 전체 이야기가 그리스도의 죽음과 고난 그리고 성찬을 통한 구원으로 축소되고 만 것이다.

아래에 소개된 로마교회 미사 예전은 성만찬 시작 부분의 봉헌 기도문이다. 이 기도문에서는 전체 미사의 초점인 그리스도의 희생이 거듭하여 언급되고 있음에 주목하라. 하지만 불행히도 세상의 재창조를 위한 하나님의 통전적인 비전에 대해서는 기껏해야 침묵하거나 완전히 무시되고 있다.

사제 : 주께서 여러분과 함께 하소서.
회중 : 또한 사제와 함께 하소서.
사제 : 다 함께 기도합시다.

(사제는 떡이 담긴 성반[聖盤]을 들어 올리고 기도한다)

전능하시고 거룩하신 아버지, 영존하시는 하나님! 주님의 무가치한 종이 셀 수 없이 많은 죄악과 범죄와 태만으로 인하여 이 자리에 모인 모든 이들을 대신하여 사시며 참되신 하나님께 올려 드리는 이 무흠한 희생예물(또는 희생제물, sacrificial offering)을 받으소서. 또한 주 안에서 산 자들과 죽은 자 모든 이들의 헌신을 기억하시고 이 예물을 받으시고 우리를 구원하시며 우리를 영원한 생명으로 인도하소서. 아멘.

(이어서 사제는 낭독대 옆으로 가서 포도주와 물을 취하여 잔에 따라 붓고 축복하며 기도한다)

오 하나님! 주님 은혜로 우리 인간의 성품을 놀랍게 창조하시고 또한 더욱 놀랍게 회복시키신 주님! 이제 이 음료와 물을 거룩하게 성별하여 주시어서, 우리와 똑같은 인성을 취하신 예수 그리스도, 주님의 독생자이시요, 우리 구세주이시며 이제도 사시고 성령의 일치 속에서 주님과 함께 영원히 통치하시는 하나님 안에서 서로 친교를 나눌 수 있도록 하옵소서. 아멘.

(사제는 다시 테이블 중앙으로 와서 잔을 들고 기도한다)

주님 당신께 이 구원의 잔을 올려 드리오니 여기에 은혜를 베푸시사 이 예물이 우리의 구원을 위해서 그리고 이 세상의 모든 이들의 구원을 위해서 주님의 영광스런 임재 안에서 아름다운 향기와 함께 주님께로 올려지게 하옵소서. 아멘.

(약간 허리를 굽히며 계속 기도한다)

겸손한 마음으로 죄를 회개하오니 주여 우리에게 은총을 베푸시고 오늘 드리는 우리의 봉헌제물이 우리 주 하나님 보시기에 기쁨이 되게 하옵소서.

(사제는 다시 똑바로 서서 빵과 음료 위에 십자가 성호를 긋고 성령 하나님의 임재를 청원한다)

주 성령님! 전능하시고 영존하신 하나님! 이 자리에 오셔서 주님의 거룩한 이름의 영광을 위하여 준비한 이 희생예물(sacrificial gifts)에 축복하소서.

(사제는 다시 낭독대 쪽으로 가서 손을 씻은 다음 시 25:6-12을 낭독한다)

정결한 마음으로 내가 내 손을 깨끗하게 씻으며 주님의 제단에 내가 항상 머무르겠나이다. 주여! 그곳에서 주님을 찬송하는 소리를 들으시며 주님의 놀라운 구원의 이야기를 말하소서. 내 마음이 어찌 주님의 아름다운 집을 사모하며 주님의 영광이 머무는 이곳을 얼마나 사모하는지요! 주여 이 영혼을 사악한 자들과 잃어버린 영혼들과 함께 계수하지 마시고 이 생명을 포악한 자들 가운데 두지 마소서. 저들은 죄악으로 손이 더러워졌으며 그 손으로 뇌물을 간절히 탐하는 자들입니다. 내 가는 길을 안전하게 지키시며 주님의 은혜 가운데 파멸로부터 구원하소서. 내 발을 단단한 반석 위에 세우셔서 그곳에서 주님의 백성들과 함께 영원토록 주님의 이름을 찬송하게 하옵소서.

(수난절 미사와 망자를 위한 미사에서는 삼위 영광송[Gloria Patri]이 빠져 있다)

태초로 지금까지 그리고 영원토록 성부와 성자와 성령 하나님께 영광돌릴지로다. 아멘.

(제단의 중앙으로 돌아와서 사제는 계속 기도한다.)

성 삼위 하나님! 우리 주 예수 그리스도의 수난과 부활 그리고 승천을 기념하며, 아울러 복되신 동정녀 마리아와 세례 요한, 거룩한 사도 베드로와 바울 그리고 그 유물이 이 자리에 있는 순교자들과 모든 성인들을 기억하며 주님께 드리는 이 예물을 받으소서. 그들에게는 주님의 영광에 참여케 하시고 우리에게는 구원을 베풀어

> 주시며, 이 시간 우리가 이 땅에서 기념하는 이들이 하늘에서 우리를 위하여 주님께 간구할 수 있도록 하옵소서. 동일하신 우리 구세주 그리스도의 이름으로 기도하옵나이다. 아멘.
> (마지막으로 목사는 한두 가지 봉헌기도[Secret prayers]를 더 할 수 있다. 그 기도의 횟수나 순서는 본기도[本祈禱, Collect]에 따른다. 기도가 끝나면 사제는 크게 외친다.)
> **사제** : 주님을 영원히 찬송할지어다.
> **회중** : 아멘.[4]

간략히 말하자면, 중세시대 동방 교회의 예배와 서방교회의 예배는 그 내용과 구조, 양식이 서로 달랐다. 동방 교회 예배의 내용은 말씀과 성찬의 기본 패턴에서 하나님의 천지창조와 그리스도의 성육신 그리고 재창조를 중요시한다는 점에서 그 이전의 고대 교회 예배의 내러티브와 강력한 유사성을 지녔다. 반면에 서방교회 예배는 하나님의 전체 구원 이야기를 그리스도의 속죄사역으로 축소시켰다. 그 과정에서 이들은 하나님의 구원 이야기에 대한 언어적인 선포로서의 "말씀 예전"을 예배에서 약화시키고 말았다. 그리고 두 전통의 예배 양식(음악과 예술)의 경우에 서방교회는 로마의 영향을 받았으며, 동방 교회는 비잔틴 문화의 영향을 받았다.

3. 종교개혁기의 예배와 하나님의 비전

종교개혁과 그에 따른 예배의 개혁은 항상 당시 로마 가톨릭교회의 미사에 대한 종교개혁자들의 강력한 신학적 및 예배학적인 비판과 논쟁의 맥락에서 이해해야 한다. 종교개혁의 중요한 쟁점들은 성경해석에서 로마의 전통을 배격함과 동시에 성경 자체의 권위를 회복하는 것, 제도적인 교회의

---

4) Michael S. Driscoll, "The Roman Catholic Mass (1520)," in ibid. 177-79.

신학적인 근거, 중세 후기의 정경과 신조들 그리고 그리스도의 희생제사를 중시하는 로마교회의 미사이다.

종교개혁으로 말미암아 예배에 대한 세 전통의 정당성이 마련되었다. 루터교와 영국 성공회 예배 형식은 가톨릭의 미사의 상당부분을 그대로 유지했던 반면에, 재침례교는 성만찬에서 친교의 식사(the meal of fellowship)를 중요시해서 가톨릭의 미사를 배격했다. 이러한 양극단에 대해서 개혁파 교회들은 중도적인 노선을 취하여 미사에서 예전적인 요소들을 단순화시켰다. 로마 가톨릭에 대항하여 종교개혁의 기본정신을 공유했던 이 세 계파가 예배의 갱신에 끼친 중요한 공헌으로는 고대 교회의 예배에 포함됐던 성경봉독과 설교의 위치를 올바로 회복했다는 점을 들 수 있다.

고대 교회의 예배와 비교하여 종교개혁의 예배에서 발견되는 주목할 만한 변화 한 가지는, 예배가 하나님 앞에서의 신자 개개인의 영적인 상태에 좀 더 많은 관심을 기울게 되었다는 점이다. 달리 말하자면 모든 세상을 올바로 갱신하며 죄와 죽음의 권세를 정복하신 그리스도의 승리를 통한 모든 육체와 만물의 회복에 관한 하나님의 거대한 구원에 관한 비전은(루터교 예전에서 간간히 발견되기는 하지만) 점차로 사라져 갔다. 한편 종교개혁에 따른 예전은 로마 가톨릭의 예전에서처럼 성례성사를 통해서 계속 반복되는 희생제사가 아니라, 내 죄에 대한 대속물로 치러진 대속사역의 관점에서 그리스도의 희생을 계속 강조하였다. 하지만 온 세상의 구원을 위한 그리스도의 사역은 점차 한 개인을 위한 대속사역으로 축소되기 시작했다. 다음에 소개하는 예식서는 칼빈의 스트라스부르그 예전(Strassburg Liturgy, 1545)의 성만찬 서문에서 가져온 것으로 신자들이 성찬을 받기 위하여 모일 때마다 그들에게 읽혀졌다.

> 사랑하는 형제 여러분! 우리는 주께서 제자들과 함께 최후의 성만찬을 지키셨다는 사실을 배웠습니다. 그리고 주님의 신실한 공동체에 속하지 않은 자들과 낯선 자들은 성만찬에 참여해서는 안 된다는 것도 배웠습니다.

그래서 우리 주 예수 그리스도의 이름과 그 권위에 근거한 교훈을 따라 나는 모든 우상 숭배자들과 신성모독자들, 하나님을 멸시하는 자들, 모든 이교도들과 교회의 일치를 파괴하려고 사적인 분당을 조장하는 자들, 모든 위증자들, 부친과 모친과 연장자들을 거슬러 대적하는 자들, 난동과 폭동을 조장하는 자들, 난폭하고 무질서한 자들, 간음한 자들, 음란하고 음탕한 자들, 도둑, 강도, 탐욕스런 자들, 술 취한 자들, 폭식가들, 수치스럽고 방탕한 삶을 사는 모든 사람들을 성찬에서 제명하는 바입니다. 이들이 거룩한 성만찬을 더럽히지도 않도록 감히 이 식탁에 가까이 하지 말 것을 경고합니다. 우리 주 예수 그리스도께서는 이 존귀한 성만찬을 거룩한 믿음의 가족에 포함된 자들 이외에 그 누구에게도 허락하시지 않았습니다.
또한 사도 바울의 권면에 따라 모든 사람들은 이제부터 하나님의 말씀에 순종하여 거룩한 삶을 살아가기로 결단하며, 자신의 죄악을 진심으로 회개하고 과실을 반성했는지를 알기 위하여 스스로 자기 양심을 점검하고 시험해 봅시다. 무엇보다도 하나님의 은총에 대한 믿음이 있는지 그리고 자신의 구원이 오직 예수 그리스도 안에 달려 있음을 확실히 믿는지 그리고 이웃에 대한 모든 증오와 원한을 내버리고 형제의 사랑으로 평화롭게 살기로 다짐하고 결단했는지를 살펴보시기 바랍니다.
만일 하나님 앞에서 우리 마음이 그렇게 믿고 확신한다면, 주께서는 우리를 자신의 친 자녀로 용납해 주시며 그의 말씀을 우리에게 들려주시고 또 이 거룩한 성찬상으로 우리를 초대하시고 제자들에게 나눠 주셨던 이 거룩한 성만찬을 우리에게도 나누어 주심을 결코 의심하지 마십시오.[5]

이 예식서에서 우리는 예배의 초점이 성만찬에 참여하는 신자 개개인의 자격(또는 그 자격의 부족) 여부로 분명히 이동했음을 알 수 있다. 이러한 유형의 기도문이나 유사한 메시지를 담은 기도문을 가리켜서 "울타리 치는 기도"(fencing-in prayer)라고 한다. 불신자들이나 배교자들이 성만찬에 참여하는 것을 차단하는 경고의 메시지들이 들어 있기 때문이다. 그런데 종교개혁 이

---

[5] Elsie McKee, "Calvin: *The Form of Church Prayers*, Strassburg Liturgy (1545)," in ibid., 202.

전에는 일단 세례를 받은 자들은 모두가 다 성만찬에 참여할 수 있었다. 하지만 종교개혁 이후로부터 20세기까지 성만찬에 대한 입장이 "만일 회심한 경험이 있고 변화된 삶을 살고 있다면 성찬상 앞으로 나오라"는 것이다. 그러나 세례가 신자의 성화 여부를 판단하는 기준으로 작용하지 못하자 이와 동시에 많은 교회에서 세례가 점차로 그 중요성을 상실하고 말았다.

4. 근대 교회의 예배와 하나님의 비전

종교개혁으로 말미암아 새로운 교회개혁 운동의 물결이 형성되었고, 하나의 물결 이후에 또 다른 물결이 계속 이어졌다. 각각의 개혁 운동은 나름대로 독특한 신학적인 기반을 갖추고 또 예배에 대해서도 고유한 확신을 지닌 지도자들이 주도했다. 앞에서 언급한 바와 같이 종교개혁 아래 진행된 다양한 운동들 가운데 한 가지 공통점은 하나님의 말씀으로서의 성경의 권위와 설교의 중요성에 관한 인식이다. 그리고 로마 가톨릭교회의 미사가 성만찬을 주로 그리스도의 희생제사의 관점에서만 배타적으로 강조했던 것에 대한 반작용으로 종교개혁의 영향을 받은 교회들은 공통적으로 성만찬을 예전처럼 자주 시행하지 않으면서 소홀히 대했다.

16세기부터 19세기에 걸쳐 예배에 관한 두 가지 주목할 만한 변화의 움직임이 나타났다. 그것은 바로 교육으로서의 예배와 경험으로서의 예배이다. 하지만 이 두 가지 예배 운동은 온 세상의 구원을 위한 하나님의 비전에 관한 이야기를 온전히 선포하고 구현하는 데 실패했다.

1) 교육으로서의 예배(17세기)

근대(近代, the modern world, 1750-1950)는 이전의 고대와 중세 그리고 종교개혁기와 여러 면에서 판이하게 다른 시대이다. 인류의 지성이 급격하게 변화하였고 또 지식을 획득하는 방식도 이전과 많이 바뀌었다. 계몽주의(혹은 계몽운동, the Enlightenment)이라고도 불리는 이 시대에 우주관의 혁명이 일어났고 진리를 발견하는 중요한 방법으로서 인간의 이성과 과학이 도입되었으며 하나님의 계시로 말미암아 인간에게 알려진 진리에 관한 기독교적인 확신들이 모조리 뒤로 밀려났다.

합리주의로부터 상당한 영향을 받은 개신교 정통파(protestant orthodoxy)가 17세기에 하나님의 계시를 옹호하며 성경에서 발견한 하나님의 진리를 가르치고자 형성되었다. 성직자들은 헬라어와 히브리어에 정통했고 성경신학과 조직신학에도 조예가 깊었으며, 신자들에게 기독교 신앙을 효과적으로 논증하기 위하여 논리학을 적절히 활용하였다. 또 당시 예배의 중심은 설교였으며, 그 설교의 강조점은 하나님의 말씀을 올바로 깨닫고 그 진리를 옹호하는 것이었다. 하지만 불행히도 종교개혁의 영향을 받은 교회의 예배와 설교에 활력을 제공했던 개혁의 열정이 길고도 지루하며 논쟁적인 설교로 점차 변질되기 시작했다. 그래서 개신교 정통파는 "죽은 정통파"(dead orthodoxy)로 대체되었고 그 결과, 교회는 점차 사람들이 떠나고 말았다.

물론 17세기에는 장로교와 회중교회, 침례교와 같은 다양한 교파의 예배 모델이 등장했다. 그 중에서 가장 많은 영향력을 미친 예배 형태는 아래와 같은 장로교 모델이다.

말씀 예전의 순서
예배로의 부름
기원
시편 봉독
구약성경 봉독
신약성경 봉독
시편 찬송
설교 전 기도

> 설교
> 일반 기도
> 주기도문
> 시편 찬송

> **성만찬 예전의 순서(일 년에 네 차례)**
> 권면의 말씀
> 경고
> 성만찬으로의 초대
> 제정사
> 빵과 음료에 대한 감사와 축복의 기도
> 분병과 분잔
> 권면의 말씀
> 장엄한 감사기도
> 가난한 자들을 위한 기도[6]

1643년에 출간된 장로교의 예배 예식서인 웨스트민스터 예배모범(the Westminster Directory)에는 위와 같은 예배순서를 소개하고 있다. 단순히 간략한 순서만으로 그 속에 담긴 예배의 본질을 제대로 파악하기란 쉽지 않다. 하지만 예식서의 내용을 연구해 보면 17세기 개신교 예배가 초대교회처럼 하나님의 구원 이야기에 대한 기억과 예상을 충분히 강조하지 않았음을 알 수 있다. 당시의 예배의 강조점이 주로 예배를 통한 신자의 교육에 치중했기 때문이다. 또 당시 설교는 렉티오 콘티뉴어(혹은 연속강론, Lectio Continua)의 모델을 따르면서 성경의 여러 책들을 연달아 해설하는 연속 설교가 예배를 지배했다. 물론 설교를 위해서 시편을 읽고 구약과 신약 본문을 읽으면서 또 설교시간의 여러 권면의 메시지를 통해서 과거 하나님의 구

---

[6] Dorrell Todd Marirna, "The Westminster Directory," in ibid., 230-31.

원 행위에 대한 기억과 미래에 온 세상을 향한 하나님의 통치권의 회복에 관한 예상이 신자들에게 소개되었을 것이다. 하지만 예배 전체를 통해서 하나님의 창조와 그리스도의 성육신 그리고 재창조를 하나로 묶는 예배의 내러티브 구조는 분명하게 드러나지 못했다.

다른 개신교회처럼 침례교 역시 성경에서 나름대로 예배 갱신의 모델을 찾았고 그 결과 다양한 예배 형식을 발전시켰다. 그 결과 19세기에 침례교의 예배 형식은 다음과 같은 공통의 패턴(1695)으로 수렴하였다.

말씀의 예전
  시편송
  기도
  성경봉독
  설교
  기도

성만찬 예전(한 달에 한 번)
  짤막한 설교와 권면의 말씀
  빵을 위한 축복기도
  제정사
  분병
  음료를 위한 축복기도
  제정사
  분잔
  시편송
  축도[7]

교육지향적인 예배 덕분에 초기의 침례교인들은 장로교인들처럼 성경과

---

7) G. Thomas Halbrooks, "A Baptist Model of Worship," in ibid., 231-35.

신앙에 대한 상당한 지식을 습득할 수 있었다. 오늘날 대부분의 사람들은 침례교의 예배가 경험중심이고 복음적이며 질서 있고 지적인 예배와 반대로 매우 즉흥적인 예배일 것으로 생각하지만, 17세기의 초기 침례교는 상당히 개혁적이었다. 덕분에 오늘날 영국 지방에는 17세기의 예배 형식과 내용을 그대로 반영하는 침례교회가 많이 존재하며 별로 안 알려져 있지만, 미국에도 개혁파 침례교(Reformed Baptists)라고 평가할 만한 그룹이 있다. 그러나 오늘날 대부분의 침례교회의 예배는 18세기 이후의 부흥운동의 영향을 받아 좀 더 즉흥적이고 체험 지향적이다.

결론적으로 17세기의 예배에 아쉬운 점이 있다면, 그것은 계몽주의와 마찬가지로 예배가 하나님의 구원 이야기에 대한 충분한 해석이 없이 교리적인 사실들을 너무 강조하는 경향이 있었다는 것이다. 말하자면 당시 예배는 자신이 창조한 세상을 온전히 회복하여 만유의 주인으로서 전 피조계를 통치하기 위하여 이 피조계 속에서 일하시는 하나님의 구원 이야기와 비전에 대한 충분한 해석이 없이 그저 교리적인 사실들과 그에 대한 신학적인 정당성을 강조하는 논증들에 치우쳤다는 것이다.

2) 체험으로서의 예배(18-19세기)

19세기에 들어서면서 서구 교회의 예배가 또 한 번의 새로운 변화를 경험한다. 유럽에서는 산업혁명의 결과로 수많은 사람들이 도시로 이주하였다. 도시에는 사람들이 넘쳐났고 부족한 주택과 열악한 위생 시설, 물과 식량의 부족, 만연한 빈곤문제, 범죄, 길거리에서 살아가는 부랑자, 끊이지 않는 전염병과 높은 사망률과 같은 문제들로 생활 형편은 최악으로 치달았다.

이런 상황에서 교회 역시 사람들의 필요에 적절히 대처할 수 있는 여건들을 갖추지 못했다. 그보다 당시 교회는 기독교 신앙을 변론하고 불신자들을 반박하는 논쟁을 발전시키는 데 치중하다 보니 열악한 생활 형편에 처한 평민들에게 유익한 탈출구를 제공해 주는 데 실패하고 말았다.

한편 낭만주의 운동으로 말미암아 이성의 타당성을 의심하며 확증 가능한 진리의 근거로서 개인적인 경험의 능력을 강조하는 계층이 형성되기 시작했다. 이성을 중요시하는 합리주의의 영향으로 교회 예배 역시 신자의 교육에 초점을 두었던 것처럼, 인간의 경험을 중시하는 낭만주의의 영향으로 예배에서도 예배자의 체험을 중요시하기 시작했다. 예배의 강조점이 인간의 경험으로 바뀌기 시작했고 그러한 변화는 18세기 후반부터 나타난 대부흥운동(the Great evangelical awakenings)으로 표출되었다.

존 웨슬리(1703-1791)는 대부흥운동의 대표적인 인물이었다. 하지만 영국 성공회에 속해 있던 웨슬리는 평생 동안 영국 성공회의 예배를 신실하게 따랐다. 그는 고대 교회의 예전을 새롭게 복원시키면서도 말씀의 예전과 성만찬 예전을 통해서 경험하는 신자 개개인의 신앙을 매우 강조하였으며, 성찬을 자주 시행할 것과 회심, 설교 그리고 열정적인 찬송도 강조하였다(그는 또한 수많은 찬송가를 만들었는데, 이중에는 오늘날에도 여전히 애창되고 있는 66곡의 열정적인 찬송가도 포함되어 있다). 존 웨슬리는 감리교의 창시자로 알려져 있으며 감리교는 매우 열정적인 특징이 있다. 반면에 영국 성공회의 예배는 전혀 열정적이지 않고 조용한 기도 일색이다. 하지만 웨슬리는 예배에 열정적인 설교와 찬송을 도입하였고, 이것이 감리교의 특징으로 부각되기 시작하였다. 그래서 성공회의 예전에 대한 존 웨슬리의 애정을 그대로 반영하는 예전적인 감리교(liturgical Methodism)의 예배도 존재하지만, 대체적으로 감리교 예배는 "부흥집회 예배"(revival worship)로 알려진 예배 양식에 점차 기울어졌다.

부흥집회 예배는 18세기 이후 미국 동부 지역에서 감리교 개척운동(the Methodist frontier Movement)을 위한 야외 부흥집회(the field revivals)로 거슬러 올라간다. 당시 부흥운동이 18세기 후반의 미국 서부지방을 휩쓸었다. 부흥집회를 인도하는 전도자가 아직 교회가 세워지지 않은 마을에 도착하면, 천막처럼 임시로 회집할 수 있는 장소를 마련한 다음에 부흥집회(a revival meeting)를 열었다. 당시 대부분의 부흥집회는 다음과 같이 세 부분으로 구성되었다.

> **찬송**: 참석자들의 마음과 심령을 따뜻하게 함.
> **설교**: 그리스도 안에서의 구원에 관한 복음을 선포함.
> **초청**: 예수 그리스도를 개인의 구세주와 주님으로 영접하도록 초청함.

집회가 끝나고 부흥사가 또 다른 곳으로 복음을 전하러 떠나면, 남은 개종자들은 앞으로의 신앙을 위하여 자기 마을에 교회를 세웠다. 그런데 새로 개종한 신자들이 예배에 대해서 알고 있는 유일한 모델은 부흥집회 시간에 부흥사로부터 배웠던 삼중구조였다. 그래서 남은 신자들은 이러한 삼중구조 모델에 근거하여 교회 건물을 세우고 신앙 공동체를 구성하였다. 이 모델은 20세기 중반까지도 매우 광범위한 교회에서 활용되었고, 특히 남부지방의 근본주의적인 교회에서는 아직까지도 시행되고 있다.

이 예배의 강조점은 세상을 창조하시고 그리스도의 성육신과 죽음 그리고 피조물의 궁극적인 회복을 위한 부활 사건 속에서 피조계 속에 역사하시는 하나님에 관한 것이 아니다. 그보다는 당시 부흥사들이 강조하는 신앙의 핵심이 그리스도 안에서 새로운 피조물로 거듭나며 주인되신 하나님과의 인격적인 관계를 올바로 유지하는 것에 집중되었고 예배와 설교를 통해서도 이러한 신앙의 핵심에 집중되었기 때문에 자연히 예배의 강조점도 하나님의 이야기와 비전의 일부분에 편중되었다. 그러한 신앙의 핵심도 중요하지 않는 것은 아니지만, 이는 온 우주를 포괄하는 기독교 메시지를 개인적인 관심사 몇 가지로 축소시키는 것이나 다름 없다. 또 예배의 내러티브 요소도 하나님의 전체 구원 이야기가 아니라 내 죄에 대한 형벌을 대신하여 속죄하신 그리스도와 내 개인의 유익을 위하여 그의 대속사역을 마음속으로 받아들여야 한다는 것에 편중되었다.

5. 20세기 후반의 예배와 하나님의 비전

20세기 전반기의 예배 운동에 대해서 연구해 보면 오늘날의 예배 역시 17세기와 18세기, 19세기를 통해서 발전된 예배 양식과 내용의 패턴을 그대로 따라왔음을 알 수 있다. 20세기 전반기에 기독교 예배의 초점은 주로 합리주의의 영향을 받은 교육적인 관심과 경험론자들의 주장을 따른 열광적인 양식의 두 가지 영역에 집중되었다. 프린스톤 출신의 개혁파 전통과 세대주의 전통의 산물이랄 수 있는 근본주의자들과 같은 새로운 단체들도 나타났는데 이들 역시 자신들의 예배를 통해서 두 전통을 효과적으로 결합해 보고자 노력했다. 그 결과 근본주의 진영에서는 성경적인 가르침을 옹호하며 질서 있고 엄격한 예배 양식을 중요시하는 교회들이 등장하는가 하면, 또 다른 근본주의 교회들은 엄격한 예배 양식을 고집하지 않고 좀 더 자유로운 부흥집회 스타일의 예배를 선택하기도 하였다. 이 외에도 19세기 말엽과 20세기 초반에는 웨슬리의 성결운동에서 일부분만을 수정한 예배 운동도 등장하였다. 여기에는 방언을 강조하는 오순절 전통과 성령의 은사의 회복을 위한 은사치유 운동(the charismatic movement)도 포함된다.

1940년대 중반에는 일단의 교회들을 묶어 지칭하기 위하여 복음주의(evangelical)라는 용어가 등장하였다. 이들 복음주의자들의 예배 양식은 부모 세대라 할 수 있는 근본주의자들(fundamentalist)의 경우처럼 교육 중심의 예배와 체험중심의 부흥집회 예배로 나뉘었다.

또 20세기 후반에는 70년대 초반에 형성된 예수운동(the Jesus movement, 1960년대 후반 캘리포니아 해안을 중심으로 초대교회의 신앙을 회복하기 위한 부흥운동으로 초기에는 캘리포니아 코스타 메사에 위치한 갈보리교회의 척 스미스[Chuck Smith] 목사가 주도하였고 당시 고조된 베트남 반전운동에 대한 실망스러운 결과에 새로운 영적 돌파구를 마련하여 매월 천여 명이 넘는 이들이 세례를 받았으며 당시 젊은이들의 우상인 비틀즈를 대신할 'Jesus Music'[예수음악]과 'Love Song'[사랑노래] 등을 만들어 전도 활동을 벌였고 이러한 전도용 복음송가는 자연히 기존 교회의 예배와 찬송에도 적지 않은 영향을 주었다 - 역주)의 영향으로 현대적인 합창 찬송(the contemporary chorus)을 도입한 새로운 예배 모델도 나타났다. 현대적인 합창 찬송 운동이 처음에 등장할 때에는 "예수운동"의 집회에 국한된 것처럼 보였다. 하지만 이 찬송 음악은 처음에는 은사주의 교회와 그 다음에는 오순절 교회로 스며들었고, 20세기 말엽에는 빈야드(Vineyard)와 같은 새로운 교회 갱신 운동을 가져왔을 뿐만 아니라 수많은 복음주의권의 교회로 광범위하게 확산되었다.

현대적인 합창 찬송 운동(the contemporary chorus movement)은 그다지 신학적으로 정제된 운동은 아니다. 굳이 말하자면, 그 운동은 비신학적(atheological)이다. 초기에 이 찬송 운동은 성경구절들 중에 특히 시편 구절을 가사로 활용하였다. 그러다가 현대의 자기중심주의(narcissism) 문화의 영향을 받아서 찬송이 점차 내 자신과 내가 예배하는 하나님(me and my worship of God)에게 집중하기 시작하였다. 그러나 이 책에서 본인이 일관되게 강조하는 것은 성경이 하나님의 구원 이야기에 관한 것이고 예배는 성경에 계시된 그 하나님의 구원 이야기를 기억하고 예상하는 데 집중해야 한다는 것이다. 하나님의 구원에 나타난 그 영광과 신비 그리고 온 세상의 피조계를 구원하시는 하나님의 장엄한 이야기가 바로 예배의 초점이 되어야 한다는 것이다. 하지만 현대적인 합창 찬송 운동에서 강조하려는 것은 바로 내 자신이다. 내가 얼마나 주님을 사랑하고 그 얼마나 주님을 섬기기를 원하는지요! 내가 얼마나 주님을 경배하며, 영광 돌리며, 찬미하고, 찬양하고, 높여드리기를 원하는지. 그래서 예배의 초점이 모두 자신에게 집중하는 것 같다. 하나님을 언급 안하는 것은 아니지만, 그 하나님도 내가 애정을 쏟는 대상에 불과하고 예배의 성공 여부도 내가 얼마나 감사하는 마음을 느낄 수 있고 그 마음을 얼마나 강하게 표현할 수 있느냐에 달렸다.

최근에 이렇게 하나님보다는 "나" 지향적인 예배(me-orientation to worship)에 대하여 의문을 제기하는 목소리들이 간간히 흘러나오고 있다. 하지만 대부분의 경우 현대적인 합창 찬송 운동의 배후에 있는 음악 산업은 하나님보다는 자아에 대한 관심을 계속 고집하고 있으며, 교회도 이렇게 현대 문화의 영향을 받은 예배 양식의 물결을 과감히 뒤바꾸지 못하고 있다.

지금까지 살펴본 바와 같이 현대의 예배(contemporary worship)는 예배에 참여하는 신자들의 정서적인 측면에서 보거나 예배의 순서와 양식의 관점에서 보더라도 그 이전의 부흥집회 예배와 열광적인 예배 전통의 연장선상에 서 있다. 그리고 창조와 성육신 그리고 재창조로 이어지는 하나님의 구원 행위에 초점을 두지 않기 때문에 예배 찬송이나 설교에서도 인류 역사 속에서 일하시는 하나님의 구원 행위에 관한 내러티브를 적극적으로 표현하는 데에도 인색하다. 그보다는 이전의 부흥회 예배(revivalistic worship)처럼 한 사람의 심령 속에서 일어나는 개인적인 변화에 관한 내러티브에 더 집중하고 있다. 이전의 부흥집회 예배와 다른 점 한 가지가 있다면, 그것은 예전의 복음송 대신 성가대 찬송을 중시하고 기타나 그 밖의 여러 악기들을 끌어들이고 이전의 복음초청 시간은 제외시켰다는 것이다. 두 예배 모델의 차이를 비교하면 다음과 같다.

부흥회 예배 모델	현대 예배 모델
복음 찬송(피아노, 오르간, 성가대)	**합창 찬송**(피아노, 기타, 드럼 등등)
복음적인 설교(성경본문에 근거한)	**설교**(복음이 그다지 자주 선포되지 못하고 주로 치유적인 메시지에 중점을 둠)
초청의 시간	**목회기도와 초청**(초청은 특히 오순절 교회와 치유은사주의 교회에서는 목회기도와 치유사역으로 대체되었으며 대부분의 복음주의권의 교회에서는 설교 이후에 예배가 곧바로 끝나기도 한다)

구도자(seeker)를 염두에 둔 일부 현대 교회 지도자들은 기독교 예배가 꼭 총체적인 복음의 모든 내용들을 전부 다 제시할 필요는 없다고 주장한다. 이들에 의하면 예배의 목적은 교회 밖의 사람들을 교회 안으로 끌어들이는

것이라고 한다. 그들을 일단 교회 안으로 끌어들인 다음에, 복음은 소그룹 활동 시간에 충분히 소개하면 된다는 것이다. 이러한 주장은 소비자들을 위해서는 매우 효과적일는지 모른다. 하지만 이는 예배의 성경적인 목적을 망각하는 처사다. 기독교 예배는 과거에 발생한 하나님의 구원 행위를 기억하고 새 하늘과 새 땅에서 완성될 미래 하나님의 구원 행위를 소망함으로써 삼위 하나님을 영화롭게 하는 것이다.

6. 결론

이번 4장에서 나는 지난 2천 년 동안 진행된 기독교 예배의 중요한 변화에 관한 조감도(鳥瞰圖, bird's-eye view)를 제시해 보려고 하였다. 하지만 너무 간략하게 압축하려다 보니 필요한 부분을 충분히 소개하지 못한 약점도 발견된다. 이 가치 있는 주제를 좀 더 충분히 연구하려면 아마도 최소한 12권의 예배학 박사 학위 논문이 필요할 것이다. 이 주제가 너무 광범위하고 또 내 연구가 다소 불충분함에도 불구하고, 지금까지의 연구를 통해서 분명히 지적할 수 있는 것은 지난 2천 년의 서구 교회 예배가 하나님의 구원 이야기와 그 충만한 비전을 올바로 담아내는 데 소홀했다는 점이다.

이제 서구 교회의 지난 2천 년의 역사 속에서 등장한 중요한 예배의 흐름을 간략하게 비교해 보면서 다음과 같이 정리한다.

- 초대교회 예배의 주제는 온 세상의 구원을 위한 하나님의 비전에 관한 이야기였다.
- 동방 교회 예배에서는 하나님의 이야기/비전가 계속 지켜졌다.
- 중세시대 예배에서는 하나님의 사역의 초점이 전체 이야기의 일부분, 즉 그리스도의 대속사역으로 편중됐다.
- 종교개혁 이후 예배의 초점이 자아와 회개의 필요성, 신앙 그리고 자신의

신앙에 대한 지속적인 경계로 이동하기 시작했다.
- 근대 교회에서 예배의 강조점이 계몽주의의 영향을 받아 지식으로 이동하였고 낭만주의 시대에는 회심 체험에 대한 강한 기대감으로 나아갔다.
- 20세기에는 이전의 부흥집회 예배가 그 내용은 상당히 바뀌었더라도 구도자 지향적인 예배 양식과 치유적인 설교 메시지를 채택한 모습으로 복음주의권의 교회들 사이에 널리 퍼졌다.

이상의 간략한 윤곽을 소개하는 이유는 오늘날 우리 예배의 내용을 다시 성찰해 보기 위함이다.

폭력과 불확실성이 어두운 그늘을 드리운 후현대주의 세계 속에서 기독교 교회는 하나님께서 예수 그리스도 안에서 죄와 사망과 이 땅의 악한 권세를 모두 다 정복하셨고, 십자가상의 죽음과 부활로 말미암아 하나님께서는 온 세상의 피조계를 자신의 발 아래 복종시키고 창세 전에 작정하신 온 우주의 통치권을 확립하고 자신의 왕국을 세우기 위하여 다시 오시리라는 "승리자 그리스도"(Christus Victor)를 올바로 선포해야 한다. 그리고 교회는 이 땅에 존재함으로 그리고 역사 속에서의 하나님의 구원 사건에 대한 기억과 소망을 표현하는 예배를 통해서 이 진리를 올바로 증언하도록 부름 받았다.

이제 2부 "하나님의 이야기를 예배에 적용하기"에서는 우리의 예배를 하나님의 창조와 성육신, 재창조의 전체 내러티브에 맞게 재구성하는 방안을 모색할 것이다.

제 2 부

하나님의 이야기를 예배에 적용하기

Ancient- Future Worship

Proclaming and Enacting
God's Narrative

5장

예배, 기억과 예상으로 변혁시키기

예배에 관한 컨퍼런스나 강의 때문에 여러 교회를 방문하다 보면 오늘날 예배의 위기에 대한 고민을 나에게 털어 놓는 사람들을 자주 만나곤 한다. 전통적인 예배나 현대적인 예배 모두가 위기에 직면해 있다. 그래서 흔히들 전방위적인 위기라고들 한다. 전통적인 예배(traditional worship)는 지나치게 지성적이고 지루하고 활력을 잃어버린 것 같고 반대로 현대적인 예배(contemporary worship)는 시끄럽고 하나님보다는 인간 자아를 지향하며 점차 고루해지고 있다.

이렇게 오늘날의 예배가 전방위적인 위기에 직면해 있지만 그러나 예외도 있다. 나는 영감 있고 영적으로 도전을 주는 예배를 드리는 전통적인 교회에서 신앙생활을 했다. 또 전능하신 하나님을 경배하는 예배에 대한 강력한 공감대를 가진 현대적인 교회에서도 신앙생활을 했다. 오늘날 예배의 위기에 대한 해답이 이것이냐 저것이냐의 선택에 달려 있다고 생각하지는 않는다. 예를 들어, 예전적인 교회에서 사역하는 어떤 목회자가 이렇게 말하는 것을 들어 보았다. "오늘날 우리 예배의 문제는 예복과 성가대, 찬송 그리고 성만찬 때문이라고 생각합니다. 이런 것들에 대한 거부감 때문에 사람들이 교회에 나오지 않습니다. 그래서 예배에서 이런 예전적인 요소들을 모조리 제거하고 예배를 좀 더 현대화시켜야 합니다." 하지만 이는 크나큰 판단착오이다. 우리는 여전히 예전적인 예배도 필요하고 또 현대적인 예배도 필요하다. 두 예배 모두 하나님의 교회 안에서 고유한 역할이 있고, 두 예배 모두 내가 이 책에서 강조하는 것을 실행에 옮길 수 있다.

1. 예배의 위기

오늘날 기독교 예배가 당면한 위기는 너무 복잡해서 간단하게 설명하기란 쉽지 않다. 그래서 나는 이 위기의 본질을 이해하기 쉽도록 세 가지 관점에서 비평하면서 기독교 예배가 당면한 위기의 본질 속으로 들어가고자 한다. 이 위기의 핵심을 풀 수 있는 비결은 기독교 예배를 내용(content)과 구조(structure) 그리고 양식(style)의 렌즈로 평가하는 것이다.

먼저 이 책은 기독교 예배 내용의 위기에 관한 것이다. 앞에서 살펴본 바와 같이 만일 예배가 하나님의 이야기를 기억하고 예상하는 것이라면, 오늘날의 예배는 이러한 두 가지 성경적인 모티브에 근거하여 재고해야만 한다.

여러분은 전통적인 찬송가나 오늘날의 복음송의 핵심적인 내용이 하나님의 이야기에 대한 기억이란 사실을 잘 알 것이다. 복음송가집을 펼쳐서 복음적인 작곡가들이 작사 작곡한 찬송가나 복음송가를 불러보면, 역사 속에서의 하나님의 놀라운 구원사역을 주제로 다루는 곡들이 아주 많다는 점을 쉽게 발견할 수 있을 것이다. 복음송가뿐만 아니라 전통적인 성가곡(chorus)도 마찬가지이다. 이렇게 역사 속에서의 하나님의 놀라운 구원 행위에 대한 기억이라는 주제는 전통적인 찬송가나 현대적인 복음송가의 가사에서 아주 빈번하게 등장한다. 그런데 문제는 역사 속에서의 하나님의 광범위한 구원 사역이 쉽게 무시된다는 점이다. 온 세상의 궁극적인 구원을 향한 하나님의 전능하신 역사가 모두 개인화 되었다는 점이다. 오늘날 복음송가 가사에서는 살아 계신 하나님께서 나 한 사람 개인의 구원 이상을 위하여 일하고 계시다는 인식이 거의 희박하다. 하나님의 천지창조와 그리스도의 성육신 그리고 구원의 완성을 향한 재창조라는 일관성 있는 구원의 파노라마도 찾아보기 힘들다. 그래서 오늘날 기독교 예배가 하나님의 구원에 대한 기억에 대해서 아주 무관심하지는 않다고 말할 수 있을는지 모르지만, 실상 찬송가 가사에서는 그 포괄적인 구원에 대한 내용들이 모두 잘려나가고 빈약한 개인구원만 남은 실정이다. 또 이런 찬송가 가사에서는 구원 이야기에 대한 기억도 하나님의 구원 역사가 아닌 내 개인의 역사에 초점이 맞춰져 있는 경우가 대부분이고 한 개인의 구원뿐만 아니라 온 세상의 궁극적인 구원에 대한 신자의 예상을 유도하는 경우도 드물다.

오늘날 예배의 두 번째 위기는 예배의 구조에서 찾아볼 수 있다. 하나님의 구원 이야기는 말씀과 성찬의 내러티브 구조를 통해서 하나님의 백성들과 소통된다. 그런데 이 예배 구조는 단순히 예배의 편리성을 위해서 임의로 형성된 것이 아니라 하나님의 구원 내러티브 그 자체에 깊이 뿌리내리고 있는 구조이다. 고대 교회의 말씀과 성찬의 예배 구조를 살펴보면 당시 예배는 예배 참가자들의 영적인 경험을 하나님의 구원 이야기에 대한 기억과 예상의 구조로 배열했음을 알 수 있다. 먼저 성경 말씀에 대한 봉독과 설교가 주요 부분을 차지하는 말씀 예전은 그리스도 사건에서 정점에 달한 하나님의 구원 이야기를 신자들이 기억할 수 있도록 하는 데 초점이 맞추어져 있었다. 그 다음 성만찬 예전을 구성하는 성만찬 기도와 찬송 그리고 빵과 음료의 상징은 다가올 미래 하나님 나라에 대한 예상 속으로 회중을 안내했다. 하지만 오늘날 복음주의적인 예배는 이러한 구조를 의도적으로 표현해 내지 못하고 있다. 또 일부 교회의 예배가 말씀과 성찬의 이중 구조를 갖추고 있더라도 개인주의의 늪에 빠져 온 세상의 궁극적인 구원에 관한 하나님의 이야기가 충만하게 표현되지 못하는 경우가 많다. 그래서 이 세상을 변혁시킬 하나님의 구원 이야기는 오늘날 우리 예배의 내용을 예배의 성경적인 구조와 서로 결합시켜 표현해줄 목회자와 회중들에 의하여 새롭게 그 빛을 볼 날만을 손꼽아 기다리고 있다. 이러한 예배 갱신을 통해서 하나님의 이야기에 대한 기억과 예상이 올바로 회복되고 촉진될 수 있을 것이다.

오늘날 예배가 당면한 셋째 위기는 예배의 양식(style)에 관한 것으로, 이 예배 양식의 위기는 앞에서 살펴본 예배 내용과 구조의 위기와 직접 연관을 맺고 있다. 앞에서 논의한 바와 같이 예배 내용이 하나님의 구원 이야기에 대한 기억과 예상에 집중되어야 한다면, 예배의 구조는 이러한 예배 내용을 효과적으로 담아낼 수 있도록 구성되어야 한다는 것은 당연한 논리이다. 예를 들자면 말씀의 예전은 하나님의 구원 이야기를 기억하고 성찬의 예전은 하나님의 구원 이야기를 예상한다는 식이다(그렇다고 해서 말씀의 예전에는 하나님의 이야기에 대한 예상이 있을 수 없다거나 성만찬 예전으로는 하나님의 이야기에 대한 기억을 표현할 수 없다는 뜻이 결코 아니다. 다만 예배가 단순히 경직되고 딱딱한 틀로 구성되었기보다는 회중 가운데 실제로 무슨 일을 이뤄 내는지에 관한 창의적인 생각을 유발하기 위하여 간략하게 도식화하여 설명하는 것뿐이다). 말씀과 성만찬의 양식(style)의 목표는 예배의 내용과 구조가 예배 본연의 틀과 일치하도록 하는 것이다. 전통적인 예배든 현대적인 예배든 막론하고 내가 목격했던 가장 대표적인 예배 양식의 오류는 예배를 하나의 프로그램으로 구성하는 것이다. 전통적인 예배는 성경봉독과 기도, 시편찬송, 성가대 찬송, 헌금, 광고 그리고 설교와 축도와 같은 일련의 프로그램으로 구성되어 있다. 프로그램이 잘못이라는 뜻이 아니라 예배를 일련의 프로그램으로 생각하다 보니 예배를 통해서 하나님의 구원 이야기와 비전을 진술해야 한다는 사실을 소홀히 여긴다는 것이다. 또 다른 한편으로 현대적인 예배 인도자들은 대부분 예배를 30분 정도 성가대와 함께 진행하는 준비 찬송으로 시작하여 광고와 헌금 시간이 이어지고 마지막으로 설교가 뒤따르는 매력적인 연출로 생각한다. 이때 설교도 주로 제목설교가 대부분이고 몇몇 성경적인 이야기들이 동원되기는 하지만, 삼위 하나님께서 이 세상의 죄와 사망의 권세를 멸하시고 그리스도의 십자가상의 죽음과 부활로 결정적인 승리를 쟁취하셨고 영원한 왕국을 세우시기 위해서 역사 속에 다시 재림하시리라는 복음의 소식(the Good News)이 제대로 다뤄지는 경우가 드물다. 오늘날 중동 땅의 이스라엘을 바다 속으로 처넣어 버리고 서구사회의 벽을 무너뜨려 파멸로 몰아넣는 것을 최대 목표로 삼고 있는 호전적인 테러리스트들 때문에 오늘날 이 세상에 무슨 일들이 벌어지고 있는지를 생각해 보자. 너무 거창하다 싶으면 오늘날 교회의 예배 시간에 신자들로 하여금 스스로에 대해서 좋은 느낌이 들도록 만드는 치유 설교(therapeutic sermon)에 대해서나 또는 하나님이 아니라 세상의 논리를 동원한 설교에 대해서 생각해 보라.

나는 오늘날 기독교 예배를 정확하게 평가하고 또 예배 갱신의 대안을 모색하기 위해서는 예배를 그 내용과 구조 그리고 양식의 관점에서 접근하는 것이 효과적이라고 생각한다. 그런데 예배의 양식 역시 중요한 주제이긴 하지만 예배의 내용과 구조만큼 시급하지는 않을 뿐더러 예배의 내용과 구조가 나의 주된 관심사이기 때문에 예배의 양식에 대한 논의를 위해서는 그리 많은 시간을 할애하지 않을 것이다. (예배 양식과 관련하여 교회 역사 속에서 기독교 예배는 비교적 지속적인 양식을 중심으로 발전해 왔다고 말할 수 있겠지만) 동방 정교회와 로마 가톨릭 그리고 개신교 안에서 다양한 예배 양식들이 발전에 발전을 거듭해 왔다.

이제 고대 교회 예배의 사례를 통해서 그 내용과 구조가 어떻게 하나님의 이야기에 대한 기억과 예상을 담아 냈는지에 대해서 살펴보기로 하자.

2. 고대 교회의 예배

고대 교회는 시기적으로 6백 년을 아우를 만큼 긴 시대일 뿐만 아니라 이 시대 예배 역시 방대한 주제를 담고 있다. 그래서 이 시대 진행된 복잡한 예배의 발전 과정을 여기에서 다 다루기에는 지면의 한계 때문에 불가능하다. 하지만 당시 예배 속에서 하나님의 이야기에 대한 기억과 예상이 어떻게 표현되었는지를 보여줄 수 있는 몇 가지 사례들을 살펴볼 수는 있을 것이다. 그래서 2세기 중반으로 추정되는 예배에 대한 가장 초기의 견해로부터 시작하여 설교와 성만찬 예전에 관한 몇 가지 사례들을 살펴보면서 당시의 예배신학을 이해하고자 한다.

1) 예배에 대한 최초의 설명

성경 이외에 기독교 예배에 대한 최초의 설명은 순교자 저스틴(Justin Martyr)의 『제일 변증서』(*The First Apology*)에서 발견된다. 당시 기독교인들은 예배를 드리러 모여서 유아를 희생제물로 바치고 그 피를 마시고 인육을 먹는다는 잘못된 소문 때문에 고소를 당하고 박해까지 받았다. 이러한 상황을 고려하여 실제로 기독교인들이 어떤 신앙을 가지고 무엇을 믿으며 어떻게 예배를 드리고 생활하는지에 대해서 로마황제에게 설명하고 변호할 목적으로 변증서가 작성되었다. 이 변증서는 주후 150년에 작성되었는데, 초대교회 기독교인들의 신앙과 실천에 관한 깊이 있는 통찰을 제공해 주기 때문에 초대교회의 가장 중요한 문서 중의 하나로 오늘까지 그 가치를 인정받고 있다. 이 문서는 초대교회 당시의 예배 모습을 이렇게 서술하고 있다.

> 일요일(sunday)이라 칭하는 날에 도시나 시골에 사는 모든 이들이 한 장소에 함께 모입니다. 그리고 시간이 허락되는 대로 사도들의 글이나 선지자들의 글을 읽습니다. 그 다음에 낭독자가 읽기를 마치면 사회자는 강론을 통해서 그 선한 교훈들을 따라 지킬 것을 권면합니다. 그 다음에 우리는 모두 함께 일어나 기도를 올립니다. 그리고 앞에서 말한 바와 같이 우리의 기도가 끝나면 빵과 포도주와 물을 가져오고 사회자는 같은 방법으로 그의 최선을 다하여 기도와 감사를 올립니다. 그러면 회중은 아멘으로 동의합니다. 그 다음에는 감사로 성별된 빵과 음료가 모두에게 분배되고 각 사람은 이를 받아먹습니다. 참석하지 못한 이들을 위해서는 집사를 통해서 음식의

일부분을 보냅니다. 그리고 이것을 잘 행한 이들은 각자에게 적합한 말을 하고 거둬진 헌물은 사회자에게 맡겨져서 고와와 과부들을 돌보게 하고 질병이나 다른 이유로 물질이 필요한 이들을 돕습니다. 그리고 감옥에 갇힌 이들과 우리 중에 여행 중인 낯선 이들을 도우며, 간단히 말해서 궁핍한 모든 이들을 돕습니다.[1]

순교자 저스틴에 의하면 고대 교회의 예배로부터 다음 몇 가지 사실들에 주목해 볼 필요가 있다.

- 교회의 공중 예배(the public worship)는 그리스도께서 부활하신 날인 일요일(Sunday)에 드렸다. 당시에는 예배의 날 그 자체가 매우 중요한 의미를 지녔다. 히브리인들의 전통에서 예배의 날은 원래 안식일인 토요일이었다. 이날은 하나님께서 천지창조의 사역을 마치고 안식에 들어간 날이다("하나님의 지으시던 일이 일곱째 날이 이를 때에 마치니 그 지으시던 일이 다하므로 일곱째 날에 안식하시니라 하나님이 일곱째 날을 복 주사 거룩하게 하셨으니 이는 하나님이 그 창조하시며 만드시던 모든 일을 마치시고 이 날에 안식하셨음이더라", 창 2:2-3). 그래서 토요일은 안식의 날이었다. 그런데 한 주의 첫째 날에(막 16:2), 안식에 들어가셨던 하나님이 다시 천지를 새롭게 창조하셨다. 바로 이날 그리스도께서는 부활하심으로 "새로운 피조물"을 위한 새로운 길을 마련하셨다. "그런즉 누구든지 그리스도 안에 있으면 새로운 피조물이라 이전 것은 지나갔으니 보라 새것이 되었도다 모든 것이 하나님께로 났나니 저가 그리스도로 말미암아 우리를 자기와 화목하게 하시고 또 우리에게 화목하게 하는 직책을 주셨음이라"(고후 5:17-18). 이렇게 예배의 날 바로 그 자체가 예배는 하늘에 계신 하나님을 왕위로 모셔들이는 내 자신에 관한 것이 아니라 그의 죽음과 부활로 모든 만물을 하나님과 화목시키신 그리스도에 관한 것임을 보여 준다.

---

1) *The First Apology of Justin, the Martyr in Early Christian Fathers*, ed., Cyril C. Richardson (Philadelphia: Westminster Press, 1953), 67, 287.

- 초대교회의 예배의 특징은 성경을 읽고 선포하며 성만찬을 경축하는 것이었다. 다음 6장과 7장에서는 이 두 가지 요소에 대해서 좀 더 자세히 살펴볼 것이다. 이 시점에서는 다만 기독교 예배는 나 자신에 관한 것이 아니라 성경과 성만찬을 통해서 계시된 그리스도에 관한 것임을 지적하는 것으로 충분하다.
- 사회자가 "선한 것을 본받도록 교훈하고 권면하였다." 오늘날 우리는 예배에서 내 자신에 집중하는 경향이 강하다. 하지만 초대교회의 예배에서 우리는 예배가 내가 하는 어떤 것이 아니라 내 안에서 이루어진 어떤 것에 관한 것임을 알 수 있다. 말하자면, 예수 그리스도를 선포하는 예배를 통해서 신자는 예수가 내 영성의 근원임을 깨닫게 되고 그러한 깨달음 가운데 자신의 영적인 삶도 예수의 죽음과 부활을 뒤따라가는 삶의 패턴으로 재구성되도록 하는 것이 바로 예배의 본질적인 목표라는 말이다. 사도 바울도 예배의 이런 의미에 대해서 고린도교회 신자들에게 다음과 같이 권면하고 있다. "그리스도의 사랑이 우리를 강권하시는도다 우리가 생각건대 한 사람이 모든 사람을 대신하여 죽었은즉 모든 사람이 죽은 것이라 저가 모든 사람을 대신하여 죽으심은 산 자들로 하여금 다시는 저희 자신을 위하여 살지 않고 오직 저희를 대신하여 죽었다가 다시 사신 자를 위하여 살게 하려 함이니라"(고후 5:14-15). 거듭 강조하듯이 예배의 목적은 "하나님께 드리는 예배의 원천으로서 나"를 강조하는 것이 아니라, 세상을 하나님의 주권 아래 복종시키는 거룩한 예배를 예수께서 먼저 이행하셨음을 확인하는 데 있다. 그리스도와 연합한 내가 하나님께 드리는 예배는 나를 강조하는 것이 아니라 순교자 저스틴도 언급했듯이(말씀과 성만찬을 통해서 밝히 천명된 예수의 본을 따라) "선한 것들을 본받도록" 하는 것이다. 기독교 예배는 내가 실행할 수 없는 것을 나를 위하여 그리스도께서 먼저 실행하셨음을 선포하며 그의 죽음과 부활의 패턴을 따라 살아가도록 내 입술로 하나님께 영광송을 드리도록 유도함으로써 결국 신자의 영적인 삶에 자양분을

공급해 준다.
- 회중은 기도한다.
- 빵과 음료를 앞에 놓고 기도하며 감사한 다음에 성찬에 참여한 사람들에게 나누어 주었다. 여기에서 주목할 점은 사회자가 "그의 능력대로" 힘을 다하여 성만찬 기도를 인도했다는 점이다. 하지만 차후에 (이번 장의 뒷부분에서) 살펴볼 히폴리투스의 기도문에서도 그러하듯이 오늘날의 성만찬 기도문은 다소 정형화되어 있다.
- 성만찬에 참여하지 못한 사람들을 위해서 빵과 음료를 남겨 보냈다.
- 헌금을 거둬서 고아와 과부, 환자들, 감옥에 갇힌 자들, 이방인 그리고 물질의 궁핍에 처한 자들에게 나누어 주었다.

저스틴은 예배신학에 관한 해설서를 남기지는 않았다. 하지만 예배에 관한 그의 기록으로부터 우리가 얻어낼 수 있는 중요한 유산은 예배의 구조(structure of worship)이다. 당시 예배의 말씀과 성만찬 예전은 성경의 계시와 그리스도의 구속 사건을 그대로 따랐다. 넓은 맥락에서 보자면, 먼저 예배 속에서의 성경의 계시의 핵심은 역사 속에서의 하나님의 구원사역에 대한 문자적 및 언어적인 진술로 표현된다. 그것이 바로 말씀 예전이다. 반면에 성육신과 죽음, 부활, 승천, 영원한 중보사역 그리고 모든 피조물의 회복과 통치를 위한 재림으로 이어지는 일련의 그리스도의 구속 사건은 이 세상과 하나님의 미래를 예상하도록 하는 일련의 상징들로 예배 속에서 표현된다. 그래서 말씀 예전과 성만찬 예전의 어느 하나만으로는 하나님의 전체 이야기를 온전히 표현할 수 없다는 사실을 솔직히 인정해야 한다.

2) 고대 교회의 예배신학

고대 교회의 예배에 관한 다양한 사례들을 좀 더 살펴보기 전에, 당시의 지배적인 관심사와 그 시대의 중요한 신학을 먼저 이해해야 한다. 고대 교회는 모든 의제들을 신약시대로 되돌려 놓으려는 이단이었던 영지주의와 심각한 투쟁에 직면해 있었다. 앞에서 나는 영지주의자들은 구약성경과 하나님의 천지창조를 거부하며 그리스도께서 육신으로 나셨다는 진리를 받아들이기를 거부하며 물과 빵, 포도주와 같은 성례전적인 상징물도 배척했음을 살펴보았다. 그들이 보기에 신자가 영적인 존재가 되기 위해서는 눈에 보이는 이 땅의 물질적인 요소들을 모두 배격해야 한다. 이들은 또 성육신(the incarnation)을 실제 물리적이고 신체적인 현상으로 간주하지 않았다. 이들이 이해하는 성육신은 하나님의 영이 사람들에게 나타나 자신들의 영혼을 감옥에 가둔 육신과 세상의 경험으로부터 벗어나서 구원에 도달해야 한다는 신비한 비밀의 지식을 사람들에게 알려 주는 영적인 감화력이라는 것이다.

정통 기독교인들(Orthodox Christians)과 영지주의자들은 "사도들이 실제로 무엇을 가르쳤는가?"하는 질문의 해답에 대한 입장 차이로 서로 대립하였다. 영지주의자들은 자신들의 신앙은 사도들이 후대에 가르쳐준 비밀의 전통으로부터 직접 전수받은 것이며 사도들 이후에는 몇몇의 특별한 엘리트들에게 은밀히 전수되었다고 주장했다. 하지만 정통 기독교인들은 기독교의 신앙은 일부의 사람들만 이해할 수 있는 어떤 비밀이 아니라 깨닫기를 원하는 자는 누구든지 알 수 있도록 완전히 공개된 것이라고 주장했다. 또 정통 기독교인들은 사도들이 가르쳐준 교리는 사도들로부터 그의 후계자들에게로 전승되었고 교회가 믿는 것은 사도들의 교훈에 근거한 것으로 모두 신뢰할 만한 것이라고 주장했다(이것이 바로 사도적 전통과 사도적 계승의 기원이며, "전능하사 천지를 만드신 하나님 아버지를 내가 믿사오며"로 시작되는 사도신경의 올바른 설명이기도 하다). 2세기 말엽 영지주의자들의 이단적인 사상을 무너뜨린 정통 기독교 교회는 구약성경의 하나님과 신약성경의 하나님이 진정으로 참된 한 분 하나님이심을 확정하였다. 또 천지창조는 선하고 피조물을 자신의 발 아래 복종시키기 위하여 하나님이 피조물에게 관여하시며, 심지어 인간의 몸으로 성육하기까지 하셨다. 구원은 오직 영혼만이 누릴 수 있는 혜택이 아니라 하나님에게서 창조된 모든 피조물에게 적용된다는 교회의 합의점에 도달하였다. 하나님이 이 세상의 모습을 완전히 새롭게 회복하셨다는 것이다.

영지주의자들의 주장을 반박하면서 정통 기독교 신앙이 사도들의 전통에 근거하고 있음을 논증했던 2세기의 가장 대표적인 신학자들 중에는 이레니우스와 터툴리안이 있다. 이들의 사도적인 신학이 어떻게 고대 교회의 예배에 영향을 주었는지를 이해하기 위하여 잠시 후 이레니우스의 『이단논박』(*Against Heresies*, 주후 180년)의 일부분을 살펴볼 예정이지만, 만일 독자 여러분이 시간이 있다면 그의 작품을 특히 4권만이라도 직접 읽어볼 것을 권한다.

먼저 이레니우스는 영지주의자들과의 논쟁에서 다음과 같은 구절들이나 혹은 그와 비슷한 언급들을 여러 번 반복하였다. "오늘날 교회가 전 문명 세계에 퍼져 땅 끝까지 흩어져 있지만, 한 하나님에 대한 교회의 신앙을 사도들과 그의 제자들로부터 물려받았다."[2] 이런 독특한 도입부의 설명은 당시 기독교 신앙을 요약한 신앙고백에 관한 진술문인 "신앙의 표준"(the rule of faith)에서 찾아볼 수 있다. 또 주목할 점 한 가지는 장차 이 세상에 임할 하나님 나라의 도래에 대한 예상을 보여 주는 강력한 증거로서 역사의 마지막에 모든 육체가 다시 회복될 것이라는 전망이 이 고백문에 포함되어 있다는 사실이다. 이 고백서에서 교회는 "모든 만물을 회복하며 모든 육체를 일으켜 세우기 위하여 성부 하나님의 영광 가운데 하늘로부터 그리스도께서 다시 재림하실 것을 믿노라"고 천명하고 있다.[3]

이레니우스는 자신의 여러 저서에서 하나님께서 궁극적으로 온 세상의 모든 피조물들을 구원하신다는 사실을 주장하며 납득시키는 데 성육신신학(incarnational theology)을 반복적으로 동원하고 있다. 성육신 사건에서 하나님께서 이 세상에 내려오셔서 인간과 하나가 되심으로 말미암아 인간도 하늘로 올려져 그와 하나가 될 수 있게 되었다. 이 심오한 성육신의 주제는

---

2) Irenaeus, *Against Heresies*, book III, 12 in ibid., 360.
3) Ibid.

"이 땅의 예배"(earthed worship)를 위하여 풍부한 함축적인 의미를 담고 있다. "이 땅의 예배"라는 표현은 고대 교회의 예배는 결코 이 세상으로부터 도피하지 않았음을 강조하기 위함이다. 기독교 예배는 이 세상의 모든 피조물들이 하나님에게 구원받았음을 선포하기 위하여-물과 기름, 빵, 포도주, 움직임 그리고 상징과 같은-자연의 재료들을 활용한다. 이레니우스의 저서에 담긴 아래의 내용은 성육신이 고대 교회의 예배와 신학 안에서 얼마나 중요한 비중을 차지하고 있었는지를 잘 보여 준다.

> 주님이 자신의 보혈로 우리를 구원하시고, 우리 영혼을 위하여 그의 영혼을 허락해 주시고 우리 몸을 위하여 그의 육신을 내어 주셨고, 하나님과 사람의 연합과 친교를 이루고자 아버지의 성령을 부어 주셨고-그 성령(의 능력)으로 하나님을 사람 가운데 태어나게 하시고 그의 성육신으로 사람을 다시금 하나님께로 인도하시고-우리에게 찾아오사 죄인인 우리를 정결케 하시며 하나님과 친교를 이루게 하심으로 이단의 모든 가르침들을 무너뜨리셨습니다. 그러므로 주의 나타나심이 만들어낸 이야기에 불과하다고 말하는 자들은 헛되도다. 이와 같은 일은 가짜로 일어난 일이 아니라 참으로 일어났습니다.[4]

이어서 이레니우스는 같은 단락에서 한 걸음 더 나아가 총괄갱신의 신학(the theology of recapitulation)을 발전시키고 있다. 이 총괄갱신의 신학은 이 땅에 죄와 사망과 저주를 초래한 첫째 아담과 공의와 생명 그리고 칭의를 가져온 둘째 아담 사이를 극명하게 대조했던 사도들에 의하여 먼저 발전된 신학이다(롬 5:12-21; 고전 15장).

> 주께서 이 세상에 현현하신 것은 실제가 아니라 그렇게 보이는 허상에 불과하다고 말하는 것은 주께서 마리아의 육신으로부터 아무것도 취하지

---

4) Ibid., book IV, 2, 386.

않았다고 말하는 것과 같다. 주께서 창조 때 아담을 만드셨던 일을 실제로 반복하지 않으셨더라면, [우리 구원을 위한] 대가를 지불할 실제 살과 피를 가지실 필요도 없었을 것이다. 그러므로 이런 헛된 가르침으로 육신의 [새] 생명을 거부하고 주께서 하신 일을 경멸하는 발렌티니안들(영지주의자들, Valentinians)은 헛되도다.[5]

하나님의 성령께서 이루신 총괄갱신(the recapitulation)은 예수께서 죄와 사망과 사단의 권세를 무너뜨리고 승리를 거두신 그의 죽음과 부활로 성취되었다. 그의 육신으로 이루신 이 승리 안에서 주께서는 전에 만드신 모든 피조계의 질서를 올바로 회복시키셨다.

그래서 겟세마네동산은 이전에 에덴동산에서 일어났던 일을 역전시켰고 이제 하나님은 그가 다시 회복한 낙원에서 영원토록 통치하실 것이다. 그리고 회복하신 세상에 친히 임재하시며 그의 영광이 이 세상 끝까지 비추리라.

그러므로 그분은 모든 것을 그 안에서 새롭게 갱신하셨습니다. 우리 원수와의 싸움을 직접 떠맡으신 주께서는 태초에 아담 안에서 우리를 붙잡았던 사단을 다시금 사로잡아 그의 머리를 짓밟아 버리셨습니다. 이는 창세기에서 주께서 그 뱀에게 말씀하신 대로입니다. "내가 너로 여자와 원수가 되게 하고 너의 후손도 여자의 후손과 원수가 되게 하리니 여자의 후손은 네 머리를 상하게 할 것이요 너는 그의 발꿈치를 상하게 할 것이니라." 그때부터 아담의 형상을 따라 처녀의 몸에서 태어날 자가 뱀의 머리를 상하게 할 것이 선포되었습니다. 이분이 바로 사도 바울이 갈라디아서에서 말한 그 씨입니다. "그런즉 율법은 그 씨가 주께서 약속하신 자들에게 오기까지 있을 것이라." 사도는 같은 서신서에서 이렇게 말하면서 이 점을 더욱 분명하게 보여 줍니다. "때가 차매 하나님이 그 아들을 보내사 여자에게서 나게 하시고." 여자에게서 난 아들이 나타나지 않았더라면 원수는 결코 정복되지 않았을 것입니다. 왜냐하면 태초부터

---

5) Ibid.

마귀는 여자를 통해서 남자를 자기 아래 복종시키고 그와 대항하는 자리에 섰기 때문입니다. 이 때문에 주께서도 자신을 남자의 아들로 선언하시고 여자에게서 시작된 그 시초의 사람을 그분 안에서 갱신하셨습니다. 그렇게 함으로서 우리 인생은 정복당한 남자로 말미암아 죽음에 이르게 되었음과 마찬가지로 죽음을 이기신 남자로 말미암아 다시금 생명으로 오를 수 있게 되었습니다. 그리고 그 아담으로 말미암아 사망이 우리 위에 승리를 거둘 수 있었던 것처럼 다시 그 남자로 말미암아 우리는 죽음에 대하여 승리를 거둘 수 있게 되었습니다.[6]

여기에서 고대 교회의 신학을 소개하는 이유는 당시 고대 교회의 예배는 이러한 신학을 그대로 실행했음을 보여 주려는 것이다. 당시 예배는 나의 이야기가 아니라 하나님의 이야기를 노래하고 선포하며 구현하였다. 그래서 예나 지금이나 예배의 주된 초점은 내가 아니라, 예배 참가자가 아니라, 세상을 구원하신 하나님이어야 한다. 이렇게 예배는 하나님의 이야기를 실행하며(Worship does God's story), 예배의 주체이신 하나님께서는 예배를 통하여 자신의 이야기를 반복하신다. 또 하나님은 예배를 통해서 그의 이야기 속에서 우리를 감동하사 우리가 입술을 열어 그를 찬양하며 거룩한 삶을 살아가도록 이끄신다.

3. 기억과 예상에 대한 고대 교회의 사례들

고대 교회가 예배를 통해서 하나님의 이야기를 기억하고 예상했던 여러 사례들을 찾아볼 수 있다. 말씀의 예전과 성만찬의 예전 속에서 이 두 주제가 어떻게 표현되고 있는지를 보여 주는 탁월한 사례들을 살펴보자.

---

6) Ibid., book IV, 12, 389-90.

1) 고대 교회의 말씀 예전에 나타난 기억의 사례

하나님의 이야기에 대한 기억을 강조했던 최초의 설교가 신약성경 밖에서도 발견된다. 이에 관한 최초의 설교는 사르디스의 멜리토(Melito of Sardis)가 주후 195년경에 부활절 전야예배(Easter Vigil)에서 전했던 설교이다. 당시 부활절 전야예배에서는 먼저 출애굽에 관한 성경본문을 읽고, 이어서 설교 메시지가 전해지고, 새로운 출애굽 사건인 부활 사건을 경축했다. 당시 설교의 전체 내용은 유월절 사건(the Passover event)과 그리스도 사건의 유비에 기초했으며 주로 다음과 같은 내용으로 시작됐다.

> 구약의 출애굽기 본문이 읽혀졌고,
> 신비의 말씀이 선포됐습니다.
> 어린양이 어떻게 희생됐으며,
> 그 백성들이 어떻게 구원받았고,
> 또 바로는 어떻게 그 신비 가운데 징계를 받았는지를 선포했습니다.[7]

설교의 초반부 주제는 주로 이스라엘을 향한 하나님의 사랑으로부터 시작하여, 바로의 압제로부터 이스라엘을 해방시키고 홍해를 건너게 하신 후 이스라엘을 친히 자기 백성으로 구원하신 하나님의 역사에 관한 것이다. 이렇게 이스라엘을 향한 하나님의 섭리를 진술한 다음에 멜리토는 이스라엘을 향한 하나님의 구원 활동이 어떻게 그리스도 안에서 발견되는 하나님의 구원을 예표하는지를 설명한다.

> 이렇게 잠정적인 사례에서 그러하듯이
> 영원한 구원 역시 그러합니다.
> 또 지상에서 일어난 일이 그러하듯이

---

[7] Melito of Sardis, *On Pascha*, trans. Alistair Stewart-Sykes (Crestwood, NY: St. Vladimir's Seminary Press, 2001), 37.

천상의 일 역시 그러합니다.
이렇게 주님의 구원과 그분의 진리가 이 사람들을 통해서 예표로
나타났으며
복음의 말씀이 미리 율법을 통해서 선포되었습니다.

그래서 이 사람들은 마치 예비적인 밑그림처럼 미리 보여 주는 모형이었으며
율법은 비유를 담은 말씀이었습니다.
복음은 그 율법에 대한 진술이자 성취이며
교회는 그분의 진리의 보고입니다.[8]

이 시점에서 멜리토의 설교는 내용상의 변화가 일어난다. 그는 이어서 에덴동산과 인류의 타락 그리고 이후 족장들의 역사 속에서 진행되는 하나님의 개입, 이스라엘을 통해서 예표로 드러나는 미래 구원의 유형에 대한 준비를 다룬다. "여러분은 예표에 대한 이야기와 그 상응관계에 대해서 들었습니다. 이제 그 신비가 어떻게 확증되는지를 말씀드리겠습니다."[9]

신비는 성경 전체의 내러티브를 통해서 멜리토가 적절히 압축해 내는 중요한 주제이다. 그는 이렇게 시작한다. "태초에 하나님이 에덴동산을 만드시고 남자와 여자를 그곳에 살게 하셨습니다. 하지만 그들은 하나님께 불순종했고 그래서 이들은 세상으로 내쫓겼습니다. 이곳은 사람들 사이에 수많은 괴상하고 끔찍하며 방탕한 일들이 일어나는 곳입니다." 그래서 "주님은 구약의 족장들을 통해서 그리고 선지자들과 모든 이스라엘 역사 속에서 자신이 직접 희생의 고통을 감당할 준비를 하셨습니다."[10] 이렇게 모형의 비전을 통해서 미리 예표로 드러난 주님의 신비가 오늘날 드디어 성취되었고 신앙의 신비로 나타났습니다.

이어서 멜리토는 모세와 다윗, 예레미야 그리고 이사야 선지자들의 예언

---

8) Ibid., 37.
9) Ibid., 48.
10) Ibid., 52.

으로 초점을 이동한다. 그리고 그는 이렇게 결론을 내린다. "수많은 선지자들이 이 놀라운 파스카의 신비에 관한 여러 진리들을 선포하였습니다. 파스카의 신비이신 그리스도께 영광이 영원토록 있을지어다. 아멘."[11]

이어서 멜리토는 성육신의 주제로 이동한다. 그분은 "사람들의 육신을 그 고통으로부터 해방시키기 위해서 오셨습니다." 그리고 그분은 "살인자의 죽음을 죽이셨고, 마귀의 노예로부터 우리를 해방시키셨습니다. 그는 우리를 비천한 노예로부터 구원하사 자유를 주셨고 어둠 속에서 빛으로, 사망에서 생명으로 옮기셨습니다."

> 이분이 바로 도살당한 어린양입니다.
> 이분이 바로 침묵한 어린양입니다.
> 이분이 바로 흠이 없이 마리아에게서 나신 이입니다.
> 이분이 바로 무리 중에서 택함을 받아 도살을 당했습니다.
> 그날 저녁에 희생되시고 밤에 묻히셨습니다.
> 그는 나무 위에서 꺾이지 않으셨고
> 이 땅 속에 그대로 머무르지 않고
> 죽은 자들 가운데 다시 일어나사 무덤 아래 인류를 부활시키셨습니다.[12]

설교가 마지막으로 치닫으면서 멜리토는 역사의 처음부터 마지막 순간까지 모든 것들을 함께 묶어서 예수 그리스도가 바로 이 우주의 중심임을 보여 주며, 모든 역사와 장차 오는 세상이 오직 그를 통해서만 해석된다는 것을 보여 준다.

> 그는 바로 하늘과 땅을 창조하시고
> 태초에 인간을 창조하셨습니다.
> 그분은 오래 전 율법과 선지자들을 통해서 선포되었고,

---

11) Ibid., 54.
12) Ibid., 56.

동정녀에게서 몸을 입어 태어나셨고,
나무에 달려 죽으시고,
이 땅 무덤에 묻히셨습니다.
그리고 죽은 자들 가운데 다시 부활하사
하늘 높은 곳으로 승천하셨고
성부 하나님 우편에 좌정하시며
모든 만물을 구원할 권능의 자리에 계십니다.
그를 통하여 성부께서는 태초부터 영원토록 일하십니다.[13]

멜리토의 설교 『파스카에 관하여』(On Pascha)를 번역하여 소개한 번역자는 이 책에 자신의 서론을 덧붙였다. 그 서론의 마지막 논평은 우리에게도 매우 교훈적인 내용을 담고 있다. 그 이유는 번역자는 멜리토의 설교에서 하나님의 이야기에 대한 기억과 예상이란 주제가 깔려 있음에 주목하고 있기 때문이다.

> 멜리토의 『파스카에 관하여』는 예배문서나 마찬가지이다. 특히 과거를 현재 사실로 만들고 과거의 축복에서 미래의 희망을 이끌어 내는 원동력의 한 가지로 기억을 이해하는 유대인들의 관점에서 볼 때, 멜리토와 그의 설교를 들었던 회중들에게 하나님의 이야기를 기억하고 예상하는 예전은, 예수 그리스도 안에 나타난 하나님의 영광과 부활의 승리, 수난의 고통 그리고 성경을 통해서 선포된 하나님의 신비와 이제로부터 영원까지 이어지는 구원의 경험 모두가 생명력을 얻고 하나로 결합되는 결정적인 지점이다.[14]

분명 성경읽기와 설교의 초점이 하나님의 전능하신 구원 행위에 대한 기억과 마지막 모든 악에 대한 하나님의 최종 승리에 대한 예상에 집중되고 있다. 하나님의 과거 구원 행위는 하나님의 미래를 예상한다. 이 점을 우리

---

13) Ibid., 66.
14) Ibid., 34-37.

는 멜리토의 예배와 설교에서 분명히 확인할 수 있다. 멜리토에게 기독교 예배는 하나님의 이야기를 실행하는 것이다.

2) 고대 교회의 성찬 예전에 나타난 예상의 사례

고대 교회의 예전 속에 담긴 하나님의 구원 이야기에 대한 기억과 예상을 이해하기 위하여 나는 초대교회 당시 이른 시기의 성찬 기도문을 살펴볼 것이다. 대략 주후 215년 로마의 히폴리투스가 작성한 이 기도문은 성만찬 기도문의 전형적인 구조와 내용을 담고 있다. 오늘날 이 기도문의 변형된 형태는 여럿이 있지만, 다수의 예배학자들은 『사도전승』(*On the Apostolic Tradition*)이 주후 3세기와 그 이후 동방 교회와 서방교회 모두가 예배에서 활용했던 기도문의 원전(原典, sourcebook)일 것으로 추정하고 있다.[15]

하지만 히폴리투스에 따르면 기도문의 정수는 초대교회 순교자 저스틴(Justin Martyr, 주후 150년)에게로 거슬러 올라간다고 한다. 히폴리투스는 예전에 소년이었을 때 그가 들었던 기도의 내용을 지금 기록으로 적고 있음을 밝히고 있다. 그래서 앞에서 언급한 바와 같이 순교자 저스틴의 가르침에 따르면, 사회자는 "자기 능력에 따라" 하나님께 기도와 감사를 드리라고 한다. 그래서 이 구절에 따르면 예배 중의 기도문이 발전하던 매우 이른 시기에 기도는 별도의 정해진 형식보다는 매우 즉흥적으로 진행되었음을 알 수 있다. 한편 히폴리투스는 예배를 인도하는 목회자들에게 지침을 제공할 목적으로 전에 들었던 기도를 기록하고 있음을 밝히고 있다. 기도가 항상 같은 말로 되풀이되어야 한다는 의도를 담아서 기도문을 기록으로 남긴 것은 아니었다. 하지만 기록을 남긴 그의 의도는 기도의 기본적인 구조와 여기에 담긴 진리가 한 세대를 넘어 다른 세대 목회자들에게로 전수되면서 그대로 보존되는 것이었다. 성만찬 기도문이 기독교의 다양한 예배 예식의 중심으

---

15) Hippolytus, *On the Apostolic Tradition*, intro. Alistair Stewart-Sykes (Crestwood, NY: St. Vladimir's Seminary Press).

로 정착된 것은 훨씬 후의 일이다. 다음은 히폴리투스가 남긴 기도문과 아울러 그 옆에 내 설명을 덧붙인 것이다.

히폴리투스의 기도문

순서	내용	설명
주님과 함께	주께서 여러분과 함께 이어서 모두가 응답한다. 또한 당신의 영과 함께 하소서.	
마음을 드높이	여러분의 마음을 높이 드십시오. 우리가 주께로 마음을 드나이다. 이것이 참으로 당연하고 옳은 일입니다.	예배가 천국 속의 하나님 보좌 앞으로 이끌려 올라간다.
예비기원	오 하나님, 당신의 사랑하는 종 예수 그리스도를 통하여 당신께 감사드립니다. 당신은 마지막 때에 이 예수 그리스도를 구세주와 구원자 그리고 당신의 뜻을 전하는 사자로서 우리들에게 보내 주셨습니다.	감사기도의 서문은 하나님에 대한 일종의 선언이다.
삼성송	[히폴리투스의 기도문에서는 나타나지 않음]	삼성송을 통해 교회는 하나님을 찬양하는 천군 천사들과 천상에서 만난다.
감사의 기도	그는 당신의 나눌 수 없는 말씀이며, 당신은 그로 인하여 모든 것을 만드셨고, 그로 인하여 기뻐하셨습니다. 당신은 그 성자를 하늘로부터 처녀의 태중에 보내시어 수태케 하시고, 육체가 되게 하셨으며, 성령과 처녀에게서 탄생케 하심으로써 당신의 아들임을 나타내셨습니다. 그분은 당신의 뜻을 성취하시고, 당신을 위하여 고난 중에서 양손을 뻗어 한 거룩한 백성을 예비하셨고, 당신을 믿었던 사람들을 그 고난 중에서 해방시켜 주셨습니다. 그는 또한 죽음을 멸하고, 악마의 사슬을 끊어 버리고, 지옥을 박멸하고, 의인들을 가르치시며, 언약을 세워 부활을 나타내시려, 자발적인 고난에로 배반을 받았을 때에…	감사의 기도는 역사 속에서의 하나님의 전능하신 행위에 대한 회상을 담고 있으며, 특히 예수 그리스도 안에서의 하나님의 구원 행위에 집중되고 있다. 또한 이 기도문은 창조와 그리스도의 성육신, 죽음, 부활, 악의 파멸과 교회의 설립과 같은 교리적인 속성을 담고 있음에 주목할 필요가 있다.

순서	내용	설명
제정사	주님은 떡을 들어 당신께 감사하며 말씀하셨습니다. "받아 먹어라. 이는 너희를 위하여 쪼개진 내 몸이니라." 또한 같은 모양으로 잔을 드시고, "이는 너희를 위하여 흘리는 내 피이니, 너희가 이를 행할 때에 나를 기념하라"고 말씀하셨습니다.	예수의 말씀을 그대로 반복하는 것이 성만찬 예전의 핵심이다.
아남네시스	따라서 우리는 이 성자의 죽음과 부활을 생각하고 당신 앞에 서서 당신의 봉사자가 되기를 허락해 주신 일에 감사드리며 빵과 잔을 바칩니다.	아남네시스(anamnesis)라는 단어는 회상(recall)을 의미하는데 단순히 지적인 기억이 아니라 교회의 머리 되신 그리스도를 그의 몸 된 교회가 함께 기억하는 거룩한 행위이다.
봉헌		이 봉헌 순서는 교회의 찬양을 하나님께 올려 드리는 섬김의 시간이다.
에피클레시스	우리는 주께서 당신의 성령을 거룩한 교회의 봉헌물 위에 보내셔서, 교회를 하나로 모으시고 당신의 거룩한 신비에 참여하는 모든 이들이 성령으로 충만하여 하나되게 하시며, 진리 안에서 믿음이 굳세어지기를 위하여 간구하나이다.	성찬에 참여하는 이들이 성령의 역사로 말미암아 진리 안에서 믿음의 확신을 가질 수 있도록 성령께 간구한다.
폐회 영광송	또한 당신의 독생자 예수 그리스도를 통하여 성부와 성자 그리고 성령과 함께, 당신의 거룩한 교회 안에서 이제로부터 영원까지 영광과 찬송을 올려드리나이다. 아멘.[16]	기도는 삼위 하나님에 대한 영광송으로 끝난다.

히폴리투스의 기도문에서는 첫째로 그 구조에 주목해볼 필요가 있다. 이 기도의 기본 구조는 삼위 하나님을 중심으로 진행된다. 하지만 그 삼위 하나님이 그저 먼 하늘 위에 앉아서 성부, 성자, 성령으로 이름 불리는 하나님

---

[16] R. C. D. Jasper and G. J. Cuming, eds. *Prayers of the Eucharist; Early and Reformed*, 3rd ed (Collegville, MN: Liturgical Press, 1990), 34-35.

처럼 하나의 추상적인 개념으로 나열되는 것이 아니다. 그보다는 이 기도문에 등장하는 하나님은 천국에 거하시지만 이 세상에서도 활동하시며 죄와 사망의 권세를 무너뜨리고 이 세상을 자신에게로 되찾아 회복시키시는 분으로 표현되고 있다.

둘째로 주목할 부분은 이 기도문의 세 가지 주요 부분에 담긴 기도 내용이다. 이 기도는 천상의 자리에서 드리는 예비 기원(a preface prayer)과 삼성송(the Sanctus, 히폴리투스의 기도문에는 없지만 3세기에 등장하는 거의 모든 기도문에 실려 있다)으로 시작된다. (고대 교회의 예배서였던) 요한계시록을 펼쳐든 고대 교회의 초기 교부들은 성만찬 기도를 통해서 지상 교회가 천국으로 이끌려 올라가서 그곳에서 천군 천사들과 하늘의 모든 거룩한 존재들과 함께 하나님께 감사의 찬송을 부른다고 믿었다.

그래서 이 기도문은 그 다음에 교회가 왜 하나님을 찬양해야 하는지에 대한 이유를 진술하는 단계로 이동한다. 감사의 기도 부분에서 우리는 하나님의 이야기에 대한 기억과 예상이 서로 결합되는 것을 알 수 있다. 우리에게는 이 기도문이 다소 신비롭게 여겨진다. 하지만 이 부분에서 기도자는 하나님의 창조와 성육신 그리고 재창조를 서로 결합시키려고 한다. 그 기도의 초점은 승리자 그리스도(Christus Victor), 즉 그리스도께서 죽음을 멸하고 악마의 사슬을 끊어 버리고 지옥을 박멸하여 성취하신 구원에 모아진다. 예수께서는 성부 하나님의 사명을 달성하셨기 때문에 이제 "천국의 창문을 여시고"(예배에서 자주 등장하는 표현) 피조된 온 세상 전체를 회복시키셨다. 이렇게 그리스도의 구원 역사를 종합한 기도문은 이어서 성만찬 제장사로 끝난다.

위의 기도문에서 마지막으로 주목할 점은 기도의 초점이 성령 하나님에게로 이동한다는 점이다. 이 기도는 성령 하나님께서 자신의 사역을 실행하실 것을 간청한다. 말하자면 하나님께서 교회에 성령을 보내셔서 교회를 하나 되게 해 달라는 것이다. 그리고 빵과 포도주를 성별하셔서 이 봉헌물을 받는 모든 이들이 빵과 음료가 증거하는 진리에 대한 확신에 이를 수 있도록 성령 하나님께 간구한다. 이와 같이 고대 교회의 예배에 담긴 핵심적인 구조와 내용으로부터 우리는 당시 예배가 하나님의 구원 이야기에 대한 기억과 예상에 집중했음을 알 수 있다. 이 두 주제는 구약시대 유대인들의 예배 속에 깊게 뿌리내리고 있으며 이후 신약시대 교회의 예배에서도 지속되고 있다. 여기에 바로 성경적인 예배의 핵심이 자리하고 있다. 그렇다면 오늘날 우리는 어떻게 예배를 드려야 할까?

4. 기억과 예상을 고대-미래의 예배에 적용하기

지금까지 나는 기독교 예배가 무엇보다도 하나님의 구원 이야기나 비전을 실행해야 한다는 점을 강조해 왔다. 이 점을 다음과 같이 달리 표현할 수도 있다. 기독교 예배는 진리를 실행한다(do).

고대 교회는 예배가 진리를 실행한다는 사실을 "기도의 법이 곧 신앙의 법이다"(lex orandi; lex credendi; est)라는 경구에 담았다. 이 문장을 엄격하게 번역하자면, "기도의 법칙은 신앙의 법칙이다"(The rule of prayer is the rule of faith)라는 뜻이다. 이 라틴어 경구가 말하고자 하는 의미를 전하는 또 다른 방법이 있다. 이 구절은 "당신이 어떻게 예배드리는지를 나에게 보여 주면, 나는 당신이 무엇을 믿는지를 당신에게 말해 주겠다"는 뜻으로도 풀어 설명할 수 있다. 우리의 예배 방식이 우리의 신앙을 형성한다면, 당연히 우리의 예배 방식에 대해서 많은 관심을 기울여야 한다. 만일 예배가 당대 문화의 영향을 받는다면, 그 예배는 문화의 조류에 휩쓸린 신앙을 산출할 것이다. 또 예배가 만일 자기중심주의(또는 자기애[自己愛], narcissism)를 쫓아간다면, 그런 예배로 말미암아 내 자신만을 지향하는 소비자 신앙(또는 소비자의 만족만을 추구하는 신앙, me-oriented consumer faith)이 만들어질 것이다. 그렇다면 현대 예배를 억압하는 문화의 사슬을 풀어 버리고 예배가 그 본연의 하나님의 구원 이야기에 집중하도록 해서 우리 모두가 그리스도의 형상을 닮아가도록 하려면 어떻게 해야 할까? 이 질문에 대해서 나는 고대 교회 예배로부터 배울 수 있는 두 가지 해법의 실마리를 이미 언급하였다. 그 첫째 실마리가 예배의 순서를 올바로 회복하는 것이고 둘째는 예배의 내용을 올바로 회복하는 것이다.

1) 고대 교회 예배의 순서를 회복하기

첫째로, 예배의 순서 그 자체는 예배가 예수에 관한 진리를 표현하는 방식과 매우 밀접한 관련을 맺고 있다. 그래서 나는 내가 만나는 모든 목회자나 음악 목사 그리고 예배 인도자들에게 현재 관여하고 있는 예배의 순서를 면밀히 살펴보라고 충고한다. "당신이 관여하는 예배의 순서가 실제로 소통하고 있는 것은 무엇인가? 그 예배는 우리의 신앙을 어떻게 소통하며 영적인 삶을 어떻게 형성하고 있는가?"

만일 당신이 관여하는 예배의 구조가 청중을 위한 "어떤 프로그램"을 추구하고 있다면, 그 프로그램(program)과 청중(audience)이라는 단어가 당신의 예배에 대해서 말해 주는 것이 과연 무엇인가? 이런 단어가 말하는 것은 예배란 발표(presentation)에 불과하다는 것이다. 예배에 대한 이러한 관점의 전환은 소통의 중심이 인쇄물에서 방송으로 바뀌면서 일어났다. 텔레비전이 1940년대와 50년대에 중요한 문화 코드로 등장했지만, 60년대부터는 매체 혁명이 세속 문화뿐만 아니라 기독교 예배에도 상당한 영향을 주기 시작했다. 이후 70년대와 80년대에 들어서서는 청중을 끌 수 있는 매력적인 프로그램 기획(program design)이 문화 전반을 지배하는 하나의 과학으로 자리잡았다. 그러자 자연히 기독교 예배 역시 이러한 문화적인 변곡선을 그대로 따르기 시작했고, 예배 인도자는 프로그램 기획자(program designer)가 되었다. 그 결과 일부 예배 인도자들은 예배에서 기술적인 프로그램에 치중하다 보니 그 예배의 내용을 무시하기도 했다. 예전에 나는 예배순서가 1분도 틀림없을 정도로 치밀하게 기획된 컨퍼런스에서 강연한 적이 있었다. 그 프로그램 진행자는 어느 시점까지 나를 가만히 앉혀 놓고 예배 전체의 "행사" (event, 이제는 모임[gathering]이라고 불린다)를 미리 예행연습을 했다. 그는 이 프로그램 전체 순서의 대본을 우리에게 이런 식으로 읽어 주었다.

> 우리는 정확히 10시 정각에 찬송으로 시작해서 10시 18분까지 찬송을 합니다. 그 다음 10시 18분부터 10시 20분까지는 기도와 환영의 시간을 갖습니다. 이어서 광고는 10시 20분부터 24분까지 4분간 진행됩니다. 그 다음에 곧바로 30분까지 두번째 찬송 시간을 갖습니다. 10시 30분부터 10시 38분까지 스킷 드라마 공연이 있습니다. 스킷이 끝나자마자 박사님께서 10시 38분부터 11시 23분까지 말씀을 전해 주시기 바랍니다. 23분에 설교가 끝나면 셋째 찬송을 시작해서 11시 29분까지 진행됩니다. 그 다음 11시 29분에 폐회기도를 시작해서 11시 30분 정각에 끝납니다. 아시겠죠?
>
> 예…
>
> 이것이 바로 오늘의 프로그램입니다. 예배에 주께서 은혜를 베풀어주시기를 위하여 잠깐 기도합시다.

실은 위의 사례는 "예배의 순서를 정확하게 기획하는 것"이 어떤 것인지를 보여 주기 위한 일종의 은유(metaphor)일 뿐이다. 하지만 일반적으로 예배의 여러 막들(幕, acts)이 초 단위로 기획되면서 치밀하게 진행되는 텔레비전 쇼를 닮았다.

이런 예배가 추구하는 지향점은 프로그램을 구경하는 청중을 만족시키려는 것이다. 이런 예배의 저변에 깔린 질문이나 관심사는 다음과 같다.

- 여러분은 오늘 예배를 재미있게 즐기셨습니까?
- 오늘 예배는 여러분의 관심을 붙잡기에 충분할 정도로 빠르게 진행됐습니까?
- 스킷 드라마는 어땠나요? 설교와는 잘 어울렸습니까?

- 오늘 프로그램을 맡은 연출자들 중에 누군가가 시간을 넘기지는 않았습니까?
- 다음번 예배에서 청중의 흥미를 더 끌려면 어떻게 해야 할까요?

이런 예배에서 청중의 관심은 온통 "같은 내용은 결코 반복되지 않는다"거나 "이 예배가 정말로 맘에 드는 이유는 다음에 무엇이 기다리고 있는지를 전혀 알 수 없다"는 데 쏠리기 마련이다. 그렇게 될 때 이러한 청중의 욕구를 만족시키려는 예배 인도자들은 결국 육체적으로나 정서적으로 그리고 영적으로 금방 고갈되고 말 것이다.

내가 만난 어떤 예배 인도자는 자기 교회 교인들이 창조적이고 기발한 예배를 매우 좋아한다고 나에게 말했다. 그래서 나는 "그런 예배의 사례를 하나 소개해 달라"고 대답했다.

"지난 주 우리 교회는 축도로 예배를 시작해서 '예배의 부름'(the Call to worship)으로 예배를 끝냈습니다."

그 이야기를 듣고 나는 속으로 충격을 받았지만 애써 태연한 척 대답했다.

"예, 아주 특이한 예배였군요."

오늘날 여러 교회를 방문해본 사람이라면 누구든지 '프로그램'과 '테마'(혹은 주제, theme) 그리고 '창조적인'(creative)과 같은 단어들이 예배를 준비하는 목회자들로 하여금 현대 문화에 걸맞은 예배를 준비하도록 압력을 행사하는 중요한 동인으로 작용하고 있음을 금방 깨달을 것이다. 하지만 이런 예배에 대해서 내가 우려하는 점은 현대 문화의 영향을 받은 예배는 결국 그 문화의 영향을 그대로 따르는 영적인 삶을 빚어 낸다는 것이다. 이것이 사실이라면 작금의 왜곡된 예배를 어떻게 교정해서 하나님의 진리를 올바로 구현하며 예배에 참여하는 회중들이 좀 더 깊고 좀 더 성경적으로도 바람직한 영성을 갖출 수 있도록 유도할 수 있을까? 이 질문에 대한 해답을 위해서 내가 제안하려는 것은 고대 교회의 예배순서를 다시금 살펴보면서 그 예배순서를 통해서 영적인 삶이 어떻게 형성되었는지를 이해해야 한다는 것이다.

고대의 예배순서의 핵심은 말씀과 성만찬이다. 또 당시 예배순서는 하나님의 계시와 성육신을 그 기본 구조로 갖추고 있었다. 하나님께서 계시를 통해서 먼저 자신을 세상에 드러내어 알려 주셨다. 그 다음에 하나님은 예수 그리스도 안에서 이 세상에 성육신하셔서 우리의 구원을 완성하셨다. 이러한 계시와 성육신의 순서는 결코 우연이 아니라, 이 세상에서 전개되는 하나님의 구원 이야기에 필수적이다. 또 하나님의 구원 이야기는 말씀과 성만찬을 통해서 선포된다. 이 말씀과 성만찬을 통해서 우리는 하나님의 이야기를 귀로 듣고 그대로 반복하여 눈으로 목격한다. 말씀과 성만찬의 기본 구조를 따라 구현되는 하나님의 구원 이야기의 기본 구조가 사도행전 2:42의 예배에 대한 기록에서 처음 등장한다. 이 본문에 따르면 초대교회 신자들은 사도들의 가르침대로 함께 모여 서로 교제하며 기도하는 중에 "사도들의 가르침"과 "떡을 떼는 일"을 중심으로 하나님을 예배하였다. 이러한 말씀과 성만찬의 기본 구조는 초대교회의 예배를 보여 주는 또 다른 기록에서도 그대로 나타난다. 이 본문은 글로바와 그의 동료들이 엠마오로 가는 도상에서 경험했던 내용을 담고 있다(눅 24장). 당시 이들은 먼저 예수께서 "모든 성경에 쓴 바 자기에 관한 것을 자세히 설명해 주시는"(눅 24:27) 이야기를 들었다. 그 다음에 "예수께서 떡을 가지사 축사하시고 떼어 저희에게 주시매 저희 눈이 밝아져 그인 줄 알아보았다"(눅 24:30-31). 이것이 바로 정확하게 하나님의 구원 이야기를 선포하고 실행하는 방법이며 말씀과 성만찬의 이중 예배 안에 담긴 기본 구조이다. 바로 이러한 예배의 순서를 따라서 기독교 예배의 핵심인 하나님의 구원 이야기가 드러나며 하나님께서 그 영광 중에 나타나신다.

2) 고대 예배의 내용을 회복하기

둘째로 예배의 순서는 예배의 핵심 내용을 그대로 드러낸다. 이 말은 성경적인 예배를 설명하는 간단한 방법이지만 이 말이 의미하는 풍성하고도 깊은 뜻을 좀 더 설명해 보자. 기독교 예배의 핵심은 내 이야기도 아니고 특정한 나라의 이야기가 아니라 바로 삼위일체 하나님의 이야기이며, 모든 피조물과 창조 세계에 대한 하나님의 관계에 대한 이야기이다. 이 이야기는 모든 인류를 포함할 뿐만 아니라 창조의 순간부터 재창조의 순간까지 흘러가는 모든 인류 역사를 포함한다.

하나님의 구원 이야기가 어떻게 예배와 관계하는지를 설명하기 위하여 이 책에서 일관되게 사용하는 두 단어가 바로 기억(remembrance)과 예상(anticipation)이다. 이 두 단어는 성경적인 예배와 역사적인 예배에서 그 중심에 자리한 두 가지 핵심적인 행위가 무엇인지를 말해 준다. 다시 말하자면 예배 중의 성경봉독과 설교를 통해서 회중은 하나님의 이야기를 기억하며 성만찬을 통해서 그 이야기를 예상한다는 것이다. 하나님의 이야기는 또한 우리의 찬양과 기도 그리고 간증의 요점이기도 하다. 이 이야기가 우리의 예배 환경을 형성하며 예배에서 예술을 활용할 수 있는 테두리와 그 방식을 결정하며 예배에서 우리가 실행하는 모든 것들의 판단기준으로 작용한다. 그런데 예배의 주체는 자기 백성들 가운데 행동하시는 하나님이지만, 그 하나님의 이야기를 기억하는 것은 예배를 구경하는 청중이 아니라 예배에 참여하며 이 세상과 이 땅에 존재하는 모든 인류에 관한 참 진리를 말해 주는 바로 그 하나님의 이야기에 참여하는 하나님의 백성들이다. 그래서 기독교 예배의 핵심을 구성하는 두 측면은 하나님의 이야기라는 예배의 내용과 아울러 그 하나님의 이야기를 기억하고 예상하는 하나님의 백성들의 활동력(energy)이다.

예배에 개입하는 하나님의 활동과 인간의 활동의 두 측면을 잘 보여 주는 그림이 하나 있다. 그 그림은 사람을 향하여 손을 내 뻗은 하나님과 하나님을 향하여 손을 뻗은 사람의 두 손가락이 거의 만나는 미켈란젤로의 명화이다. 이 명화에 묘사된 두 손가락이 보여 주는 것이 있다. 그것은 우리 인간과의 관계를 먼저 주도적으로 이끌어 가시는 분이 바로 하나님이시지만 사람 역시 여기에 반응해야 한다는 점이다. 그래서 예배는 두 손가락 사이에 일어나는 이야기이다. 이 이야기는 한때 에덴동산에서 서로 하나였던 하나님과 인간이 타락으로 말미암아 분리되었지만 어떻게 다시 연합할 것인지를 고스란히 보여 준다. 그런데 중요한 사실은 하나님의 손가락을 맞잡으려고 모든 사람들이 손을 내민 것이 아니라, 오직 한 사람뿐이다. 말하자면 모든 사람들을 대신하여 하나님과 사람 사이의 관계의 회복을 위하여 자기 손을 내민 이가 바로 예수 그리스도시다.

그래서 예수가 바로 우리 예배의 중심이라는 성경적인 가르침은 자기만족을 추구하는 모든 헛된 예배를 배격한다. 우리는 타락한 피조물이고 그 결과 하나님과의 연합은 필연적으로 망가지고 뒤틀리고 심지어 그 관계는 완전히 끊어지고 말았다. 우리는 한결같이 하나님을 대적하였고 하나님으로부터 멀리 떠나 반대방향으로 나아갔으며 결국 인간 자신을 숭배하며 자아실현(self-actualization)을 통한 구원을 선언하기에 이르렀다. 우리가 뻗은 손가락은 전혀 하나님을 향하지 않고 오히려 자신을 향하고 있으며, 우리 자신을 가리켜서 이 세상의 모든 만물이 선회하는 이 우주의 중심으로 여기고 하나님처럼 숭배하고 있다. 하지만 하나님의 구원의 이야기는 우리 인간을 하나님과 화해시키기 위하여 사람으로 성육하신 예수 그리스도에 관한 것이다.

그래서 기독교 예배는 예수 그리스도의 사역을 드러내어 구현한다. 그리스도 그분 자신만이 하나님을 영원히 섬기는 예배자이다(예배[또는 예전, liturgy]를 의미하는 헬라어 단어 leiturgia는 원래 직무나 직업을 의미한다. 그래서 목수나 의사 또는 변호사에게는 자기만의 독특한 직무나 일이 있다). 그리스도의 직무는 지금도 천국에서 계속되고 있는데, 하나님 보좌 우편에서 그는 우리 인류를 위한 영원한 중보의 직분을 계속 감당하고 계신다. 예수님은 하나님을 영원히 섬기는 유일한 인간일 뿐만 아니라 이 섬김의 사역을 통해서 그는 피조계와 모든 인류를 하나님께로 회복시키셨다. 그는 또한 그동안 자신을 가리켜온 모든 성막과 성전의 예식을 스스로 대체하고 완성하였다. 그래서 그는 새 아담이자 새 언약이며 새로운 할례이자 새로운 안식이며 새로운 유월절의 어린양이시다. 또한 성부 하나님께서는 "모든 충만으로 예수 안에 거하게 하시고 그의 십자가의 피로 화평을 이루셔서 만물 곧 땅에 있는 것들이나 하늘에 있는 것들이 그로 말미암아 자기와 화목을 누리는 것을 기뻐하셨다"(골 1:19-20). 그리고 우리는 "세례를 받음으로 그리스도와 함께 장사되고 또 죽은 자들 가운데서 그를 일으키신 하나님의 역사를 믿음으로 말미암아 그 안에서 함께 일으키심을 받았다"(골 2:12).

예수 그리스도는 우리가 스스로를 위해서 할 수 없는 일을 우리를 위해서 기꺼이 감당하셨다. 하나님께서 친히 사람이 되심으로 그리스도는 우리에게 순종의 본을 보이셨고 그는 우리의 믿음이며 우리의 새 생명이며 성부 하나님 앞에서 우리를 위한 영원한 중보자가 되셨다. 그래서 아담 안에서 잃어버린 것들이 모두 예수 그리스도 안에서 고스란히 회복되었다. 첫째 아담의 실패를 역전시키기 위해서 하나님께서 친히 둘째 아담이 되신 것이다. 그래서 성부에게서 나신 하나님이 사람이 되심으로 자신의 피조물을 다시 새롭게 창조하시고 그동안 자신을 대적한 악의 권세로부터 만물을 새롭게 회복하셨다. 그리고 이 역사의 마지막 날에 둘째 아담은 악의 권세를 최종적으로 파멸에 몰아넣고 이 세상에서 그 악한 권세를 영원히 박멸하실 것이다. 그렇다면 하나님의 백성들이 예배에서 실행해야 할 것은 무엇일까? 예배에서 우리가 행할 것이라고는 이러한 하나님의 구원 행위를 기억하며 모든 피조물을 다스릴 그의 마지막 통치와 그 비전을 예상하는 일이다.

3) 진리를 위한 열정으로 고대-미래의 예배를 회복하기

고대의 예배는 무엇보다도 진리를 추구했다. 그래서 현대 예배의 갱신을 원한다면 우리는 먼저 고대 기독교 예배를 연구하여 그 예배의 순서와 내용의 본질을 통해서 어떻게 하나님의 진리를 구현했는지를 분명히 이해해야 한다. 오늘날 많은 젊은이들이 예배에 고대 기독교의 요소들을 덧붙이는 이

유도 마찬가지이다.

　오늘날 북미권의 거의 모든 복음주의 신학교와 대학에서는 현대 문화의 영향을 받아서 프로그램에 치중한 예배로부터 벗어나려고 몸부림치는 학생들은 고대 기독교의 예배를 연구하면서 여기에서 그 해답을 모색하고 있다. 그리고 말씀과 성찬의 순서를 따라 진행되는 예배에서 출구를 찾고 있다. 또 자신들의 예배에 더 많은 성경봉독과 더 많은 대화식 탄원기도와 더 많은 고대의 찬송과 더 긴 침묵기도를 도입하며, 평화의 인사를 나누는 시간도 적극 끌어들이고 있다. 또 예배에서 성만찬을 거의 빠지지 않을 정도로 매번 나누기도 한다. 성만찬에서 회중은 직접 성체를 받기 위해서 테이블 앞으로 나오며, 빵과 음료를 받는 동안에도 계속해서 회중과 함께 여러 감동적인 성찬 찬송들을 부른다. 그리고 빵과 음료를 받는 동안에 옆에서는 환자의 치유를 위해서나 다른 목적으로 머리에 안수하고 기름을 바르며 치유를 위한 중보기도도 병행하기도 한다. 현대 예배 속에서 잊혀져 가는 고대의 예전을 새롭게 복원하려는 시도에는 하나님을 향한 진지한 자세와 말씀 묵상 그리고 향심기도(向心祈禱, 또는 구심기도, centering prayer)를 위한 적절한 환경을 조성함으로써 하나님의 구원 이야기의 의미를 깊이 묵상하고 성찰하기 위한 목적도 들어 있다. 그래서 오늘날의 예배에 고대의 예배 예전을 끌어들이는 것은, 단순히 과거에 있었던 예전 하나를 복원하는 문제가 아니라 우리 신자들의 영적인 삶을 그리스도를 닮아가도록 안내할 하나님의 진리를 깊고도 진지하고 열정적으로 추구하는 것이나 다름없다. 이 하나님의 진리야말로 이 세상을 살아가는 신자들이 세상에 휩쓸리지 않고 그리스도를 닮아가며 이 세상에서 거룩하고 경건한 삶을 살아가며 공의를 이루고 또 약자들의 필요에 깊이 헌신하는 삶을 살아가도록 하는 원동력이다.

　오늘날 복음주의적인 젊은 신자들이 자신들의 예배 속에 고대의 예전을 새롭게 복원하려는 동기는 단순히 문화적으로 오염되고 재미있는 프로그램에 경도된 이전 부모 세대의 예배에 대한 치기어린 반항심 때문이 아니라, 자신들의 신앙생활의 중심인 예배 속에 참되고도 올바른 진리를 회복하여 그 진리의 능력을 따라 그리스도의 형상으로 지음 받은 예수의 참된 제자로 살아가려는 이들의 간절한 열망 때문이다. 그리고 이들 젊은 신자들이 새롭게 발견한 사실은 기독교 예배가 자신들의 영적인 정체성에 자양분을 공급해 줄 뿐만 아니라, 거룩한 삶을 위한 헌신이 더욱 능력 있게 달성될 수 있는 원동력을 제공해 준다는 점이다.

5. 결론

나는 이번 5장을 오늘날 개신교 예배가 그 구조와 내용 면에서 심각한 위기에 직면했다는 점을 언급하는 내용으로 시작했다. 그리고 이후로 계속해서 인류의 구원을 위한 하나님의 전능하신 행동에 대한 기억과 마지막에 온전히 회복될 세상에 대한 하나님의 최후 비전에 대한 예상의 이중초점에 대한 성경적인 강조점을 말씀과 성만찬의 예배 구조와 서로 결합시켰다.

예배가 어떻게 하나님의 구원 이야기와 비전을 실행하는가 하는 그 과정이나 방식에 대해서는 이 외에도 더 많은 설명을 덧붙일 수 있지만, 이 책의 제한된 지면을 고려할 때 이는 적절치 않다. 그러나 마지막으로 한 가지 덧붙일 것이 있다. 죄의 고백과 설교, 기도, 평화의 인사, 침묵, 성만찬과 같은 예배의 모든 순서들뿐만 아니라, 결혼식 예배나 안수식 그리고 심지어 장례 예배를 포함하여 모든 특별 예배나 교회력상의 여러 절기 예배 모두가 궁극적으로는 하나님의 구원 이야기에서 비롯되었으며, 이런 모든 예배를 통해서 우리 신자들의 영성을 형성할 수 있는 힘과 원동력도 모두가 다 하나님의 구원 이야기에 달렸다는 사실이다.

전심으로 예배에 집중할 수 있는 한 가지 방법은 예배가 실행하는 이야기를 기뻐하며 즐거워하는 것이다. 예배의 기쁨은 다음과 같은 이유 때문이면 바람직하지 않다.

"예배 프로그램이 너무 훌륭했어."
"오늘 음악이 너무 감동적이야."
"설교 메시지가 정말 재미있었어."
"오늘은 오랜만에 제대로 예배드리는 느낌이야."
"즐겁게 춤추고 큰소리로 아멘을 외치고, 옆 사람이랑 손뼉을 맞장구(high five) 치는 것이 너무 좋았어."

이러한 평가는 결국 예배에서 하나님보다는 "내가 무언가를 해냈다. 내가 정말 오늘 제대로 예배드렸다"는 자기 자신에 대한 만족을 중요시한다는 반증이다. 하지만 이러한 종류의 반응을 초래하는 예배는 기독교 예배가 아니다. 진정한 예배라면 다음과 같은 반응을 가져와야 한다.

"이 얼마나 위대한 이야기인가!"
"하나님께서 온 세상을 위해서 그리고 나를 위해서 이런 일을 하셨다는 것이 정말 믿어지지 않아."
"하나님께서 사람이 되셔서 그리스도를 통하여 모든 만물을 회복시키셨도다!"

어떤 사람은 예배를 통해서 선포되는 진리에 열정적으로 반응할 것이고, 또 하나님의 이야기에 대한 진리를 조건부로 수용하는 사람들도 있을 수 있고, 기쁨이나 안도감으로 반응하는 사람들도 있을 것이다. 하지만 온 세상을 향한 하나님의 구원 이야기를 실행하는 예배에 대한 모든 신자들의 공통된 반응은 기쁨 중에 예배에 직접 참여하는 것이다.

신자가 기쁨 중에 거룩한 예배에 직접 참여한다는 것은 어떤 의미일까? 예배의 주인공은 나에게 구원을 베푸신 하나님이시기 때문에, 그저 입술로 어떤 기도문을 따라하거나 노래하는 것으로 예배 참석을 다했다고 할 수 없다. 진정한 예배 참석은 예배를 통해서 구현된 그분의 본을 따라 살아가는 삶이다. 예배의 주인공이신 하나님은 예배를 통해서 기억되고 예상되는 그리스도의 진리 속에서 예배 안에서 직접 일하시며 자기 백성들과 만나신다. 이 하나님의 진리가 예배를 통해서 그리고 성령의 역사로 내 안에 역사하면서 나는 죄에 대하여 죽고 부활 안에서 새로운 삶을 살도록 부름 받은 소명을 따라 예수와 함께 하나된 그 거룩한 일치를 이루어가는 것이다.

6장

말씀, 성경의 내러티브 본질로 변혁시키기

우리는 예배 안에서 예수 그리스도의 은혜로 양육을 받아 자라간다. 그분은 하나님의 기록된 말씀인 성경을 통해서 우리에게 계시된 살아 있는 말씀이시다. 그런데 우리와 같은 복음주의자들이 성경을 매우 중요하게 여기고 있음에도 불구하고 우리 가운데 이 말씀에 대한 위기가 고조되고 있는 것 같다. 다음 두 명의 복음주의 목회자들의 평가를 한 번 살펴보자.

제이슨 스눅(Jason Snook) 목사는 이런 말을 한 적이 있다. "개신교 탄생의 기원이 성경으로부터 시작되었음에도 불구하고 오늘날의 개신교가 말씀에 대한 강조로부터 이렇게 멀리 벗어났다는 점이 얼마나 아이러니한가!"[1] 데이브 위베(Dave Wiebe) 목사에 의하면 "우리는 지금 (성경)책을 덮어 버린 시대를 살고 있다"고 한다. 그가 믿기에 "오늘날 사람들은 점점 더 성경책과 반대되거나 성경에 근거하지 않은 신념들을 따르거나 받아들이는 편을 선택하고 있다. 말하자면 문화적이고 사회적인 통념들을 더 선호한다"는 것이다.[2] 만일 이런 평가가 오늘날 우리 기독교의 예배에서 일어나는 현상들

---

1) Jason Snook 목사와의 2006년 가을의 이메일에서.
2) Dave Wiebe 목사와의 2006년 가을의 이메일에서.

을 암시한다면, 오늘날 우리가 예배에서 성경을 대하는 입장들을 심각하게 재고해볼 필요가 있다.

1. 말씀의 위기

오늘날 성경에 대한 한 가지 위기는 독자들이 성경을 대할 때 성경이 말하는 세계를 그대로 받아들이는 내부자의 입장에서 성경을 읽는 것이 아니라, 성경을 의혹의 눈으로 바라보는 외부자의 시각으로 하나님의 구원 내러티브를 읽는다는 점이다. 외부자의 입장에서 성경을 독해하는 대표적인 두 가지 방식으로는 성경본문을 역사적이며 문학적인 비평의 관점에서 읽거나 또는 그와 정반대로 "본문이 나에게 말하는 것"을 찾으려고 성경을 읽는 경우가 있다. 둘 중에 첫 번째 독해 방식은 철저하게 객관적이며, 두 번째는 반대로 완전히 주관적인 독법이다. 그런데 이 두 가지 독법 모두 다 성경을 본래의 내러티브 속성대로 읽지도 않고, 그래서 온 세상을 향한 하나님의 통치에 관한 비전을 충분히 드러내지도 못한다.

1) 역사비평과 문학비평에 의한 성경 독법

근대 이후 만물을 이해하고 해석하는 철학적인 방법론의 일환으로 등장한 계몽주의와 과학은 성경을 읽고 해석하는 방식에도 부정적인 영향을 끼쳤다. 이성과 과학이 성경본문을 해석하는 방식에 어떻게 부정적인 영향을 미쳤는지를 여기에서 자세히 설명하는 것은 그리 적절하지 않다. 다만 18세기에 역사비평과 문학비평이 등장하면서부터는 종교개혁 시대나 그 이전과는 전혀 다른 방식으로 성경을 읽게 되었다고 평가하는 정도가 충분할 것이다.

역사비평을 그대로 성경해석에 적용했던 학자들은 성경의 역사적인 정확성에 관한 다음과 같은 심각한 질문들을 던진다.

- 성경에 언급된 사건들은 실제로 발생한 역사적인 사건인가?
- 창세기에 등장하는 창조 기사는 역사 속에서 실제로 발생한 사건들을 그대로 기술하는가?
- 창세기에 언급된 그대로 실제로 대홍수 사건이 발생했는가?
- 아브라함과 모세는 역사적으로 실존했던 실제 인물인가?
- 출애굽 사건은 역사 속에서 실제로 발생한 사건인가?

이런 질문들은 구약성경에 적용될 뿐만 아니라 그대로 신약성경에도 적용된다. 그래서 "역사적인 예수에 관한 탐구"라는 이름으로 잘 알려진 학문 운동처럼 예수의 역사성에 관한 여러 질문들이 다양한 각도에서 제기되었다. 그래서 역사적인 실증 가능성에 관한 질문들은 특히 그 유명한 예수 세미나(Jesus Seminar)와 같은 연구 모임을 통해서 지금도 계속되고 있다. 이 모임에 속한 자유주의 신학자들은 복음서에서 구체적으로 어떤 구절이 실제로 예수가 했던 말이고 나머지는 후대의 첨가인지를 구분하려고 노력한다.

문학비평이라는 또 다른 진영에 속한 신학자들은 역사비평과는 다른 맥락에서 제기되는 질문들을 품고서 성경에 접근한다. 이들은 오늘날 우리가 읽는 성경이 어떻게 최종적으로 편집되고 완성되었는지를 정확하게 이해하기를 원한다. 이들이 문제를 던지기 이전에는 대체로 성경의 어떤 책에 특정한 저자의 이름이 등장하면, 다른 사람이 아니라 바로 그 저자가 실제로 그 책을 저술했다고 믿었다. 하지만 문학비평이 등장하면서부터는 구약성경의 여러 기사들은 특정한 저자 한 사람보다는 나름의 고유한 신학 관점을 지닌 다양한 공동체로부터 하나 둘 생겨나기 시작했다고 보았다. 그리고 그 과정의 마지막 단계에 어떤 편집자가 이전에 구전으로 내려오던 여러 기사들을 편집하고 정리하여 오늘날 우리가 읽는 성경을 최종적으로 완성했다는 것이다. 문학비평에서는 성경본문으로부터 다양한 문체들을 구분할 수 있어서 이를 통해서 나름의 고유한 문체 속에 담긴 사상의 계보를 추적할 수 있을 뿐만 아니라 오늘날 우리가 읽는 구약성경을 최종적으로 완성한 여러 신앙 공동체의 뿌리도 추적할 수 있다고 주장한다. 이들은 이와 유사한 독법을 신약성경에도 적용시켜서, 예를 들자면 오늘날 흔히 사도 바울이 작성한 것으로 알려진 서신서들은 실제로는 사도 바울이 직접 저술한 것보다는 바울학파(the school of Paul)에 속한 사람들에 의하여 작성된 것으로 이해한다. 결국 역사비평과 문학비평의 저변에 깔린 모티브는 성경은 하나님 자신으로부터 인간에게 주어진 계시가 아니라 하나님을 찾는 인간의 산물이라는 것이다.

그렇다면 이러한 역사비평과 문학비평에 따른 성경 독법이 실제로 교회 안에서 성경을 읽고 그 본문대로 설교하는 데 어떤 영향을 주었는가? 이러한 새로운 성경 독법은 자유주의와 보수주의 진영 양쪽에 도입되었다. 그런데 보수주의자들은 본문이 원래 무엇을 말했는지를 찾아내려는 목적보다는 본문의 역사적이고 과학적인 정확성을 그대로 입증하고 성경의 저작권을 방어하려는 목적으로 이런 비평적인 방법론들을 활용하였다. 성경이 역사적으로든 과학적으로든 정확하지 않다는 문학비평가들의 주장에 대해서, 보수주의자들은 하나님의 계시로서의 성경의 진리가 심각한 위기에 직면해 있음을 직시하게 되었다. 또 자유주의자들에 대항하는 보수주의자들의 논지의 핵심은 하나님은 거짓말을 하시지도 않고 또 그러실 수도 없기 때문에 하나님의 말씀으로서의 성경이 역사와 과학에 대해서 언급한 모든 내용들 역시 그대로 정확하다는 것이다. 이렇게 보수주의자들은 자유주의자들에 대항하여 방어적인 관점에서 성경을 읽게 되었다.

하지만 보수주의자들이 성경을 역사적이고 과학적인 문서로 대하는 데 집착하다 보니, 정작 하나님의 구원에 관한 성경 내러티브의 원래 의미나 그 중요성이 점차 간과되고 말았다. 예를 들어 창세기에 소개되는 창조 내러티브의 원래 목적은 온 세상을 향한 하나님의 비전과 이를 위한 예전적인 선언이지만, 역사적이고 과학적인 맥락에서 자유주의에 대항하려다 보니 그만 그 본문의 초점이 세상의 기원에 대한 역사적 및 과학적인 진술의 정확성 쪽으로 바뀌고 말았다. 이렇게 창조 내러티브를 역사적이고 과학적인 관점에서 읽다 보면, 독자들의 초점은 창조의 주인공이신 하나님보다는 창조의 역사적인 시점과 과학적인 방법으로 이동하기 마련이다. 성경에 대한 역사적인 해석이나 과학적인 해석을 옹호하는 사람들은 7일 동안의 천지창조 이론이나 젊은 지구 창조론(창세기의 천지창조에 관한 기록을 문자적으로 해석하여 지구의 나이를 6천 년-일만 년으로 추산하며 최초의 6일 동안에 모든 창조가 이루어졌다고 주장한다-역주) 그리고 출애굽이 발생한 특정한 날짜의 타당성을 옹호하기 시작했다. 또 그리스도의 역사성을 증명하는 증거들이 성경연구의 핵심적인 쟁점으로 부각되기 시작했다. 그리하여 자유주의적인 성경 독법에 대항하여 변증적이고 방어적인 해석 방식을 고집하면서 성경의 역사성과 과학성을 강력하게 옹호하는 사람들에 의하여 교회 강단이 점령되고 말았다. 성경이 참 진리임을 증명하는 것이 우선순위로 부각되면서 천지창조와 피조계를 향하여 하나님이 의도하시는 상호관계에 관한 전망은 강단에서 점차 사라지고 말았다. 즉 성경의 내러티브 본질과 피조계를 향한 하나님의 구원에 관한 전망이 교회의 강단에서 상실되고 말았다는 것이다.

예를 들어 오늘날 신학교에서 진행되는 성경교육의 초점은 다음과 같이 역사적이며 문학적인 쟁점들에 집중되고 있다. 성경본문이나 기사 내용은 과연 이성이나 과학 또는 고고학을 통해서 증명될 수 있는가? 또 이 구절이나 단락은 그 본문을 기록했다고 주장하는 사람이 실제로 저술한 것인가, 아니면 그 이외의 다른 사람이 저술한 것인가? 이런 질문들은 나름의 중요한 의미가 있어서 나 역시 이런 질문들에 대해서 깊은 생각 속에 빠지기 마련이다. 성경에 대한 과학적인 접근 방식은 그 자체로 매우 자극적이고 도발적이어서, 이런 질문들을 곰곰이 생각해 보면 점차 그 질문의 괘도 속으로 휘말려 들어가기 마련이다. 이런 질문들을 계기로 매우 흥미로운 토론과 논쟁이 일어나지만, 문제는 성경에 대해서는 이런 질문들보다 더 중요한 질문들을 던져 보아야 한다. 이 구절은 궁극적으로 무엇을 의미하는가? 나는 이 구절로부터 무엇을 들어야 하는가? 이 본문이 말하려는 메시지는 무엇인가? 영적인 삶을 위하여 나는 이 구절을 어떻게 해석해야 할까? 이 구절은 오늘을 살아가는 평범한 회중들에게 뭐라고 말하는가? 이런 질문을 던지다 보니 나는 한 가지 사실을 깨닫게 되었다. 그것은 오늘날 성경에 대한 역사적인 해석이나 과학적인 해석을 강조하는 신학교육 방식은 그 자체만으로는 매우 부적절하다는 것이다. 신학교에서 신학생들은 성경의 역사적 정확성을 옹호하는 방법들에 대해서는 훈련을 잘 받았지만, 그 성경본문이 나에게 그리고 신학생 자신들과 그들이 관여하는 지역 교회 회중들에게 무엇을 말하는지에 대해서는 제대로 교육을 받지 못했다.

자유주의 진영에서 신학교육을 받은 신학생들도 별반 다르지 않다. 이들 역시 신학교에서 성경해석을 위한 역사비평과 문학비평을 배운다. 그런데 이들은 자유주의자들에 대항하여 성경의 사실성을 증명해야 한다는 과제를 떠맡은 보수주의적인 신학생들과 반대로 성경을 신화의 관점에서 재해석하려고 한다. 이들에 의하면 성경의 기사들은 종교적인 신화로부터 유래한 것이라고 한다. 즉 종교적인 신화들이 거듭해서 구전으로 전달되고 전승되면서 결국은 최종의 형태를 갖추게 되었다는 것이다. 그래서 해석자의 임무는 본문이 제시하는 핵심적인 진리를 찾아내기 위하여 신화적인 이야기들을 비신화화하는 것이라고 한다. 예를 들자면 예전에 나는 자유주의적인 신학교에서 신학을 공부했던 대학 친구를 방문한 적이 있었다. 그는 나에게 자유주의의 성경관이 어떻게 실제로 성경해석 과정에 영향을 미치는지에 대해서 아주 뜨거운 열정을 가지고 설명해 주었다.

> 예를 들자면 예수께서 물 위를 걸었던 이야기에 대해서 생각해 보자구. 당연히 예수는 실제로는 물 위를 걷지 않았지. 이 이야기는 아마도 갈릴리 해변가에서 생겨났을거야. 예수를 따르던 사람들이 그분의 공생애사역에 대해서 추억하고 있었지. 그러다가 누군가 이렇게 말했을거야. "예. 그분은 참으로 위대한 분이라서 아마도 물 위를 걸었을지도 몰라." 바로 이렇게

천진난만한 분위기로부터 시작된 이야기가 점차 예수가 물 위를 실제로 걸었다는 기사로 점차 발전하기 시작했지. 그러나 이 이야기가 정말로 전달하려는 요점은 그분이 실제로 물 위를 걸었다는 것이 아니라 제자들이 그분에 대해서 마음에 간직하고 있던 놀라움과 경외감이지. 그래서 우리 입장에서 볼 때 예수가 물 위를 걸었다는 이야기의 진정한 가치는 우리 안에 예수에 대한 존경과 경외감을 유발시킨다는 것이지.

하지만 성경에 대한 이러한 신화적인 해석 방식은 과학적이고 합리적인 해석처럼 독자들에게나 청중에게는 아무런 영향력을 발휘하지도 못한다. 이런 방식의 독법으로는 성경이 전혀 그 독특한 가치를 주장할 수 없다. 만일 성경이 독자들의 마음속에 어떤 거룩한 느낌이나 개념들을 끌어 내는 신화의 차원으로 격하된다면, 성경이 그리스 신화나 다른 종교의 신화적인 이야기들과 도대체 무슨 차이가 있겠는가?

결국 보수주의자들과 자유주의자들 모두 막다른 골목에 직면하고 말았다. 성경은 이들 모두에게 전혀 생명력 있는 영향력을 발휘하지 못하고 있다. 한쪽은 성경의 역사적 진리를 옹호하다가 그만 성경 자체의 흥미를 상실하고 말았다. 또 다른 쪽은 성경을 비신화화의 관점에서 해석하다가 성경 고유의 가치를 잃어버리고 말았다. 그 결과 양쪽 모두가 직면한 막다른 골목을 굳이 이름 붙이자면 "의미의 상실"(loss of meaning)이라고 할 수 있다. 하나님의 백성들은 "나는 성경이 진리임을 증명할 수 있다"는 사고방식으로 영적인 자양분을 공급받는 것도 아니고, "성경은 지혜에 가득 찬 위대한 신화"라는 관점 속에서도 그 어떤 풍성한 영적인 자양물을 취할 수 있는 것도 아니다. 그래서 나도 그렇지만 오늘날 상당수의 목회자들은 역사비평에 의한 성경해석이나 본문에서 과학적인 증거를 찾으려는 노력에 흥미를 잃고 말았다. 설상가상으로 대부분의 신자들 역시 성경 내러티브의 고유한 가치를 발견하지도 못하고 그저 감동이 있고 고무적이며 치유적인 설교 모델에 익숙해지고 말았다. 그러나 이러한 설교 모델들은 성경적인 지식에 기반한 것이 아니다. 오늘날의 강단이 치유적인 설교로 이동함에 따른 비극적인 결과가 있다. 그것은 설교자와 회중 모두가 성경본문에 대한 세심한 연구뿐만 아니라 성경본문에 깔린 이야기의 흐름과 전망을 쉽게 무시한다는 것이다.

2) 체험을 지향하는 성경 독법

복음주의자들 중에는 성경에 대한 강력한 반지성주의적인 입장에 영향을 받은 사람들도 있다. 이들은 말하자면 경험주의자들(experientialists)로서 "성경이 당신에게 뭐라고 말하는지를 찾기 위하여 성경을 읽으라"고 주장한다. 이들 학파나 집단은 주로 부흥운동이나 체험지향적인 소그룹 운동의 영향을 받은 교회 안에서 쉽게 발견된다. 이들은 성경읽기를 이렇게 이해하는 것 같다. 신자들이 어떤 가정이나 교회에 함께 모여서 "이 본문은 당신에게 뭐라고 말씀하는가?"라는 질문을 던지면서 성경을 읽는 것이다. 이러한 독법에도 긍정적인 면이 있다. 성경을 인간 상상력의 산물이 아니라 하나님의 계시로 대한다는 장점이 있다. 이들은 하나님께서 성경을 통해서 말씀하신다고 믿는다. 하지만 부정적인 측면은 성경을 읽는 과정에서 동원되는 상상력이 통제력을 잃기 쉽다는 점이다. 독자들은 자신이 듣고 싶은 것을 듣기 마련이라서 자신이 성경본문에서 들었다고 생각하는 것에 매우 독단적인 입장을 고집하기 쉽다. 이보다 더 심각한 문제는 하나님으로부터 특별한 계시의 말씀을 들었다고 우기는 것이다. 또는 그 모임의 지도자에게 주어진 "하나님의 특별한 말씀"에 집중하느라 성경의 가르침을 무시하기도 한다. 이렇게 한 개인에게 특별히 주어지는 메시지에 관심을 갖는 것은 메시지의 즉각성이라는 차원에서는 매우 고무적이겠지만, 결국 하나님의 역사적인 계시의 가치가 최근에 새롭게 깨달은 개인적인 통찰이나 새로운 하나님의 계시라고 우기는 메시지보다 덜 중요하다는 잘못된 인식을 심어준다는 점에서 매우 치명적이다. 그래서 입술로는 성경이 매우 소중한 책이라고 주장하지만, 실제 신자들의 일상적인 삶을 위해서는 성경이 전혀 본래의 양육의 기능을 감당하지 못한다. 그 결과 성경의 본래 가치가 무시되는 일이 발생한다.

체험적인 목적으로 성경을 읽는 또 다른 방식은 성경을 일종의 치유의 책으로 이해하는 것이다. 즉 성경을 세상에서의 성공 비결을 가르쳐 주거나, 주위 사람들과의 인간관계를 개선시킬 수 있는 지침들이나 영적인 성공 비결을 담은 책으로 간주하고서 읽는 것이다. 물론 나는 이런 통찰들이나 교훈들을 성경에서 발굴해 낼 수 있다는 사실을 의심하지는 않는다. 하지만 앞에서 지적한 성경 독법들, 즉 역사적이고, 과학적이며, 신화적이고, 체험적이고, 치유적인 독법들 모두는 독자가 성경 아래에 위치하지 않고 본문 위에 서서 "내가 이 본문에서 찾아낸 메시지는 무엇인가"라고 질문한다. 그래서 오늘날 성경이 직면한 위기는 바로 독자들 스스로 만들어낸 위기이다. 오늘날 우리는 성경이 본래 말씀하려는 메시지를 겸허히 청종하려고 하지 않고, 우리 자신의 목소리를 성경 속에 집어넣었고, 성령 대신 자신을 성경 해석자라고 우기면서 우리 스스로 성경 속으로 가져간 관심사들이나 쟁점들을 그대로 만족시켜 줄 메시지를 찾기 위하여 성경을 읽는다. 그것이 역사나 과학, 신화, 체험, 치유 또는 성공적인 생활을 위한 원칙과 교훈 그 어떤 것이든 결국 독자가 원하는 목소리를 그대로 성경에서 듣고 싶어하는 것이다. 만일 이런 독법이 성경을 읽고 설교하는 올바른 방법이 아니라면, 성경은 본래 어떻게 읽혀져야 하는가? 이 질문을 초대교회의 교부들에게 물어보고 그들의 교훈에 귀를 기울이자.

2. 초대교회에서 성경읽기와 설교

앞에서 지적한 현대의 성경 독법은 내 자신의 경건생활에도 전혀 도움이 되지 못했다. 나는 성경해석을 위하여 역사비평과 문학비평을 수강한 다음에 오히려 성경에 대한 흥미를 잃어버린 학생들과 종종 이야기를 나누었다.

그 뿐만 아니라 치유나 성공을 위한 비결이나 어떤 동기를 부여하는 원리들처럼 자신들의 필요에 대한 해답을 찾기 위하여 성경을 읽었던 사람들과도 대화를 나누어 보았다. 그런데 성경에서 그런 원리나 해답을 찾으려고 하다 보면 처음에는 성경에 대해서 많은 관심과 흥미가 생긴다고 한다. 하지만 일단 그들의 특정한 흥미나 호기심이 충족되고 나면 성경읽기에 대한 흥미는 곧 사라지고 말더라는 것이다.

그렇다면 우리의 영성을 끝없이 증진시키도록 성경을 읽을 수 있는 방법은 무엇인가? 이런 고민 끝에 나는 초대교회 교부들의 성경읽기 방식에서 그 해답을 얻었다. 그들은 독자 스스로가 성경 속으로 들어가서 그 본문에 담긴 하나님의 이야기를 묵상하는 가운데 영적인 삶을 위한 자양분을 계속 공급받았다. 그런데 교부들이 성경을 읽었던 방법은 그 이전에 사도들이 따랐던 방법이기 때문에 성경 독법을 통해서 영성을 증진시킬 수 있는 방법에 대한 탐구 역시 사도들의 독법으로부터 시작해 보자!

1) 사도들의 성경읽기와 설교

사도들의 성경읽기와 설교 방식의 요점은 예수 그리스도를 성경 전체의 주제일 뿐만 아니라 모든 인류 역사의 주인공으로 이해하는 것이다. 그분만이 모든 인류 역사 전체를 포함하는 단일한 이야기의 주인공이며, 모든 인류 역사 전체 내러티브에 의미를 제공한다. 그래서 그분은 성경과 역사 어디에서든 발견되며 창조와 출애굽과 같은 모든 사건들 속에 현존하신다. 또 모세나 다윗처럼 성경의 모든 인물들 속에서도 발견되며 성막과 성전, 안식일 또는 유월절과 같은 모든 예배 제도 속에서도 발견된다. 그분만이 진정 "알파와 오메가"(계 1:8)이며, 처음과 마지막이고 이스라엘을 향한 하나님의 약속의 성취로서 보냄을 받은 메시야이다(행 2:36). 또한 그는 보이지 아니하는 하나님의 형상이요(골 1:15), "하나님께서는 모든 충만으로 예수 그리스도 안에 거하기를 기뻐하시며"(골 1:19), "모든 창조물보다 먼저 나신 자이며 만물이 그에게 창조되었다"(골 1:15-16). 그는 또한 만물보다 먼저 계시고 만물이 그 안에 함께 서 있다(골 1:17). 또 하나님은 그의 십자가의 피로 화평을 이루시고 만물 곧 땅에 있는 것들이나 하늘에 있는 것들을 그로 말미암아 자기와 화목케 되기를 기뻐하셨다(골 1:20).

내가 주변의 동료 목회자들에게 "그리스도는 성경 어느 곳에나 계신다"는 관점으로 성경을 읽을 것을 권면하면, 그들은 이런 방법을 독법을 때로는 의심하기도 하고 또 때로는 "이전에 전혀 들어보지 못했다"고 깜짝 놀라면서 감사하기도 하지만, 대부분은 "너는 이런 독법을 어디에서 배웠냐?"고 묻는다. 그 해답은 바로 예수 그리스도뿐이다. 엠마오 도상에 나타나신 예수는 글로바와 그 동료들의 낙심과 절망에 대해서 예수중심의 성경 독법을 해답으로 제시하셨다. "미련하고 선지자들의 말한 모든 것을 마음에 더디 믿는 자들이여 그리스도가 이런 고난을 받고 자기의 영광에 들어가야 할 것이 아니냐 하시고 이에 모세와 및 모든 선지자의 글로 시작하여 모든 성경에 쓴 바 자기에 관한 것을 자세히 설명하시니라"(눅 24:25-27). 신약성경의 저자들과 초대교회 교부들은 창세기로부터 요한계시록에 이르기까지 또는 창조로부터 재창조에 이르기까지의 하나님의 전체 이야기를 예수 그리스도의 성육신과 죽음 그리고 부활의 관점에서 이해하였다. 그래서 성경은 독자들이 그 속의 내용을 과학적으로 증명할 수 있어서 우리에게 영적인 자양분을 공급하는 것이 아니다. 또 성경이 이 세상에 대한 위대한 신화를 담고 있어서도 아니고 또 흥미로운 개인적인 체험을 자극해 주기 때문이 아니라, 첫째 아담과 달리 둘째 아담으로서 이 세상의 모든 만물을 지금도 우리 안에 살아 계시며 우리 모두를 새로운 세상으로 초대하시는 하나님과 화해시키는(골 1:20) 예수 그리스도를 계시하기 때문에, 그로 인하여 성경은 우리에게 영적인 자양분을 공급해 주는 것이다.

예수 그리스도를 모든 피조계와 인류 역사 전체의 시작과 중심 그리고 그 마지막으로 선포하기 위해서 성경에 대한 지성적인 분석이나 역사적인 검증이 필요한 것도 아니고 또 인간적인 논쟁이나 변론에 얽매일 수도 없다.

알파와 오메가로서 예수를 선포하기 위해서는 다만 "내가 믿나이다 나의 믿음 없는 것을 도와주소서"라고 외치는 겸손한 믿음의 자세가 필요할 뿐이다. 그래서 우리는 우리의 마음과 영혼과 심장, 의지, 신체 모두를 예수 그리스도께 굴복해야 한다. 사도 바울이 "그리스도께서 내 안에 사신다"(갈 2:20)고 고백했듯이, 그분은 우리 안에 거하시기 때문이다.

사도 바울도 마찬가지다. 그가 예수를 역사의 주인공으로 고백할 때, 예수가 어떻게 만유 안에 거하시는지 또 어떻게 그리스도께서 이스라엘의 역사 속에 내주하셨는지를 온전히 이해하고서 그렇게 한 것은 아니었다. 또 그가 그리스도께서 어떻게 이방인들과 온 세상을 위하여 일하시는지 그리고 지금 우리 안에 어떻게 내주하시는지를 온전히 이해했던 것도 아니다. 하지만 사도 바울은 예수 그리스도의 완전하심과 편재성에 관한 진리 앞에서 자신을 어떻게 낮추고 복종해야 하는지에 대해서는 잘 알고 있었다. 그래서 그리스도의 영광을 찬양하는 아름다운 영광송을 통해서 그는 우리에게 어느 곳에서든 그리스도를 발견할 수 있는 비결을 소개하고 있다. 사도 바울은 "높음이나 깊음이나 다른 아무 피조물이라도 우리를 그리스도 예수 안에 있는 하나님의 사랑에서 끊을 수 없노라"(롬 8:39)고 선언한 다음에 이어서 로마서 9장부터 11장에서는 유대인들을 향한 하나님의 깊은 사랑과 예수 그리스도 안에서의 하나님의 약속의 성취 그리고 온 세상을 위하여 자신을 내어주시는 하나님의 사랑 안으로 이방인들까지 초대하시는 놀라운 비전에 대해서 하나 하나 열거하기 시작한다. 그리고 마지막으로 사도 바울은 비록 그 내용을 이성적으로 모두 다 이해하지는 못했지만, 그 사실을 액면 그대로 받아들이며 이 놀라운 구원을 이루어 가시는 하나님을 찬양한다.

깊도다 하나님의 지혜와 지식의 부요함이여
　그의 판단은 측량치 못할 것이며 그의 길은 찾지 못할 것이로다
누가 주의 마음을 알았느뇨 누가 그의 모사가 되었느뇨
　누가 주께 먼저 드려서 갚으심을 받겠느뇨

이는 만물이 주에게서 나오고 주로 말미암고 주에게로 돌아감이라
영광이 그에게 세세에 있으리로다 아멘(롬 11:33-36).

예수 그리스도가 모든 인류 역사의 중심이며 인간 실존의 궁극적인 의미도 그분께 달려 있다는 사실은 처음부터 끝까지 성경 전체를 예수 그리스도를 통해서 읽어야 한다는 의미이다. 그래서 하나님의 말씀을 전하는 목회자들은 인류 역사의 가장 위대한 드라마의 주인공인 예수 그리스도의 중심 역할에 대해서 자세하게 연구하고 이해하여 삼위 하나님의 거대한 구원 이야기 속으로 스스로가 흠뻑 잠겨야 한다. 그 드라마는 세상을 구원하시고자 우리 중에 하나와 같이 낮아지신 하나님의 구원 드라마이다. 그래서 감동적인 메시지나 영감 어린 설교자 또는 엄청난 치유의 설교 메시지가 아니라 바로 이 세상을 구원하시는 하나님의 구원 드라마라는 주제가 오늘날 우리 교회 안에서 핵심적인 메시지로 새롭게 복원되고 선포되어야 한다. 이 메시지는 비단 사도들의 성경읽기와 설교 방식의 기본일 뿐만 아니라, 초대교회 교부들의 방식이며 고대-미래의 예배(an ancient-future worship)를 따르는 교회에서 쉽게 발견되는 방식이기도 하다.

2) 교부들의 성경읽기와 설교

2세기의 가장 영향력 있는 교부였던 이레니우스는 그의 저서인 『사도들의 설교에 대한 해설』(*On the Apostolic Preaching*)에서 하나님의 구원 이야기의 핵심으로 예수 그리스도를 제시하고 있다. 그런데 이 책에 대한 존 베어(John Behr)의 최근 번역서 서문에서 역자 존 베어는 이렇게 적고 있다. "오늘날 우리는 기독교를 마치 하나의 신학적인 신념 체계로 이해하지만, 이레니우스는 이런 방식으로 기독교를 소개하지 않는다." 베어는 계속해서 이렇게 말한다. "오히려 이레니우스는 사도행전에 소개된 사도들의 위대한 설교 방식을 따라서, 십자가에 못 박히신 그분의 아들 예수 그리스도에 대

한 찬양에서 최고조에 달하는 하나님의 여러 구원 활동들과 성령 하나님의 강림 그리고 새로운 마음과 신체의 은사들과 같은 하나님의 여러 구원 활동들을 차례대로 소개한다."[3] 이레니우스는 안디옥교회의 감독이었던 이그나티우스(주후 110년)나 또는 그 이후의 순교자 저스틴(주후 150년)처럼 그리스도 중심의 성경 독법을 따랐다. 말하자면 구약성경은 예수를 그림자처럼 미리 보여 주며 구약성경의 모든 모형들이 결국 그리스도 안에서 온전히 성취된다는 것이다. 그래서 이레니우스는 성경 전체를 하나님이 들려주시는 한 편의 이야기로 읽었다. 이 이야기는 하나님이 어떻게 타락한 피조계를 성령의 능력으로 예수 그리스도를 통하여 온전히 속량하여 구원하시는지에 관한 이야기이다.

초대교회의 교부들이 활용했던 이러한 성경 독법은 비유적인 성경 독법(a figural reading of the Scripture)으로 알려져 있다. 하지만 그 이후 계몽주의로 말미암아 비유적인 성경 독법은 점차 사라지거나 무시되고 말았다. 그러다가 저자의 의도에 집중하는 역사비평적인 독법의 한계와 독자반응이론에 담긴 상대주의적인 약점에 대한 반작용으로 최근에는 많은 사람들이 다시금 비유적인 성경 독법의 가치에 관심을 쏟고 있다.

비유적인 성경 독법은 성경을 여러 개의 파편이 아닌 하나의 통일된 책으로 읽는다. 또 구약성경에 등장하는 여러 인물들이나 사건들에 대하여 성경적인 상상력에 근거한 풍부하고도 설득력 있는 관점을 동원하여 신약성경의 인물들이나 사건들과 서로 연결시켜서 이해한다. 그중에 대표적인 인물들을 예로 든다면 다음과 같다.

- 예수는 옛 아담을 대체하는 새로운 아담이다(롬 5:12-21).
- 예수는 새로운 멜기세덱이다(히 7장).
- 예수는 새로운 모세이다(요 3:14).
- 예수는 새로운 여호수아이다(히 4:1-13).

---

3) St. Irenaeus of Lyons, *On the Apostolic Preaching*, trans. John Behr (Crestwood, NY: St. Vladimir's Seminary Press, 1997), 7.

- 예수는 새로운 다윗이다(요 7:40-42).
- 예수는 요나 같다(마 12:39-41).
- 예수는 새로운 출애굽이다(고전 10:1-13).
- 예수는 새로운 성막이며 마지막 희생제사를 완성하시고 이제 하늘의 성전에서 우리를 위하여 중보기도하시는 새로운 대제사장이다(히 7-10장).
- 예수는 새로운 유월절 어린양이다(고전 5:7).
- 예수는 새로운 안식일이다(히 4:9-11).

성경 전체 내러티브의 핵심은 예수 그리스도이시다. 우리는 그분을 성경 어느 곳에서든 발견할 수 있다. 성경 전편에서 그리스도를 발견하는 것은 아주 오래된 성경 독법인 동시에 아주 새로운 독법이기도 하다.

초대교회 교부들은 성경을 읽을 때 그리스도 중심의 원칙을 지켰지만 그렇다고 성부 하나님과 성령 하나님을 무시한 것은 결코 아니다. 성자 예수 그리스도의 삶은 홀로 독립된 것이 아니라 성부 하나님과 성령 하나님과 함께 한 공동체적인 삶이다. 성부께서 죄악의 사슬로부터 세상을 속량하고 구원하기 위하여 아들을 이 땅에 보내셨다. 또한 성령 하나님은 이 세상에 생기를 불어 넣으시며 구약시대에는 그리스도를 미리 예시하는 모든 인물들과 사건들 속에 생명을 공급하셨다. 그뿐만 아니라 그분은 예수 그리스도의 공생애뿐만 아니라 그 이전 구약시대의 모든 사건들 속에도 임재하셨으며, 지금도 교회 안에서 그리고 하나님의 백성들 가운데 일하시면서 그분의 이름으로 살아가는 모든 신자들에게 예수 그리스도를 닮아갈 수 있는 생명력을 계속 공급하신다. 또 우리가 예수 그리스도의 죽음과 부활 안으로 세례를 받을 때 성령은 그리스도 안에 있는 새로운 생명을 우리에게 공급하신다. 이렇게 우리는 성부와 성자, 성령이 무한한 사랑으로 함께 교제를 나누는 하나님의 공동체의 삶 속에서 계속 자라간다.

그래서 초대교회 교부들의 성경 독법은 그리스도 중심적이었지만 그와 동시에 그들은 또한 삼위일체를 믿는 사람들이었다. 그들은 성부 하나님을 보내시는 하나님, 즉 아들을 이 땅에 보내시고 또 성령을 보내시는 분으로 믿었다. 이렇게 성부 하나님의 양손인 성자와 성령을 통해서 이 세상을 구원하시는 하나님의 사역이 성취된 것이다. 그래서 성경을 그리스도 중심의 관점에서 읽고 설교하려면, 성경 속에서 예수 그리스도에게만 관심을 가질 것이 아니라 "성부 하나님이 모든 만유를 다스리시는 주권자이시며", "성령 하나님은 구약에 미리 예시된 모든 것들이 실체로 결실을 맺도록 능력을 공급하시며 성자에 의하여 성취된 모든 것들에게 생명을 공급하시는 분"이심을 항상 고백해야 한다.

3. 적용하기: 오늘날의 성경읽기와 설교

앞서 살펴본 바와 같이 오늘날의 성경읽기와 설교는 문제투성이다. 현대의 독자들은 역사비평이나 문학비평 또는 언어학적인 도구를 들고서 성경 위에 서서 저자가 전달하려던 한 가지 의미를 발굴해 내려고 애쓰는 사람 같다.

어떤 이들은 소위 "독자반응이론"이라고 불리는 좀 더 최근의 포스트모던 독법이나 체험 위주의 성경 해석에 대한 거부감 때문에 성경본문을 더 깊이 들어가지 못하고 그저 저자의 의도를 찾아내는 데 만족하기도 한다. 독자 반응 이론은 저자가 의도한 의미를 간과하면서 본문의 진정한 의미는 저자가 아니라 오히려 독자가 본문에서 얻어낸 의미라고 주장한다. 이렇게 매우 주관적인 성경 독법은 이성과 과학이 지배하는 오늘날의 해석학적인 풍조의 진자가 또 다른 극단적인 방향으로 쏠리면서 나타난 결과이다. 하지만 만일에 본문의 의미가 독자가 뭐라고 생각하든 그 생각에 달려 있다면, 결국 본문의 실제 의미란 존재하지 않는 셈이다.

결국 오늘날의 포스트모던 시대에 우리는 두 가지 막다른 골목의 사이에 끼어 있다. 한편으로는 극단적인 객관주의와 또 다른 한편으로 극단적인 주관주의로부터 벗어날 수 있는 길은 과연 무엇일까?

분명 그 길은 존재하지만 그러나 그 길을 발견하기 전에 먼저 우리는 계몽주의적인 성경 독법(the Enlightenment reading of the Bible)을 뒤집어 보아야 한다. 성경의 역사적 사실을 증명하거나 그 본문의 의미를 해석하고 그 안에서 성공 비결을 끌어내기 위하여 해석학적인 도구들을 활용하는 대신, 우리 스스로 성경의 세계 속으로 한 걸음 들어가서 거꾸로 그 본문이 우리의 일상적인 삶을 포함하여 모든 세계 역사를 해석하도록 허용해야 한다. 그렇다면 문제는 과연 어떻게 해서 우리는 성경 속으로 들어가서 그 본문이 오늘 지금 이곳에서의 우리의 일상적인 삶을 포함하여 모든 세계 역사를 해석할 수 있도록 유도할 것인가?

그 한 가지 해답은 성경본문을 그대로 진리로 받아들여서 읽고 설교하는 것이다. 이를 위해서 우리는 성경본문을 진리로 확증하기 위한 역사비평적인 방법이나 과학적인 검증장치들에 의존하려는 자세를 버려야 한다. 성경은 스스로 세상을 비추는 해석자이며, 자체의 내적인 구조와 내용을 통해서 스스로를 검증한다.

몇 해 전에 나는 휘튼대학교의 대학원 수업 시간에 오늘날 성경이 직면한 위기에 대해서 학생들에게 강의하고 있었다. 당시 나는 성경의 역사적 사실을 증명하려거나 또는 고대 신화의 한 종류로 읽거나, 치유나 사업 또는 개인적인 성공 비결을 찾아 내려는 목적으로 성경을 읽는 풍조를 비판했다. 그 강의를 듣던 학생들 중에 어떤 중년의 여성이 불쑥 이런 질문을 던졌다. "그렇다면 교수님, 저는 성경을 어떻게 읽어야 할지 모르겠습니다." 그녀는 질문을 계속 이어갔다. "교수님이 말씀하신 방법들이 실은 그동안 제가 배웠던 유일한 방법들입니다. 그것이 틀렸다면 그러면 이제 저는 성경을 어떻게 읽어야 할까요?"

그 질문에 나는 이렇게 대답했다. "성경을 진리로 대하고 읽으십시오."

그때 내가 "성경을 마치 진리인 것처럼 대하고 읽으십시오"라고 대답한 것이 아니라는 점에 주목하기 바란다. 성경을 신화의 한 종류로 이해하는 사람들은 그렇게 읽는다. 또 당시 나는 "성경이 진리임을 증명하기 위하여 읽으십시오"라고 대답하지도 않았다. 역사비평을 동원하거나 과학적인 증거들을 찾으면서 읽는 사람들은 그런 목적을 염두에 둔다. 또 나는 "성경을 읽어서 그 속에서 진리를 찾아내세요"라고도 대답하지 않았다. 성경에서 인생을 좀 더 성공적으로 만들어 줄 어떤 교훈이나 원리를 찾아내려는 사람들은 그렇게 성경을 읽는다. 그렇다면 성경본문을 하나님의 진리로 받아들이고 읽어서 그 속에서 역사 속에서 일하시는 하나님의 구원 행위들을 기억하며 장차 모든 피조물을 다스리실 하나님의 통치를 소망하기 위해서는 어떤 과정들을 거쳐야 할 것인가?

1) 고대의 사고방식으로 성경을 읽고 설교하라.

성경을 진리로 대하고 또 하나님의 구원에 관한 이야기로 읽기 위해서 우리가 고려해야 할 첫 번째 단계는 성경을 고대의 사고방식을 따라서 읽는 것이다.

오늘날 우리 대부분은 이성을 중요시하는 헬라의 사고방식으로 훈련을 받았기 때문에, 고대의 사고방식으로 성경을 읽는 것이 결코 쉽지 않다는 점을 나 역시 모르는 바가 아니다. 예전의 그리스인들처럼 우리도 교육을 통해서 지성적인 분석 능력을 갖추게 되었다. 그러다 보니 우리 주변의 모든 현상들에 대해서 범주화하고 체계화하기를 좋아한다. 또 모든 사물들을 대할 때 그 사물의 고유한 위치와 자리를 지정하기를 좋아하며 정돈된 질서를 원하고 생명의 원리를 이해하고 그 과정을 통제하기를 원한다. 그런데 현대인은 이러한 사고방식을 그대로 성경에도 적용하여 하나님의 말씀으로서의 성경의 주도권을 인정하지 못하고 오히려 성경해석을 이성으로 통제하려고 한다. 그래서 우리가 성경 위에 서서 그 본문의 진리 여부를 판정하는 심판관 역할을 자처한다.

하지만 기독교의 뿌리는 그리스가 아니라 히브리 문화임을 기억해야 한다. 예수도 유대인이셨고 그의 제자들도 마찬가지다. 또 예수 그리스도의 생애와 사역에 대한 가장 중요한 해석자인 사도 바울 역시 유대인이었다. 그 이후로 초대 기독교는 로마 지역과 헬레니즘의 문화권으로 널리 퍼졌고 또 노예들에게로 퍼졌으며 이후로도 몇 가지 예를 들자면 아프리카와 스페인, 유럽 그리고 북미권의 문화 속으로도 널리 퍼졌다. 그런데 기독교가 여러 문화권 속으로 퍼질 때마다 교회는 그 문화의 옷을 갈아입으면서 발전을 거듭했다. 그 과정에서 기독교가 특정한 지역 안으로 상황화하여 정착되도록 유도하는 문화는 결국 기독교의 외양을 바꾸기도 하고 심지어 기독교의 메시지를 왜곡시키는 일도 발생했다. 그러다 보니 성경이 그 문화의 창을 통해서 읽혀지는 일이 일어났다. 이것이 바로 오늘날 미국과 서구 사회에서 발생한 기독교 복음의 왜곡과 변질이다. 오늘날 우리가 성경을 미국적인 삶의 방식을 안내하거나 또는 개인주의와 상업주의 그리고 정치적인 입장을 천명하는 하나의 선언서로 간주하면서 결국 성경을 변질시켰다.

성경의 독자가 초대교회처럼 성경의 세계 안으로 들어가서 그 아래 복종의 자세로 메시지를 청취하기를 원한다면, 성경을 이성적으로 대하고 범주화하고 통제하려는 헬라의 지성주의에 대한 고집을 포기해야 한다. 그 대신 성경을 통전적이며 상관적이고 열정적으로 읽기 시작해야 한다.

초대교회 교부들은 삶을 거룩한 것과 속된 것으로 구분된 것으로 이해하지 않았다. 그들에게는 삶을 포함한 모든 것이 다 거룩하다. 하지만 헬라인들의 사고방식에 의하면 기도나 하나님과의 관계는 거룩한 삶의 영역에 해당하는 것이고, 일이나 재미, 결혼 또는 인간관계는 거룩한 삶의 영역에서 분리되어 세속적인 삶의 영역에 속한다고 생각했다. 당연히 세속적인 삶의 영역에서는 "하나님과의 동행"도 잠시 유보되기 마련이다. 하지만 초대교회의 성경적인 사고방식에서는 일요일뿐만 아니라 모든 날과 삶의 전 영역, 즉 일과 재미, 결혼, 인간관계 모두가 거룩한 영역에 포함된다. 하나님 역시 시간을 가리지 않고 항상 모든 곳에 임재하시며 모든 장소에 거주하신다. 하나님의 성령은 이 세상의 모든 만물에게 생명을 공급하시는 분이시기 때문에 이 세상에 아무도 하나님의 임재로부터 벗어날 수 없다. 이러한 통전적인 사고방식은 하나님이 역사 속에 개입하기 때문에 인류 역사를 아주 신중하게 대하며 하나님께서 역사의 시초부터 마지막 순간까지 모든 만물 속에 관여하시는 분으로 이해한다. 그 하나님께서 이스라엘을 불러 구원하시고 교회를 세우셨다. 또 하나님은 출애굽 사건과 그리스도의 사건 속에 역사하시며 자기 백성을 구원하고 세우는 과정 속에도 함께하신다. 또 하나님은 구름기둥과 불기둥 속에서, 바위 사이로 터져 나온 생수 가운데, 십계명의 돌판 속에서, 아름다운 모습으로 지명된 성막과 성전 속에서, 희생제사와 안식일의 규례 속에서 그리고 선지자들과 제사장들과 여러 왕들의 통치 속에서 다양한 모습으로 자신의 임재의 표시를 보여 주셨다. 그 이후로도 신약시대에 하나님은 교회 안에서 함께 모인 회중 가운데 그들의 찬송 속에서 성경읽기와 세례의 물과 성만찬의 빵과 음료 가운데 그리고 도유 속에서 함께 임재하신다. 그래서 하나님은 어느 곳에서든 부재하신 곳이 하나도 없으시며 하늘 성소에 좌정하셔서 자기 백성들의 예배를 흠향하시는 영원한 하나님이시다. 그 하나님은 인류 역사 속에서 살아 계시고 자기 백성들 가운데 일하시며 그들을 감동하시며 그 가운데 자신의 거처를 정하시는 하나님이시다. 그러므로 삶의 일부분이 아니라 이 세상의 모든 것들이 주님 앞에서 거룩하다는 점을 인정해야 한다. 또 하나님은 인간 실존의 모든 세세한 영역 속에서 자신을 알리시는 분이심도 인정해야 한다. 그리고 성경과 하나님의 구원 이야기 속으로 들어가서, 하나님께서 모든 만물 속에 임재하시지만 특히 하나님의 궁극적인 아이콘(성상, icon)인 예수 그리스도 안에서 특별하게 말씀하시는 그분의 음성을 청종하는 법을 배워야 한다.

2) 상관적이며 열정적으로 성경을 읽고 설교하라

성경의 세계 안으로 들어가서 그 아래에서 본문의 음성을 겸손하게 청종하려면 성경을 상관적으로(relationally) 읽어야 한다. 히브리인들의 사고방식은 하나님을 마치 연구의 대상처럼 지성적으로나 추상적으로 묘사하지 않는다. 그 대신 이들은 하나님을 자신의 피조물과 인격적인 관계를 맺으시는 분으로 묘사한다. 창세기에 등장하는 아담과 하와로부터 시작해서 노아와 아브라함, 사라, 모세, 미리암, 다윗 그리고 이후의 왕들과 이사야와 여러 선지자들을 살펴볼 때 하나님은 항상 사람들과 관계를 맺으시는 분으로 묘사된다. 모세가 하나님의 이름을 묻자, 그분은 이 땅의 모든 이름들이 맺고 있는 관계의 차원을 달리하여 "나는 스스로 존재하는 자"(출 3:14)라고 대답하셨다. 이후로도 이스라엘과 맺은 하나님의 인격적인 관계는 항상 아빠와 엄마, 남편, 아들, 딸, 친구처럼 인격적인 관계의 언어를 통해서 묘사된다. 또 이스라엘이 배교하여 하나님을 버리고 방황할 때에도 이스라엘의 배교에 대한 죄악 역시 깨어진 결혼관계나 부정한 배우자, 방탕한 자녀처럼 깨어진 인간관계를 표현하는 언어들로 묘사된다. 하나님과 교회에 대한 신약성경의 이미지 속에서도 계속해서 그 이전의 인간관계에 대한 강조점이 그대로 유지된다. 예를 들어 교회는 "그리스도의 몸"이며, "그리스도의 신부"이고 "한 몸을 이룬 공동체"이며 "신앙의 권속"이자 "성도의 교제"이다. 그래서 신자가 성경읽기를 통해서 그 세계 속으로 들어가려면 "나는 아담으로부터 시작해서 아브라함과 모세, 다윗, 엘리사벳, 마리아 그리고 사도 바울이 하나님과 누렸던 언약 관계의 전통 위에 서 있다"고 고백하면서 성경을 읽어야 한다. 하나님의 구원 이야기라는 성경 내부의 시각에서 읽는 것은 결국 성경을 단순히(역사적으로 증명해야 하거나 비신화화해야 하는) 역사적인 사실들을 나열한 묶음집이 아니라, 만세 전에 계획하신 하나님의 비전을 완성하기 위하여 이 세상에서 일하시는 삼위 하나님에 대한 해설서로 전환하는 것이다. 그럴 때 비로소 우리는 그 하나님의 비전 안에서 우리의 고유한 자리를 발견할 수 있다.

성경의 세계 안으로 들어가서 그 말씀을 겸손히 청종하려면 우리는 히브리인들처럼 성경을 열정적으로(passionately), 말하자면 성경을 가슴으로 읽는 방법을 배워야 한다. 지성은 항상 성경본문을 해부하고 분석하고 심문하고 판단을 내리려고 하지만, 가슴은 오히려 본문으로부터 하나님의 음성을 들으려고 하고 보려고 하고 느끼려고 하며 사랑하고 두려워하며 믿으려고 한다. 지성이 아니라 가슴으로 성경을 읽는 사례는 구약성경뿐만 아니라 신약성경 안에서도 모두다 열거할 수 없을 정도로 풍부하게 발견된다. 왜냐하면 삶의 지향점은 지성이 아니라 마음의 열정을 통해서 달성되기 때문이다. 타락 이후에 하나님은 "사람의 마음의 계획하는 바가 어려서부터 악함"(창 8:21)을 이미 알고 계셨다. 회개하여 하나님에게로 돌아선 사람들은 그 마음으로 그렇게 하였다. 또 하나님을 예배하는 자들은 그 마음속에서부터 "내가 전심으로 여호와께 감사하오며 주의 모든 기사를 전하리이다. 내가 주를 기뻐하고 즐거워하며 지극히 높으신 주의 이름을 찬송하리이다"(시 9:1)라고 찬양한다. 또 이스라엘이 하나님으로부터 떠나가자 하나님은 이렇게 말씀하신다. "내가 여호와인 줄 아는 마음을 그들에게 주어서 그들로 전심으로 내게 돌아오게 하리니 그들은 내 백성이 되겠고 나는 그들의 하나님이 되리라"(렘 24:7). 하나님의 백성된 교회와 우리 모두는 "마음을 다하며 목숨을 다하며 힘을 다하며 뜻을 다하여 주 너의 하나님을 사랑해야"(눅 10:27) 한다. 왜냐하면 "너희 보물이 있는 곳에는 또한 너희 마음도 있기"(눅 12:34) 때문이다.

3) 성경을 은유로 읽고 설교하라.

성경을 새로운 관점으로 읽는 데 도움을 줄 또 다른 히브리인들의 독특한 성경 독법이 있다. 그것은 성경을 시와 은유, 이야기 그리고 역설의 언어로 읽는 것이다. 불행하게도 언어에 대한 서구적인 접근 방식은 주로 로마의 전통을 따라서 엄밀성과 간결함 그리고 사실성을 중요시한다. 이런 종류의 언어 방식은 본문의 문법을 분해하고 쪼개고 해부하고 분석하는 데 강조점을 둔다. 하지만 히브리인들의 언어는 다분히 모호하고 환기적이며 독자들의 상상력을 자극한다. 언어(language)란 문장을 만드는 단어들의 집합체 그 이상이다. 그 언어 속에는 소통을 위한 다양한 형식과 양식이 들어 있다. 예를 들어 오늘날 서구의 사고방식으로 성경을 읽다 보면 우리는 다양한 형태의 히브리적인 상상의 세계를 자꾸만 명제적인 진술문으로 재구성하려고 한다. 하지만 히브리인들의 소통방식은 잘게 분석하고 통제할 수 있는 몇 가지 명제나 진술문으로 축약될 수 있는 것이 아니다.

예를 들어서 히브리인들은 어떤 느낌을 불러 오는 은유를 통해서 소통한다. 그들은 전달하려는 메시지를 몇 가지 사실로 정리될 수 있는 구체적인 몇 가지 단어 속에 고정시키는 대신에, 상상력을 자극하는 다채로운 은유를 사용하여 소통한다. 이와 관련하여 마빈 윌슨(Marvin Wilson)은 이렇게 설명한다.

> 보는 것은 "눈을 들어 올린다"(창 22:4)로 표현한다. 화가 난 것은 "콧구멍이 불탄다"(출 4:14)고 하고, 누군가에게 무엇을 보여주거나 드러내는 것은 "누군가의 귀의 마개를 여는 것"(룻 4:4)으로 표현하고, 동정심이 없는 것은 "마음이 굳어졌다"(삼상 6:6)고 하며, 강퍅한 것은 "목이 곧다"(대하 30:8)고 하며, 어떤 준비를 하거나 마음에 준비를 하는 것은 "허리를 동여매다"(렘 1:17)로 표현하며, 가기로 결심하는 것은 가려는 방향으로 얼굴을 돌리는 것(렘 42:15, 17; cf. 눅 9:61)으로 표현한다.[4]

적어도 성경의 삼분의 일은 모두 시적인 언어로 표현된다.

오늘날 우리는 고대인들은 성경을 쉽게 구하여 읽지 못했다는 사실을 종종 간과하곤 한다. 또 오늘날 우리에게는 수많은 성경역본들이 있고 집에서나 어디에서든 쉽게 성경을 공부할 수도 있어서 성경이 아주 평범한 일상 용품처럼 취급되고 있다. 하지만 고대에는 일반 사람들이 성경을 쉽게 접근할 수도 없고, 그 내용은 주로 사람의 기억에 의존해야만 했다. 이렇게 성경이 주로 사람의 기억에 의존하는 상황에서 시와 은유를 통한 기억이 효력을

---

4) Marvin R. Wilson, *Our Father Abraham: Jewish Roots of the Christian Faith* (Grand Rapids: Eerdmans, 1989), 137.

발휘했다. 히브리의 시 속에는 기억을 돕기 위한 평행법과 직유, 자연에 대한 의인화, 소리에 대한 모방 그리고 리듬과 운율로 가득 차 있다. 그럼에도 불구하고 서구의 지성은 시를 문자적으로 해석하려고 한다. 예를 들어서 창세기에 기록된 창조 기사는 창조 사건에 대한 역사나 과학적인 기록이 아니라 예전적인 시의 형태를 갖추고 있다. 이 시를 통해서 말하고자 하는 것은 하나님이 세상을 창조하다는 것과 그래서 이 피조계는 하나님 안에서 의미가 있다는 것이다. 그래서 만일에 어떤 이들이 그러하듯이 이 창조 기사를 세상의 기원에 대한 과학적인 설명문으로 이해하기를 고집한다면 시적인 메시지를 이해할 수 있는 가슴과 영혼을 잃어버리고, 결국 독자의 상상력을 자극하며 그 영혼을 하나님 앞에서 자유케 하는 시를 몇 가지 과학적인 원칙으로 검증해야만 하는 지성적이고 무미건조한 사실들로 뒤바꾸는 셈이다. 이렇게 하는 것은 결국 진리를 질식시키는 것이다.

성경을 대하는 고대인들의 사고방식은 오늘날 우리와 같이 생명이 없는 분석적이거나 체계적인 사고방식이 아니라 마음속에 그림을 그리듯이 이해한다. 그래서 히브리인들은 "머리 속에서 이성적이며 추상적으로 숙고한 것보다는 눈으로 본 것을" 그대로 묘사하는 편이다.[5] 또 그들은 오늘날 서구 사회에서 우리가 그러하듯이 추상적인 방식으로 하나님을 설명하지 않는다. 또 하나님의 속성에 대해서 추상적으로 토론하지도 않으며, 하나님을 자세히 분석해야 할 어떤 추상적인 대상으로 여기지도 않는다. 오히려 그들은 항상 하나님을 "일하시는 하나님"으로 시각화하여 묘사하기를 좋아했다. 성경의 하나님은 "하늘 높은 곳에 가만히 앉아 계신" 어떤 거룩한 본질이 아니라, 세상을 창조하시고 사람들과 관계를 맺으시고 무언가를 느끼고 반응하며 상호작용하시는 인격체이시다. 그 하나님은 사람들과 언약의 관계를 맺으시고 마지막으로는 우리 모두를 죄악으로 인한 불행에서 구원하시고자 우리가 당하는 고통 속으로 들어 오셨다. 그리고 창세 전에 세상을 위하여 계획하신 그분의 거룩한 계획을 위하여 오늘도 이 세상에서 우리 안

---

5) Ibid., 145.

에서 일하고 계신다.

　고대의 의사소통이 주로 스토리텔링을 통해서 이루어진 이유가 바로 이 때문일 것이다. 히브리인들의 이야기의 중심에는 스스로 이야기하는 인물들이 자리하고 있다. 이스라엘의 모든 역사는 이 세상의 시작과 끝에 관한 한 편의 이야기이다. 그 이야기는 또한 타락에 관한 이야기이며 하나님께 반역한 인류가 어떻게 문명을 발전시키게 되었는지에 관한 이야기이며, 하나님이 아브라함과 족장들과 서로 언약을 맺은 이야기이며, 그분이 자기 백성들을 바로의 압제에서 어떻게 구원하셨는지에 관한 이야기이며, 하나님께서 이들을 어떻게 자기 백성 삼으시고 이들에게 앞으로 살아갈 하나님의 율법을 베풀어 주시고 또 성막을 만들게 하시고 하나님을 예배할 예배 제도를 갖추도록 안내하셨는지에 관한 이야기이며, 광야에서 그들을 시험하시고 결국 이들이 평안히 거주할 수 있도록 약속의 땅으로 어떻게 인도하셨는지에 관한 이야기이다. 또 히브리 백성들 전체의 역사는 이 세상 사람들이 자기 독생자를 영접할 준비를 하도록 하나님께서 어떻게 이들을 안내하고 준비시켰는지에 관한 이야기이며, 이들의 역사를 통해서 메시아가 드디어 이 세상의 이야기를 모두 완성하기 위하여 강림하셨다. 이후로도 동일한 이야기는 교회의 탄생과 성장 속에서 계속 이어지며 오늘날 우리가 이 시대 역사 속에서 하나님께서 무슨 일을 하고 계시는지를 분간하고 여기에 헌신하는 과정 속에서 지금도 계속되고 있다. 구약시대 히브리인들의 역사 속에서 이 이야기는 앞으로 완성될 것을 미리 바라보는 예상의 이야기였다. 하지만 예수 그리스도 이후로 그 이야기는 성취의 이야기이며 이제 하나님께서 새 하늘과 새 땅에서 모든 피조물들을 향하여 계획하신 그분의 거룩한 계획이 완성될 것을 소망하는 새로운 예상의 이야기로서 그날을 향하여 계속 진행되고 있다.

　성경을 은유의 관점에서 독해하는 데 참고해야 할 고대 언어의 또 다른 특징은 역설(paradox)이다. 우리는 역설을 통해서 이야기의 양쪽을 함께 바라볼 수 있다. 예를 들어 하나님은 이스라엘의 모든 이야기 속에 등장하는 주인공이시지만 그 이야기 안에서 이스라엘 백성들과 수많은 개인들 역시 중요한 주인공으로 등장한다. 그래서 성경 내러티브는 항상 하나님의 입장과 사람의 입장 모두를 견지한다. 하나님은 사람을 선택하시고 지명하여 부르시며 그들을 세우신다. 또 그분은 사람들 가운데에서 말씀하시고 책망하시고 지도하시는 분으로 나타난다. 그와 동시에 사람들 역시 그들 가운데 일하시는 하나님의 임재 앞에서 살아간다. 또 이들은 하나님과 관계를 맺으며 그분께 반응한다. 이들은 때로는 하나님을 무시하거나 때로는 철저하게 하나님을 배반하기도 하고 스스로 만든 우상을 섬기기도 한다. 그럼에도 불구하고 하나님은 결코 떠나지 않고 그곳에 임재하신다.

그런데 서구인들의 사고방식으로는, 특히 계몽주의의 사고는 역설을 별로 좋아하지 않는다. 합리적인 사고방식으로는 어떻게 동일한 실체의 양쪽 면이 서로 대립할 수 있는지를 전혀 이해할 수 없다. 그래서 어떤 이들은 성경을 읽을 때 철저하게 하나님만을 강조하여 그분의 완벽한 섭리나 예지만을 강조하려고 한다. 또 다른 이들은 인간의 자유나 선택의 다양성을 강조하면서 성경을 읽으려고 한다. 하지만 히브리인들의 사고에서는 하나님의 섭리와 인간의 자유의지 모두 다 사실이고 정당하다. 히브리인들은 서로 모순되는 것을 기꺼이 받아들이려고 하지만, 근대 계몽주의의 영향을 받은 사고방식은 이 세상 어느 곳에서든 하나님과 인간의 양 극단의 역설 때문에 생겨나는 모호함과 불확실성을 있는 그대로 인정하려고 하지 않는다.

4) 성경이 거꾸로 우리 자신과 세상을 읽어 내도록 성경을 읽고 설교하라.

지금까지 내가 설명하려고 하는 바는 우리가 성경을 읽고 해석하는 것이 아니라 반대로 성경이 우리를 읽고 해석하도록 하는 것이다. 만일 예수 그리스도가 진정 성경의 중심인물이며 참된 영적인 삶을 규정짓는 분이라면, 성경을 통해서 읽어야 할 것은 우리가 아니라 성경의 진정한 주인공이신 예수께서 오히려 우리와 이 세상 전체를 읽어내는 것이다.

성경을 기독론적으로 읽는다는 의미는 성경이 거꾸로 우리와 세상을 읽도록 성경읽기의 주도권을 그리스도께 이양하는 것이다. 그리스도 중심적인 성경 독법은 결국 인간 마음의 완고함을 적나라하게 노출하기 때문에 독자가 본문을 통제하는 것이 아니라 반대로 본문이 우리와 세상을 읽어내는 효력을 발휘한다. 그래서 우리는 하나님에 대한 인간의 반역에 관한 기사를 마치 나와 관계 없는 다른 어떤 사람의 반역성이나 특정한 문화에 관하여 연구하듯이 읽어서는 안 된다. 그런 기사는 물론 특정한 역사와 문화에 뿌리를 내리고 있지만 시간과 문화의 간격을 초월하여 "네가 바로 그 자리에 있었으며 이 모습이 바로 너의 삶과 너의 죄악과 하나님으로부터 돌아선 너의 반역과 부패를 그대로" 묘사한다. 예를 들어서 아담과 하와의 이야기와 가인과 아벨, 노아, 바벨탑, 아브라함과 사라, 하갈과 이스마엘, 롯과 그의 딸들, 이삭과 리브가, 야곱과 에서, 라헬과 레아의 이야기가 어떻게 우리 자신과 오늘의 세상을 읽어낼 수 있을까? 또 창세기에 언급된 세상에 편만한 죄악에 관한 기사나 수많은 왕들과 사사들과 선지자들에 관한 이야기가 어떻게 오늘 우리의 삶을 읽어낼 수 있을까? 그렇다면 그저 성경책을 펼쳐서 "본문 안에서 내 자신의 모습과 내가 사는 세상을 읽어 보겠노라"고 하면 충분한가? 아니면 "이 인물의 모습이 나와 닮았다. 내가 사는 세상도 바로 이러하다. 하나님께서 이들에게 말씀하시고 또 이런 상황에서 이 사람에게 말씀하신 것이 바로 나에게 말씀하시는 것이다"고 말하면 될까? 성경적인 상황을 통해서 하나님께서 우리에게 말씀하시는 음성을 듣는 것이 가능할까? 창세기로부터 요한계시록까지의 성경 전체를 마치 우리 자신의 이야기처럼 읽는 것이 가능할까? 성경은 두 가지 이야기를 하나의 거대한 내러티브로 엮어서 이야기를 들려준다. 그 이야기는 바로 하나님과 사람 사이에 서로 작용하는 이야기이다. 그 이야기는 하나님에 관한 진리를 계시하지만, 동시에 사람과 사회, 문화, 문명에 관한 진리도 계시한다. 그래서 성경이 펼쳐 보여 주는 하나의 역사의 관점에서 성경을 읽고 설교할 때 결국 우리는 성경이 펼쳐 보여 주는 세계 속으로 들어갈 수 있으며 그 결과 성경본문이 우리 자신과 우리가 사는 세상을 읽어내고 이를 변화시키는 일이 발생한다.

성경이 우리와 이 세상을 읽어낼 수 있는 또 다른 이유가 있다. 그것은 우리의 구속자이신 예수 그리스도가 우리를 위한 진정한 삶의 모델로서 우리 안에서 일하고 계시기 때문이다. 우리 안에 사시는 이가 바로 그리스도이시기 때문에 우리는 또한 그리스도 안에서 그리고 그의 성육신과 십자가 죽음과 부활과 승천 그리고 재림 안에서 살 수 있다. 성경을 성경 내부 세계의 시각으로 읽는다는 것은 우리 스스로를 성경의 진정한 주인공이신 그리스도께 열어서 그분으로 하여금 우리 안에서 일하시도록 하는 것이다. 우리는 지금 이 세상을 새롭게 회복하시는 그리스도의 구원 세계 안에서 살고 있다. 그리고 우리는 매일, 매주, 매년의 교회력을 통해서 그 구원의 완성을 위한 그리스도의 구원사역을 기억하고 또 마지막 날에 모든 피조물을 통치하실 그분의 궁극적인 통치를 대망한다.

4. 결론

이번 6장에서 나는 예배 중에 성경을 읽고 설교하는 잘못된 방식들을 지적하였다. 예배 중에 성경을 읽고 그 본문을 설교 메시지로 선포할 때, 성경 내러티브의 내부 세계의 관점이 아니라 성경 밖의 인간의 관점에서 해석되는 경우가 적지 않다. 이 문제를 해결하는 데 오늘날의 신학교육이 별로 도움이 되지 못한다. 근대 계몽주의의 영향을 받은 신학생들은 성경본문의 진리를 깊이 있게 배우지도 못하고 그저 역사비평이나 문학비평을 배우고 익히는 데 너무 많은 시간을 허비한다. 반면에 목회 현장에서 사역하는 목회자들과 교회 지도자들은 주관적인 경험주의의 영향을 받아서 성경에서 하나님의 거대한 구원 드라마의 맥락을 무시하고 특정한 구절만을 선별적으로 뽑아서 감동적이거나 치유적인 메시지로 둔갑시키곤 한다.

하지만 이런 문제들에 대한 대안으로 사도들과 교부들의 성경읽기와 설교 방식은 매우 유익한 본보기를 제공한다. 고대의 교부들은 성경의 구원 이야기 속으로 들어가서 그 본문을 삼위 하나님의 극적인 구원 드라마의 관점에서 해석하였다. 이들은 또한 예수 그리스도가 창조와 성육신, 재창조를 아우르는 거대한 하나님의 구원 역사의 중심인물이라고 믿었다.

그래서 나는 오늘날의 목회자들과 교회 지도자들 그리고 성경을 해석하려는 사람들에게 이러한 고대의 성경읽기와 설교 방식의 가치를 재발견하라고 도전하고자 한다. 또 오늘날에도 사도들과 교부들의 본을 따라 성경을 읽고자 하는 사람들은 내러티브와 신비, 역설, 모형론을 활용하는 고대의 사고방식을 존중할 필요가 있다. 이러한 고대의 사고방식은 오늘날 근대적인 사고에 깊이 의존하는 우리의 경향을 교정하면서 오히려 포스트모던의 사고방식과 조화를 이루도록 안내한다. 성경은 추론적으로 읽을 것이 아니라 삼위 하나님께서 상호 공동체 안에서 그러하시며 또 삼위 하나님의 호혜적인 관계를 반영하는 이스라엘과 교회라는 공동체 안에서도 그러하듯이 성경을 관계적으로 읽고 설교하는 법을 배워야 한다. 이와 아울러 하나님의 말씀은 단순한 사실이 아니라 우리 일상의 삶과 모든 인류 역사를 해석하고 안내하는 하나님의 거룩한 생명의 원천임을 알고서 성경을 열정적으로 읽고 설교해야 한다. 또 성경을 일종의 은유의 관점에서 읽고 설교해야 한다. 이를 위해서 독자들은 성경의 여러 그림들이 하나의 통일된 드라마 안에서 하나님의 생명으로 연합하여 통일체로 떠오르도록 해야 한다. 또 성경을 읽을 때 인간 독자가 성경 위에 서서 성경을 분석하여 읽는 차원에 머무를 것이 아니라, 그 반대로 성경 아래 서서 성경이 우리 일상의 삶과 관습과 생각하는 것과 행동하는 것 모두를 읽도록 허용하는 방식으로 성경을 읽고 설교해야 한다. 바로 이러한 방식의 성경읽기와 설교가 올바로 실행될 때, 성경 말씀에 대하여 무지하며 자신들의 삶을 해석하고 인도해 줄 하나님의 말씀에 대한 굶주림과 목마름이 가득한 황무지에 살고 있는 사람들이 비로소 하나님의 구원 내러티브의 우물에서 시원한 생수를 마실 수 있을 것이고 하나님이 부르시는 세상으로 나아갈 생명의 길을 발견할 수 있을 것이다.

Ancient-Future Worship

Proclaming and Enacting
God's Narrative

7장

성만찬, 성찬에 임재하시는 하나님의 현존으로 변혁시키기

몇 해 전, "예배 인도자"(Worship Leader)라는 잡지의 편집장인 내 친구 척 프롬(Chuck Fromm)이 이런 말을 했다. "밥, 오늘날 예배 현실에 대하여 직시해야 하네 고대 교회에서 성만찬은 하나님 임재의 핵심이었지. 그리고 종교개혁을 거치면서 하나님 임재의 중심에는 그분의 말씀이 있었는데, 오늘날에 그 중심에 말씀 대신 음악이 차지하고 있네."

내가 판단하기에 오늘날 하나님의 임재를 떠올리는 가장 보편적인 방법은 바로 음악 중심의 예배이다. 하지만 이런 예배는 하나님의 임재를 이해하는 데 심각한 한계가 있다.

하나님은 천지창조와 이후의 섭리의 능력 속에서 어디든 임재하신다. 예를 들어 아름다운 자연 속에서나 해 지는 노을 속에서 또는 해맑게 웃는 아기의 얼굴 속에서도 그분의 모습을 엿볼 수 있다. 그러나 하나님은 "두세 사람이 내 이름으로 모인 곳에는 나도 그들 중에 있느니라(마18:20)"고 분명히 말씀하신다. 그래서 교회는 하나님이 자연 속에서 무소부재하실 뿐만 아니라 무엇보다도 예배로 모인 회중 가운데 강력하게 임재하심을 항상 믿어 왔다. 하나님은 회중이 함께 모여 찬송을 부르며, 성경을 읽고, 기도를 드릴 때 그리고 특히 성만찬을 거행할 때, 그곳에 함께 임재하신다. 예수께서도 제자들에게 자신을 영원토록 기억할 방법을 가르쳐 주셨다(기억을 의미하는 아남네시스의 효력은 "내[그리스도]를 그 자리에 임재하게 하는 것"이다). 말하자면 제자들이 함께 모여 주님을 기억하며 떡을 떼고 주님의 잔을 나눌 때 주님은 바로 그 자리에 임재하신다.

하지만 오늘날 계몽주의적인 합리주의(Enlightenment rationalism)의 영향을 받은 현대의 그리스도인들 중에는 성찬예식에서 일어나는 초자연적인 주님의 임재를 깨닫지 못하는 경우가 많다. 이들에게 성만찬의 주인공은 그리스도가 아니라 그저 내가 느끼고 경험하는 것 정도로 치부되고 있다.

1. 성만찬의 위기

오늘날의 성만찬에서 발견되는 가장 심각한 위기는 성찬예식의 초자연적 차원을 무시하는 "성만찬에 대한 비초자연주의화"(desupernaturalization) 현상이다. 내 수업에 참여하는 어떤 학생은 자신의 과제물 페이퍼에서 오늘날 성만찬에 대한 이런 태도를 암시적으로 표현하고 있다.

> 내가 보기에 성만찬의 예식(하나님께서 예전적인 행위로 제정하신 성례전)은 "이를 행하여 나(예수)를 기억하라"(눅 27:19)고 예수께서 말씀하셨듯이 기억을 위한 목적으로 그리스도의 구속 사건을 되새기는 상징 그 이상의 의미가 있는 것 같다…성만찬에서 일어나는 "그리스도의 실제적인 임재 교리"에 대한 교수님의 견해를 좀 더 설명하여 변론해 주시겠습니까?…만일 그리스도의 실제적인 임재에 관한 교리가 성만찬의 다양한 의미와 가치를 끌어내는 근원적인 확언(the foundational assertion)의 역할을 하는 것이라면, 성만찬의

다양한 의미와 가치를 연구하기 전에 먼저 그 교리를 지지하고 토론하는 자료들을 읽어 보는 것이 도움이 될 것이다.[1]

내가 보기에 이 학생이 원하는 것은 성만찬의 빵과 음료를 나눌 때 "그리스도께서 우리 가운데 임재하시고 우리가 그와 연합하는" 성만찬의 신비에 대한 합리적인 설명이다.

1) 합리주의의 문제

그렇다면 복음주의자들의 불신의 위기, 즉 성만찬 예배 중에 발생하는 그리스도와의 소통의 실패라는 문제를 어떻게 다룰 것인가? 오늘날 성만찬에서 발생하는 위기를 올바로 이해할 수 있는 좋은 방법이 있다. 그것은 계몽주의적인 합리주의(Enlightenment rationalism)의 영향 때문에 전체 기독교의 이야기가 점점 비초자연주의화(desupernaturalization) 하는 거대한 풍조 속에서 이 문제를 바라보는 것이다.

첫째로 종교개혁자 중의 한 사람이었던 츠빙글리는 성만찬에 임재하시는 그리스도에 관한 이해와 관련하여 기념설을 제시함으로써 성만찬의 초자연적인 성격을 크게 약화시키면서 성만찬을 단지 인간 편에서 무엇을 하는 것으로만 이해하도록 유도하였다. 게다가 18세기와 19세기에 이르러 역사비평과 문학비평이 성경해석에 도입되면서 성경은 더욱 인본주의적인 관점에서 해석하게 되었고, 하나님의 말씀보다는 하나님을 찾아가는 인간의 창작물로 간주되었다. 말하자면 성경은 더 이상 하나님의 계시로 받아들여지지 않았다. 게다가 최근에는 그리스도 안에서의 하나님의 성육신 사건은 단지 인간적인 예수로 뒤바뀌어버렸고, 예수의 죽으심과 부활 사건에 담긴 초자연적인 의미는 아무런 역사적인 의미나, 속죄 또는 화해의 의미가 없는 한갓 종교적인 신화로 재해석되고 있는 실정이다.

---

1) 학생의 이름은 프라이버시를 위하여 밝히지 않음.

당연히 복음주의자들은 기독교에 대한 자유주의적인 해석이나 신화적인 해석을 받아들이지 않는다. 복음주의자들은 분명히 하나님께서 세상을 창조하셨고, 자신을 계시하셨으며, 이 땅에 성육신하시고, 죽으시고, 부활하사, 승천하신 그리스도께서 다시 재림하실 것을 믿는다. 하지만 복음주의적인 초자연주의는 안타깝게도 분명한 증거와 변증을 통해서 입증될 수 있는 것들, 즉 이 피조계에 대한 하나님의 개입으로서의 몇 가지 하나님의 구원 이야기의 일부분에만 해당된다. 말하자면 하나님은 이 피조계 어디에든 항상 임재하신다는 온전한 초자연주의를 그대로 받아들이지 못하는 것이다. 이렇게 복음주의자들의 초자연적인 믿음이 일부 영역에만 제한되면, 결국 모든 초자연주의적인 믿음도 서서히 와해될 수밖에 없고 신앙도 마치 문화적인 표현으로 간주되거나 심지어 세속화된 기독교라는 새로운 형태로 변질될 우려가 있다.

내가 우려하는 바와 같이 모든 영역에서의 초자연적인 차원을 배격하는 새로운 반초자연주의 신앙을 향한 점진적인 조류가 이미 오늘날의 기독교 예배와 영성에서 분명하게 나타나고 있다. 예를 들어 현대 예배의 찬송가에 관한 연구 결과에 의하면, 기독교 예배에 관한 현대적인 관점은 하나님의 초자연적인 구원 이야기에 별로 관심을 두지 않는다. 그 대신 현대 예배의 강조점은 하나님보다는 예배자에 집중되며, 하나님이 예배자에게 베푸신 것보다는 반대로 예배자가 하나님께 드리는 어떤 것을 부각시키며, 심지어 찬송가 가사 속에도 하나님의 이름은 전혀 언급조차 되지 않는다. 게다가 대다수의 인기 있는 경건서적이나 영성 수양회에서도 하나님보다는 개인의 순례 여정을 더 강조한다. 이들은 영성이 하나님보다는 개인의 내면에 자리하고 있으며 영성을 계발하기 위해서는 개인 내면 속에 잠재해 있는 영적인 상태를 일깨우거나 해방시켜서 영적인 자아를 찾아낼 수 있다고 생각한다. 이렇게 현대 예배가 창조와 성육신 그리고 재창조에 관한 하나님의 구원 이야기로부터 점점 분리된 결과, 새로운 종류의 영지주의적인 예배와 영성이 나타났다. 하지만 하나님께서 예수 그리스도 안에서 그리고 성경을 통해서 자신을 계시하실 뿐만 아니라, 성만찬의 빵과 음료를 통해서도 자신을 드러내시는 일관성 있는 초자연주의를 부인하는 것은 결국 하나님에 관한 전망의 충돌을 의미한다.

좀 더 구체적으로 말해서 하나님은 그리스도와 성경을 통해서 자신을 드러내실 뿐이고 그리스도의 이름으로 함께 모인 회중 가운데에서나 성경 말씀을 통해서 또는 성만찬에서 허용되는 물과 포도주와 빵이라는 물질적인 요소들을 통해서 자기 백성들과 소통하신다는 사실을 부정하는 것은 결국 하나님의 창작품인 피조물을 모조리 부정하는 것이다. 이렇게 기독교 신앙에서 피조물의 긍정적인 가치를 부정하다 보면 결국 하나님은 성육신 사건을 통해서 사람의 몸을 입고 인간과 연합하셨다는 사실마저도 부정할 수 있다. 하지만 기독교 신앙의 신비는 성육신의 진실을 그대로 받아들일 뿐만 아니라 그 연장선상에서 하나님께서 빵과 음료 가운데 임하시는 성육신적인 임재(an incarnational presence)도 받아들인다.

2) 세계관의 충동

우리는 모든 만물의 창조자이며 구속자이신 하나님께서 우리와 함께 시작하시고 이끌어 오시는 언약 관계를 적극적으로 드러내 보이시는 초자연적인 세계에 살고 있는가? 아니면 하나님이 자신을 전혀 드러내지 않는 자연 세계에 살고 있는가? 앞에서 소개했던 내 학생처럼 상당수의 복음주의자들은 한편으로는 우리가 초자연적인 세계에 살고 있다고 믿는다. 그러면서도 이들은 하나님이 자신을 드러내시는 영역을 영감된 성경과 그리스도의 성육신 사건, 십자가상의 죽음과 부활 그리고 중요한 회심 체험과 같이 몇 가지 제한된 영역에 국한시킨다. 그러나 초대교회 교부들과 종교개혁자들은 이보다 더 광범위한 초자연주의의 신앙을 받아들였다. 하나님은 모든 피조계의 만물 속에 일반적인 방식으로 자신을 계시하시며, (이스라엘과 예수 그리스도)의 구원 역사 안에서 좀 더 강렬하게 자신을 계시하시고, 이렇게 하나님께서 자신을 알리시는 일은 교회를 통해서 지금도 계속되고 있으며, 예배 안에서 특히 성만찬의 빵과 음료라는 시각적인 표지를 통해서 자신의 임재를 나타내고 계신다는 것이다.

앞에서 소개했던 내 학생의 질문에 대답하려면, 성만찬 예배를 인간의 관심사가 아니라 하나님의 구원 이야기 안에서 이해해야 한다. 하나님의 구원에 관한 전체 이야기는 초자연적이다. 또한 이 이야기는 모든 피조물을 초월하여 그 위에 계신 초월적인 하나님과 그와 동시에 역설적으로 피조물 속에 여전히 내주하시는 하나님의 이중적인 역설을 전제한다. 그래서 앞에서 살펴본 바와 같이 하나님의 절대적인 타자성과 불가시적인 속성이 피조계 안에서 그리고 무엇보다도 성육신 사건을 통해서 우리 눈에 볼 수 있게 나타나셨다.

하지만 성경에 소개된 하나님의 구원 이야기는 그 내용을 이성적으로 증명하려고 하지 않는다. 단지 "태초에 하나님이 천지를 창조하시니라"(창 1:1)고 선언할 뿐이다. 창세기 초두의 선언부터 요한계시록까지 모든 말씀은 인간의 이성을 초월한 초자연적인 관점에서 선포되고 있을 뿐이다. 우리는 성경을 펼쳐서 천지를 창조하신 하나님에 대해서, 아브라함의 소명과 출애굽 사건, 예배와 율법을 통해서 이스라엘 나라를 세우시는 과정, 선지자들의 메시지, 예수 그리스도를 통한 하나님의 성육신, 예수의 공생애 사역, 그의 죽으심과 부활과 승천, 지금도 하나님 보좌 우편에서 계속되고 있는 그리스도의 중보사역, 완전한 새 하늘과 새 땅을 세우기 위한 그리스도의 재림 사건에 대해서 읽게 되지만, 이 모든 사건들은 전부 인간의 이성을 초월한 초자연적인 사건들이다. 역사 속에서의 하나님의 초자연적인 개입을 인간이 이성적으로 이해할 수 있는가 하는 문제는 우선이 아니다. 처음부터 끝까지 모든 내용들은 하나님이 이 세상 어느 곳이든 임재하셔서 자신을 알리고 계신다는 믿음과 확신에 근거하여 일방적으로 펼쳐진다. 우리 인간이 이 세상과 인류 역사를 그 본래의 궁극적인 영광 속에서 올바로 바라볼 수 있도록 안내하는 분이 바로 예수 그리스도이시다. 바로 그분 안에서 하늘과 땅은 서로 만날 수 있다. 왜냐하면 그분 안에서 하나님과 인간이 서로 연합하며, 그의 죽음과 부활을 통해서 우리 자신의 생명을 포함한 모든 피조물들이 결국 거룩하게 변화하기 때문이다.

그래서 고대의 교부들은 성만찬의 빵과 음료를 단순히 과거 그리스도의 구원 사건을 상기시키는 단순한 상징물로 이해하지 않고 그리스도 안에서 하나님께서 인간에게 찾아오시며 하늘과 땅의 모든 만물이 서로 화해하는 사건으로 이해하였다. 그러나 계몽주의적인 합리주의(Enlightenment rationalism)가 도래하면서 성만찬의 빵과 음료를 통하여 하나님이 실행하시는 구원에 대한 관심은 사라지고 단순히 예배 참여자들이 빵과 음료로 체험하는 인간적인 체험만을 강조하기에 이르렀다. 합리주의에서는 예배 참가자가 성만찬 예배를 자신의 영적 자양분의 원천으로 적극 활용할 것을 강조한다. 그래서 하나님보다는 내가 성만찬에 적극 참여하여 내가 무엇을 기억하고 떠올려야 한다. 즉 나의 기억이 더욱 강렬할수록 내 자신의 영성도 더욱 풍요로워진다는 것이다. 하지만 성만찬 예배에서 내가 스스로에게 영적인 자양분을 공급한다는 것이 과연 가능할까? 아니면 혹시 현대인들은 주님의 만찬상 앞에서 무언가 중요한 것을 놓치고 있는 것은 아닐까? 우리의 영적인 삶을 풍요롭게 하고자 하나님께서 공급하시는 것을 놓치고 있지는 않는가? 초대교회 교부들은 이런 문제점을 미리 지적했다.

2. 고대 교회의 성만찬

초대교회 교부들은 성만찬의 빵과 음료를 단순히 예수 그리스도를 생각나게 만드는 인간적인 상징물에 불과하다고 생각하지 않았다. 그보다 이들은 성만찬의 빵과 음료를 분명한 초자연적인 관점으로 접근했다.

1) 이그나티우스(Ignatius)

주후 110년에 안디옥교회의 감독으로 활약했던 이그나티우스가 그 첫 번째 사례를 보여 준다. 예수의 열두 사도들 중에 특히 사도 요한을 개인적으로 알고 있었던 이그나티우스는 로마 당국에 의하여 체포되고 원형 경기장에서 순교의 제물이 되었다. 그 중간에 이그나티우스는 소아시아에 있는 교회들(에베소, 마그네시아[Magnesia], 트랄레스[Tralles], 로마, 빌라델비아, 서머나)과 나중에 순교한 폴리캅(Polycarp)에게 일곱 편의 편지를 적어 보냈다.

이때 이그나티우스의 최대 관심사는 소아시아 지역에서 활동하는 영지주의자들이었다. 이들은 예수 그리스도의 성육신 사건은 하나님께서 인간의 눈으로 직접 볼 수 있고 만져볼 수 있도록 인간의 몸을 입고 성육하신 것이 아니라 단순히 유령으로 나타난 것에 불과하다고 가르쳤다. 실제가 아니라 그저 성육한 것처럼 보일 뿐이라는 것이다. 하지만 이그나티우스는 이런 거짓된 가르침에 대항하여 하나님의 실제적이고 육체적인 성육신을 주장하였다. 그는 트랄인들(Trallians)에게 보낸 편지에 다음과 같이 적고 있다.

> 예수 그리스도께서 하늘과 땅과 지하의 모든 이들의 눈에 보기에 분명히, 다윗의 혈통을 따라 마리아에게서 실제 육신의 몸을 입고 태어나시고 우리와 같이 음식을 먹고 마시고 본디오 빌라도에게서 실제로 핍박을 받으시고 실제로 십자가에 달려 죽으셨음을 부정하는 그 어떤 이야기에도 귀를 닫으십시오. 그분은 참으로 죽음에서 부활하셨습니다. 성부 하나님께서 그를 죽음에서 일으켜 세우셨고, 그와 같이 그리스도 예수 안에서 그를 믿는 우리도 일으켜 세우실 것입니다. 그분이 아니고서는 우리는 결코 참된 생명을 얻지 못합니다.[2]

이그나티우스의 편지에 나타난 성만찬 사상의 핵심은 성육신이 단순한

---

2) Ignatius, *To the Trallians*, 9, in Cyril C. Richardson, ed., *Early Christian Fathers* (Philadelphia; Westminster, 1953), 100.

환영이 아니라 우리 인간의 육신을 입고 구현된 실체(the embodied reality)라는 것이다. 그는 이러한 성육신의 관점에서 영지주의 사상을 반박하였고 한 걸음 더 나아가 이러한 성육신의 관점을 성만찬에도 적용하였다. 또 그는 서머나 교인들에게 "예수 그리스도의 은혜에 관하여 잘못된 개념"을 가르치는 영지주의자들로부터 떠날 것을 당부하였다. 이그나티우스가 보기에 영지주의자들이 복음의 육체적이고 물질적인 차원을 무시하는 명백한 증거는, 육체를 통한 하나님의 성육신에 대한 부정뿐만 아니라 성만찬을 부정하고 고아나 과부와 같은 약자를 무시하는 데서도 잘 나타난다.

> 영지주의자들은 인간의 사랑에 대해서도 관심을 갖지 않는다. 그들은 고아나 과부, 억압받는 자들, 감옥에 갇힌 자나 방면된 자들, 목마르고 배고픈 자들에게 전혀 관심을 기울이지 않는다. 또 그들은 성만찬이 우리 죄를 대신 지시고 고통당하사 죽으시고 성부 하나님께서 그분의 자비로 (죽음에서) 다시 일으켜 세우신 우리의 구세주이신 예수 그리스도의 몸임을 부정하기 때문에 결국 성만찬 예식과 기도의 예배에 대해서도 관심을 갖지 않는다.[3]

이그나티우스는 성만찬의 빵과 음료를 초자연주의의 관점에서 이해했다. 이 점은 그가 성만찬에 대하여 기록한 다른 해설서에서도 분명하게 나타난다. 트랄인들에게 보내는 서신에서 이그나티우스는 "예수 그리스도의 신비(성만찬의 빵과 음료)를 섬기는 집사들은 그저 음식과 음료를 위하여 봉사하는 자들이 아니라 교회를 위한 목회자로서 섬길 것"을 권면한다.[4] 또 그는 에베소교회에게 보내는 편지에서 이렇게 권면한다. "하나님의 성만찬을 자주 거행하고 그분을 찬미하기 위하여 좀 더 자주 모이시기 바랍니다. 여러분이 더 자주 모일 때 사단의 권세도 무너지고 여러분의 신앙의 일치를 통해서 사단의 파멸적인 권능도 결국 헛되게 만들 수 있기 때문입니다. 하

---

3) Ignatius, *To the Smyrneans*, 7, in ibid., 114.
4) Ignatius, *To the Trallians*, 2, in ibid., 99.

늘과 땅의 모든 분쟁을 몰아낼 하나님의 평화보다 더 나은 것은 하나도 없습니다."[5] 에베소교회의 그리스도인들을 위한 이그나티우스의 권면의 요지는 "죽음의 권세를 물리치고 예수 그리스도와의 연합 안에서 영원한 생명을 가져다 줄 해결책인 성만찬을 더욱 자주 나누라"는 것이다.[6] 그는 또한 빌라델비아 성도들에게도 이렇게 편지하였다. "오직 단 하나의 성만찬을 지킬 수 있도록 조심하십시오. 왜냐하면 우리 주님 예수 그리스도도 오직 한 분 뿐이며, 성부 하나님 앞에서 우리 모두를 하나의 제단으로 연합시킨 그의 보혈도 오직 한 분 뿐이기 때문입니다."[7]

마지막으로 그는 로마로 끌려가서 사자의 입에 물려 죽을 일이 점점 가까워짐에도 불구하고 혹시 로마교회 교인들에게 자신의 순교를 방해하지 말라고 권면한다. "비록 지금 나는 살아 있지만, 여러분에게 편지하는 바와 같이 지금 나는 죽기를 열망합니다…내가 간절히 원하는 것은 하나님의 거룩한 빵입니다. 다윗의 혈통으로 나신 그리스도의 몸을 원합니다. 영원히 죽지 않는 향연인 그분의 보혈을 나는 원합니다."[8]

이그나티우스의 글에서 분명히 확인되는 것은, 그가 사도들처럼 예수 그리스도께서는 인간의 몸을 입고 성육하신 하나님이시며, 그분의 죽음과 부활은 실제 사실이고 이 땅에서 구체적으로 이루어진 사건으로 믿었다. 말하자면 그리스도의 십자가 죽음과 부활은 특정한 시간과 장소 그리고 인류 역사 속에서 실제로 발생한 사건이었다. 이어서 이그나티우스는 특정한 시간과 장소에 구체적으로 발생한 성육신에 대한 관점을 함께 모인 회중 가운데 찾아오시는 그리스도의 구원하시는 임재 사건에 관한 가시적인 상징물에 적용시켰다. 그리고 만일에 하나님께서 인간의 몸을 입고 성육신하셨다면 그리스도의 실재적인 임재도 성만찬의 빵과 음료를 통해서 명백히 드러난다고 주장했다. 그는 과연 하나님이 어떻게 성만찬의 빵과 음료에 임재하시

---

5) Ignatius, *To the Ephesians*, 13, in ibid., 91.
6) Ibid., 20, 93.
7) Ignatius, *To the Phiadelphians*, 4, in ibid., 108.
8) Ignatius, *To the Romans*, 7, in ibid., 105.

는지를 과학적으로나 이성적으로 설명하지는 않았다. 그것은 예수의 성육신 사건처럼 신비이다.

2) 순교자 저스틴

2세기의 유명한 변증가였던 "순교자 저스틴"(Justin Martyr)은 이그나티우스처럼 신앙 때문에 결국 순교의 길을 걸었다. 그는 이그나티우스와 마찬가지로 성만찬의 식탁에서 발생하는 초자연적인 사건을 성육신의 관점에서 이해하였다.

『순교자 저스틴의 제일변증서』 (First Apology of Justin, the Martyr)로 알려진 서신의 중요한 목적은 기독교를 비평하는 자들에 대항하는 일종의 반박문이다. 이 서신은 기독교의 예배 관습에 대한 잘못된 오해를 불식시켜서 교회에 대한 박해를 멈추어 줄 것을 기대하면서 로마황제 티투스(안토니우스 피우스[Antonius Pius] 황제에게 보낸 편지로 알려져 있음 - 역주)에게 보내진 것이다. 당시 로마 사회에는 기독교인들이 예배 중에 어린아이들을 하나님께 드리는 제물로 바치고 인육을 먹는다는 헛된 소문이 나돌았다. 이 헛된 소문 때문에 저스틴은 기독교 예배에 대해서 그리고 특히 빵과 음료로 하나님께 드리는 예배에 관하여 저술하기로 결심하였다. 성만찬의 빵과 음료에 담긴 영적인 의미에 관한 그의 견해는 다음과 같다.

> 우리는 이것들을 보통의 빵과 보통의 음료로 받지 않습니다. 하나님의 말씀대로 성육신하신 우리의 구세주 예수 그리스도께서 우리의 구원을 위하여 그의 살과 피를 취하셨습니다. 그와 마찬가지로 이 음식도 주께서 가르치신 기도의 말씀으로 거룩하게 변화하여 우리의 몸과 피에 양분을 공급해 주는, 성육하신 예수의 살과 피라고 가르침을 받았습니다.[9]

---

9) Justin Martyr, *The First Apology of Justin, the Martyr*, in ibid., 286.

성만찬 예배에 관한 저스틴의 설명에 내포된 성육신의 의미는 다음의 도표를 통해서 더욱 확연하게 드러난다. 이 도표에서 저스틴이 성육신 사건과 기도를 통한 성만찬의 빵과 음료의 성별을 어떻게 비교하고 있는지에 주목해 보자.

일상적인 빵과 음료가 아님

성육신 사건	성만찬의 성별
우리의 구세주 예수 그리스도께서는	성만찬의 음식은
하나님의 말씀대로 성육신하심	기도의 말씀으로 거룩하게 성별됨
그리스도의 피와 살을 취함	우리 인간의 피와 살에 양분을 공급함
우리의 구원을 위하여	거룩하게 변화하여
성육하신 예수의 살과 피이다.	

저스틴은 40년 전에 이그나티우스의 글을 통해서 이미 우리가 접했던 동일한 성만찬에 대한 성육신의 관점을 주후 150년의 글에서 다시금 소개하고 있다.

저스틴은 예수의 성육신과 성만찬의 성별의 유사점을 이렇게 분명히 비교하고 있다. 다시 말하자면 성육신 사건은 우리의 구세주이신 예수 그리스도께서 하나님의 말씀대로 성육신하시고 우리의 구원을 위하여 그분의 살과 피를 취하셨음을 우리에게 분명히 보여 준다면, 기도의 말씀으로 거룩하여진 성만찬의 음식도 거룩하게 변화하여 우리의 육체와 피에 양분을 공급해 주는 음식임을 또 우리에게 분명하게 보여 준다는 것이다. 성만찬의 빵과 음료가 일상적인 음식이 아니라 성육하신 예수 그리스도의 살과 피인 이유도 바로 이 때문이다.

여기에서 "이는 예수 그리스도의 살과 피"라는 구절을 화체설(transubstantiation)로 해석해서는 안 된다. 화체설은 13세기에 로마 가톨릭교회가 공식적으로 주장하기 전까지는 전혀 등장하지 않았다. 그보다는 성만찬에 임하시는 하나님의 임재에 대한 고대 교회의 견해를 이런 방식으로 서술한 것으로 이해하는 것이 적절할 것이다. 즉 그들은 성만찬의 빵과 음료에 성육신의 차원과 초자연적인 차원이 결부된 것으로 이해했다는 것이다. 성만찬에서 빵과 음료를 믿음으로 받으면 우리는 거룩하게 변화한다. 그래서 그 빵과 음료는 그리스도와 신자와의 연합을 더욱 촉진시키며, 우리를 그분의 모습과 형상대로 변화시킨다.

초대교회 교부들이 교훈하고자 한 요지는 분명하다. 기독교 신앙은 현실 세계에 대한 초자연적인 전망(a supernatural vision of reality)을 갖고 있다는 것이다. 초월적인 하나님께서는 빵과 음료를 통해서 우리에게 자신을 알리신다. 이것이 가능한 이유는, 이런 물질이 거룩한 예식 중의 기도와 말씀과 함께 결합되어 우리를 그리스도의 구원하시고 변화시키는 임재의 자리로 인도하기 때문이다. 그리고 그분의 거룩한 임재는 이미 구약성경에 예시되어 있을 뿐만 아니라, 장차 이 땅의 모든 죄악과 사망의 권세를 무너뜨릴 그분의 마지막 미래의 승리에 대한 소망 가운데 분명히 드러난다.

3. 성만찬의 빵과 음료는 그리스도를 보여 주며 우리를 그분의 형상대로 변화시킨다

성만찬에 참여하는 신자는 성만찬의 예배에서 발생하는 거룩한 하나님의 임재를 깨닫고 그 사건이 어떻게 우리에게 영적인 양분을 공급해 주는지를 올바로 이해하는 것이 매우 중요하다. 주의 만찬에서 발생하는 거룩한 사건은 여러 차원에서 우리를 감동시키며 다양한 방식으로 우리에게 영적인 양분을 공급한다.

1) 하나님의 전체 이야기

성만찬의 빵과 음료에서 하나님은 영적인 분별력을 갖춘 사람들에게 자신의 모든 구원의 이야기를 발표하신다. 물론 성만찬의 빵과 음료는 그 자체만으로는 상징에 불과하나 무의미한 상징은 아니다. 그래서 고대의 교부들은 상징물은 그것이 재현하는(re-present) 실체에 그대로 참여한다고 가르쳤다. 계몽주의자들이나 합리주의자들이 주장하듯이, 우리 인간이 상징물에 어떤 의미와 가치를 부여해서 그 상징물을 신비로운 사건으로 변화시킬 수 있는 것이 아니다. 그보다는 의미가 그 상징물 속에 본래 내재해 있다. 왜냐하면 그 상징물이 단순한 물질로 머물러 있지 않고 거룩한 실체를 지시할 뿐만 아니라 그 실체를 그대로 실행하기 때문이다. 성만찬의 빵과 음료는 하나님의 구원 이야기를 지시하고 실행하며, 우리를 위한 하나님의 구원 이야기의 유익을 전달해 준다. 우리가 마음과 심령과 의지를 열어서 하나님의 구원 이야기 속에서 우리 자신을 바라보고 그분을 따라 하나님의 생각을 생각하며 사랑 안에서 그분의 이야기를 그대로 우리 삶에 구현하고자 한다면, 우리 역시 그리스도를 닮아서 성육하고 십자가에 고난을 당하여 죽고 다시 부활하고 종말을 소망하는 삶 속에서 다른 이들을 위하여 쪼개진 육신과 흘린 음료가 될 수 있다.

그래서 성경은 세상을 위한 하나님의 구원 이야기를 언어로 표현하지만, 동일한 이야기가 성만찬의 빵과 음료로 눈 앞에 구현된다. 합리주의로는 도저히 성만찬 사건의 신비를 이해할 수 없다. 왜냐하면 합리주의는 성만찬의 빵과 음료를 단순히 입으로 삼킨 음식으로만 이해하기 때문이다. 그러나 신앙의 눈으로 성만찬 식탁으로 다가갈 때, 우리는 하나님의 초자연적인 세계에 살고 있다는 강한 확신을 경험할 수 있다. 그 자리에서 우리는 빵과 음료를 단순히 이 땅의 물질로 보지 않고 온 세상을 위한 하나님의 구원 이야기를 드러내는 상징으로 경험한다. 바로 그 빵과 음료를 통해서 우리는 창조로부터 시작하여 인간의 타락과 그리스도의 성육신, 죽음, 부활, 승천, 교회의 탄생와 주님의 통치 그리고 새 하늘과 새 땅에 대한 약속에 관한 하나님의 전체 구원 이야기를 들을 수 있으며, 성령의 능력으로 예수 그리스도 안에서 성부 하나님과 연합한 우리 자신의 거룩한 변화를 경험할 수 있다.

2) 창조의 아름다움

하나님의 창조물인 빵과 음료도 우리에게 하나님의 창조사역이 선하고 아름답다는 사실을 보여 준다. 하나님께서 지으신 모든 것들은 본래 악하지 않고 하나님과 연합될 수 있다. 그래서 성만찬의 빵과 음료는 단순한 음식의 차원에 머무르지 않고, 이를 통해서 하나님은 하늘과 땅의 만남을 보여주며 하나님과 인간의 만남을 중재하시며, 보이는 것과 보이지 않는 것 그리고 창조된 것과 창조되지 않는 것과의 연합을 이루신다. 우리가 믿는 진리 중에는 하나님이 본질적으로 불가해한 분이라는 진리가 있다. 하지만 이 진리는 하나님의 임재는 이 피조물 가운데 인간의 눈으로 볼 수 있는 구체적인 사물을 통해서 소통된다는 확신과 결코 모순되지 않는다(롬 1:20). 그래서 유대인들의 영성은 범신론의 함정로 빠지지 않으면서도 그분이 만드신 피조물 속에서 경험하는 하나님의 임재 의식에 깊이 뿌리내리고 있다. 기독교의 영성도 피조물 안에서 하나님의 임재를 인식하는 유대인들의 전통의 연장선상에 서 있다. 하지만 기독교의 영성은 여기에서 더 진일보하여 하나님의 초월성은 성육신 사건을 통해서 피조물과 연합한다고 선언하는 단계로 나아간다.

테야르 드 샤르댕(Teilhard de Chardin)이 말한 바와 같이, "하나님의 창조 덕분에 그리고 더욱 중요한 것은 성육신 사건 때문에 그 점을 이해하는 사람들에게는 이 땅 아래에서는 속된 것이라고는 하나도 없다."[10] 하지만 초자연적인 하나님의 임재가 어떻게 단순한 빵과 음료의 물질을 통해서 사람들에게 소통될 수 있는지를 증명할 수 있는 합리적인 증거는 없다. 또 초대

---

10) Pierre Teilhard de Chardin, *The Divine Milieu* (New York: Harper and Row, 1968), 66.

교회의 교부들도 성만찬의 빵과 음료를 통한 하나님의 임재에 관한 로마 가톨릭의 화체설의 설명이나 마틴 루터의 공재설의 설명 혹은 성만찬은 단순히 하나님의 임재를 가리키는 상징이나 증언이라는 식의 설명들을 그대로 받아들이지 않았을 것이다. 다만 고대-미래의 예배를 지지하는 사람들이라면, 성만찬에서의 하나님의 신비로운 임재를 좀 더 넓은 하나님의 신비로운 구원 드라마, 즉 이 세상 피조물과 관계를 맺으신 하나님의 언약 관계에 관한 전체 구원 드라마의 신비 속에서 이해하려고 할 것이다. 하나님께서는 피조계 안에서 자신을 계시하시며(일반계시), 기록된 말씀으로서의 성경을 통해서 그리고 예수 그리스도 안에서 자신을 계시하신 바와 같이(특별계시), 성만찬의 빵과 음료를 통하여 사람과 소통하신다. 그렇다면 우리는 그 신비를 어떻게 이해할 수 있을까? 성만찬의 다섯 가지 의미에 대해서 설명하고자 한다.

3) 하나님과 인간의 연합

성만찬의 빵과 음료는 하나님의 피조물과 창조 세계가 하나님과의 연합을 통해서 비로소 본래의 온전함을 깨닫고 이를 완성할 수 있음을 보여 준다. 하나님과 연합하기 전까지 우리는 그저 유한한 자신에게만 집중하고 방황할 뿐이다. 또 자아 속에서 궁극적인 의미를 찾으려고 애써보지만 그 내면 세계 속에서 그리고 이 복잡한 세상 사회 속에는 그저 부패와 역기능만이 가득하다는 것을 깨닫는다. 하지만 성만찬의 빵과 음료는 하나님과 인간의 만남을 가능하게 하는 유일한 분이신 예수 그리스도가 계시며 바로 그분을 통해서 하나님과의 연합이 달성될 수 있음을 보여 준다. 바로 이 빵과 음료의 자리에서 하나님은 우리 인간과 하나님 간의 연합이 어떻게 이루어질 수 있는지를 보여 주신다. 우리와 인성을 공유하시면서 그와 동시에 하나님과 연합한 예수께서는 빵과 음료를 가지고 이렇게 말씀하셨다. "이것은 내 몸이요…이것은 죄사함을 얻게 하려고 많은 사람을 위하여 흘리는바 나의 피 곧 언약의 피니라"(마 26:26, 28). 그래서 우리는 빵과 음료를 단순한 음식으로 생각하지 말고 "우리의 구원을 위하여"(니케아 신조) 하나님께서 인간과 연합하신 형상(또는 성상, 이미지, image)으로 이해해야 한다. 그 연합의 형상은 빵과 음료라는 일상적인 물질로 나타나서 이 세상과 오는 세상에서 우리의 삶을 지탱해줄 것이다.

4) 그리스도의 대속

내가 경험한 바에 의하면 대부분의 기독교인들은 성만찬의 빵과 음료가 어떻게 그리스도의 대속적인 죽음을 가리키는지를 아주 분명히 이해하는 것 같다. 이들 그리스도인들은 구약 시대의 속죄 제사를 떠올리면서 십자가에 달린 그리스도께서 구약 시대의 모든 모형적인 속죄 제사를 단번에 모두 완수하셨다고 믿는다. 나도 초대교회의 신자들이 예배에서 고백했듯이 십자가상의 그리스도의 고난은 우리의 구원을 위하여 자발적으로 이루어진 것이라고 믿는다. 나는 일부 여성해방론자들이 주장하듯이 그리스도의 십자가 수난이 성부 하나님의 강요에 의하여 이루어진 것이거나 타의에 의하여 강제적으로 집행된 것이라고 생각하지 않는다. 그리스도의 자발적인 희생은 겟세마네 동산에서 그가 죽음을 앞에 두고서 자발적이면서도 성부의 뜻에 자원하여 순종하는 가운데 이루어졌다. 하지만 에덴동산에서 자기 멋대로 불순종을 선택했던 아담과 달리 그리스도께서는 "내 원대로 마옵시고 아버지의 원대로 되기를" 원하셨다(눅 22:42). 그래서 예수는 성부 하나님에 대한 사랑의 행위로 십자가의 길을 자발적으로 선택했다. 이는 성자 하나님이 세상을 그토록 사랑하셔서 세상을 위한 희생제물로 자신을 기꺼이 내어 주기로 하셨기 때문이다. 세상을 하나님과 화해시키기 위한 성자 하나님의 자발적인 희생은 십자가 위에서 처음 발생한 것이 아니라 그 이전에 동정녀의 태에서도 이미 일어났다. 동정녀의 태 안에서 하나님이 인간과 연합할 때 이미 모든 피조물들과 자연 만물은 예수의 인성 속에서 그 현장에 함께 연결되어 있었다. 그리고 하나님 편에서는 동정녀의 태 안에서 이미 희생 사건이 발생했다. 그리고 이후에도 공생애 동안에 말씀과 기적을 통해서 그리고 가난한 자들이나 압제당하는 자들 또는 사회에서 버림받은 자들과 하나된 모습을 통해서 하나님은 계속해서 그분의 사랑을 보여 주심에도 불구하고 피조된 사람들로부터 계속 배척을 받는 가운데 이 세상에서의 그분의 희생은 계속되고 있었다. 그리고 마지막 십자가 상의 희생을 통해서 그분은 세상의 구원을 위하여 마지막 피 한 방울까지 다 흘리시고 자신의 몸과 생명을 죽음에 내어주셨다. 그래서 초대교회 신자들은 기도 가운데 이 십자가를 가리켜서 "생명을 주는 십자가"라고 불렀다. 왜냐하면 주께서 십자가상에서 자신의 생명을 내어 주셨기 때문에 이제 그 생명이 우리에게로 흘러와서 우리를 다시 살리기 때문이다. 우리 육신에 새로운 생명을 공급하고 새로운 시작을 알리는 것이 바로 그분의 보혈이며, 그분의 형상을 따라 우리를 새로운 피조물로 거듭나게 하는 것도 그분의 보혈 덕분이다.

   우리는 예수께서 치루신 대속의 희생을 보여 주는 성만찬의 이미지를 통해서 영적인 양분을 공급받을 수 있다. 왜냐하면 그 성만찬의 이미지는 예수 그리스도의 고난 덕분에 우리가 비로소 하나님과 연합하여 그분이 예비하신 복을 누릴 수 있음을 보여 주기 때문이다. 또 우리는 성만찬의 이미지를 통해서 우리도 그분의 희생적인 삶의 뒤를 따라서 자신을 내어 주는 삶을 살아야 함을 깨달을 수 있다. 왜냐하면 우리가 그분 안에 거하면 그분이 또 우리 안에 거하시기 때문이다(요 15:4). 진정 의미 있고 성공적인 삶이란, 많은 부와 재물과 권력을 모으고 명성을 얻고 성적인 자유와 소비주의 또는 물질주의를 누리는 것이 아니라 십자가를 지는 삶이다. 영적인 삶은 무엇보다도 십자가를 짊으로써 구현된다. 그 삶은 자신을 자발적이며 의지적으로 다른 사람에게 내어주는 쪽을 선택하는 삶이며 필요하다면 죽기까지 다른 사람의 필요를 위하여 고난을 감내하는 삶이다. 이러한 삶을 증진시키고 헌신하도록 이끄는 것이 바로 성만찬의 예배이다. 왜냐하면 성만찬 예배는 예수께서 타인을 위한 하나님의 뜻을 실행하기 위하여 자신을 죽음에 내어준 사건을 분명하게 보여 주면서 그 식탁에 참여하는 자들을 동일한 자리로 초청하기 때문이다.

5) 사단의 권세에 대한 승리

그리스도께서는 성만찬의 빵과 음료를 통해서 죄와 사망의 권세에 대한 최종적인 승리를 선언하시며, 하나님을 대적하는 모든 악마와 반역의 무리들에 대한 승리자로 임재하신다. 또 성만찬의 식탁에서 우리는 예수께서 자신의 피조물을 사랑으로 통치하시는 하늘과 땅의 진정한 주님으로 임재하심을 경험할 수 있다. 이러한 깨달음을 통해서 우리는 그리스도의 통치 아래 아직은 완전히 볼 수 있도록 이루어지지 않은 새로운 세상을 미리 예상하고 소망할 수 있는 힘을 공급받을 수 있다. 즉 성만찬의 빵과 음료를 통해서 우리는 이 세상이 새롭게 변화하고 갱신되며 온전히 회복되리라는 소망을 발견할 수 있다.

초대교회 신자들은 성만찬의 기도문 속에서 다음과 같은 소망을 희망차게 선포하였다. "그분은 사람에게 배신을 당하였으되 자발적으로 고난을 짊어지심으로써 사망의 권세를 멸하고 악마의 뼈를 꺾으며 지옥의 권세를 짓밟고 서서 의인에게 빛을 비추시고 부활하셨다."[11] 이렇게 성만찬의 빵과 음료는 부활의 권세를 증언하며, 하나님께서 이 세상의 모든 만물을 위하여 성취하신 새로운 시작을 알린다. 온 세상을 위한 새로운 시작은 먼저 새로운 인간으로 부름받아 함께 모인 공동체로서 그리스도의 몸 된 교회 안에서부터 실현된다. 그리고 이 땅에서 하나님의 백성들이 함께 모여 이루는 새로운 신앙 공동체는 예배와 삶을 통해서(벧전 2:9-12) 사단과 악마의 권세가 무너졌음을 선포한다(엡 3:10). 또한 주님의 교회에 함께 모인 신자들은 장차 그리스도의 재림을 미리 예시하는(마 26:29; 고전 11:26) 성만찬의 빵과 음료를 함께 나누는 가운데 "주님의 나라가 임하옵시며 뜻이 하늘에서 이룬

---
11) Jasper and Cuming, eds., *Prayers of the Eucharist*, 35.

것같이 땅에서도 이루어지이다"(마 6:10)라고 기도하며 그 확신 중에 새 하늘과 새 땅의 미래를 미리 살아간다(벧후 3:8-18).

6) 온 세상의 구원

성만찬 예식은 온 세상을 구원하시는 하나님의 구원사역을 선포할 뿐만 아니라, 거꾸로 예수 그리스도 안에서 변화된 세상을 하나님께 봉헌한다. 성만찬의 식탁에서 목회자가 빵과 음료를 하늘로 들어 올리고 "이것은 여러분들을 위하여 내어주신 그리스도의 몸이며 여러분들을 위하여 흘리신 그리스도의 보혈입니다"라고 선언할 때, 그 빵과 음료뿐만 아니라 동시에 이 세상의 모든 피조물들 역시 하나님께 봉헌된다. 그렇게 봉헌된 빵과 음료를 통해서 하나님은 그가 만드신 세상과 그가 베푸신 희생 사건을 기억해달라는 간청의 소리를 듣게 되고, 피조물로부터 "세상을 이처럼 사랑하사 독생자를 주셨으니 이는 저를 믿는 자마다 멸망치 않고 영생을 얻게 하려 하심이라"(요 3:16)는 약속의 말씀을 다시금 기억해달라는 간청을 듣는다.

성만찬의 빵과 음료는 온 세상을 향한 하나님의 목적을 분명히 보여 준다. 그리스도의 희생과 속죄사역은 그 희생 사건으로 끝나지 않고 하나님의 새로운 피조물로서의 교회가 생겨나도록 계획되었다. 또한 교회가 경축하는 성만찬은 온 세상을 향하여 하나님이 정하신 궁극적인 결말을 미리 선포한다. 성만찬의 빵과 음료 안에서 우리는 세상의 모든 암흑의 권세가 무너지고 하늘과 땅이 하나가 되며 보이는 것과 보이지 않는 것들이 하나가 되며 이 세상이 새 하늘과 새 땅으로 온전히 변화하는 영광스러운 날을 미리 바라본다.

7) 하나님이 기억하신다

성만찬의 식탁에서 일어나는 기억 사건은 단순히 우리 인간이 예수 그리스도를 기억함으로써 그 식탁에 그리스도의 임재가 발생할 뿐만 아니라, 거꾸로 이 식탁에서의 하나님의 구원 사건의 재현을 통해서 하나님께서 이 세상의 피조물을 구원하시고 그들과 연합하시고자 행하신 구원 사건들을 기억하시는 동인으로도 작용한다. 그래서 성만찬 예식은 하나님께 그분의 구원을 상기시키는 일차적인 기억 행위이며, 우리 인간의 성만찬은 피조물을 향한 하나님의 애정이 담긴 기억 행위에 의존하고, 우리도 "이를 행하여 나를 기념하라"(고전 11:24-25)고 하신 말씀 안에서 우리에게 영적인 생명력을 공급해 주시는 하나님의 기억 행위에 함께 동참한다. 알렉산더 슈메만(Alexander Schmemann)은 이러한 입장을 다음과 같이 분명히 천명한다.

> 이 시점에서 우리는 성경 안에서 특히 하나님에 대한 구약의 가르침에 따르면 기억이란 단어는 피조물에 대한 하나님의 애착과 피조물을 향한 하나님의 섭리하시는 사랑의 능력을 의미한다는 사실을 명심해야 한다. 바로 이 기억 행위를 통해서 하나님은 세상을 붙드시고 그 속에 생명을 주셔서, 결국 세상의 생명은 하나님의 기억 안에서 계속 유지되고 반대로 사망과 파멸은 하나님의 기억에서 떠나는 것이다. 달리 말하자면 기억은 하나님 안에 있는 다른 어떤 것들과 마찬가지로 단순한 관념이 아니라 실제이며, 하나님께서 자신의 기억 속에서 우리에게 베푸시는 것은 바로 생명이다.[12]

기억은 마치 우리가 어떤 친구나 이전의 중요한 사건을 머릿속에서 떠올려보는 단순한 회상이나 추억이 아니다. 그보다 기억(remembrance)은 삶과 우주의 전체 의미를 활짝 펼쳐 보이는 것이다. 성만찬의 식탁에서 바로 이러한 기억이 재현되고 드러남으로써 삶과 세상에 대한 우리의 인식을 철저하게 변화시키고 우리의 삶에 능력을 공급해 주며 예수 그리스도와 연합한 우리의 삶에 필연적이면서도 심원한 영향을 가져다 준다.

---

12) Alexander Schmemann, *The Eucharist: Sacrament of the Kingdom* (Crestwood, NY: St. Vladimir's Press, 1988), 125.

4. 적용하기

성만찬의 식탁에서 우리에게 영적인 자양분을 공급하며 변화시키는 것은 무엇보다도 하나님의 창조와 그리스도의 성육신 그리고 재창조로 이어지는 하나님의 거대한 구원 드라마이다. 성만찬의 식탁에서 함께 모여 빵을 떼고 음료를 마실 때 우리는 바로 이 거대한 구원 드라마의 세계 속으로 들어가서 그 속에 내주한다. 이것이 가능한 이유는 바로 이 상징 안에 그 상징이 지향하는 실체가 재현되고, 예수 그리스도를 통하여 세상을 구원하시는 하나님의 거룩한 구원 행위가 다시금 구현되기 때문이다. 그리고 그 식탁으로 말미암아 하나님께서 오직 예수 그리스도 안에서 이루신 하나님과 인간의 연합 그리고 모든 하늘과 땅의 연합 안으로 우리를 다시금 인도하시는 음성을 들을 수 있다. 주님의 이름으로 빵을 먹고 음료를 마시는 가운데 우리는 장차 하늘과 땅을 통치하실 그리스도의 나라에서 향유할 어린양의 만찬을 미리 맛볼 수 있다(계 19장). 그래서 우리는 성만찬에서 우리가 먹는 것, 즉 우리 안에 내주하시는 그리스도를 증언하는 생생한 증인으로의 변화를 경험할 수 있다.

그리스도는 어떻게 우리 안으로 들어오시고 우리는 어떻게 그분 안으로 들어갈 수 있을까? 이 질문에 대해서 나는 성만찬의 빵과 음료를 받는 예식에 직접 참여하여 그 사건의 의미를 깊이 묵상하는 영적인 수련(the spiritual discipline)을 고려해 볼 것을 제안한다.

성만찬의 식탁에서 그리스도를 깊이 묵상하기 위해서는 대부분의 사람들이 일종의 패러다임의 전환을 거쳐야 할 것이다. 그 이유는 오늘날 우리 대부분은 계몽주의적인 합리주의에 깊이 물들어서 성만찬의 식탁 앞에서 그저 평범하고 일상적인 빵과 포도주만을 생각하고 그 너머의 영적인 신비와 대면하지 못하기 때문이다. 오늘날 우리는 그렇게 뿌리가 잘려나가고 신비적인 차원이 사라져버린 절름발이 신앙을 붙잡고 있어서, 예수가 그토록 평범한 빵과 포도주를 통해서 우리에게 찾아오신다는 사실을 이성적으로 납

득시켜 줄 어떤 증거를 찾으려고 한다. 나는 이 책의 초두에서부터 그런 시도를 반박해 왔다. 우리는 자꾸만 합리주의적인 세계관을 하나님의 구원 이야기 속으로 끌어들이려고 하고 하나님의 신비로운 구원을 자꾸만 우리의 이성과 과학의 입맛에 맞게 설명해보려고 노력한다. 하지만 우리가 그렇게 우선순위를 부여하는 편협한 세계관을 과감하게 내버리고 하나님의 구원 이야기 속으로 들어가서 그 이야기 내면으로부터 성만찬의 빵과 음료의 맛을 음미할 수 있어야 한다. 하나님의 구원 이야기는 우리에게 이렇게 말한다. "네가 살고 있는 세상은 이성과 과학으로 설명되는 세상이 아니다. 너는 놀라움과 신비로 가득 찬 초자연적인 세상에 살고 있다. 이 세계 속으로 한 걸음 더 들어와서 성만찬의 빵과 음료의 신비를 경험해 보라. 주님의 양식은 창조의 아름다움을 선포하며 하나님과 인간의 연합을 경축한다. 빵과 음료는 하나로 연합한 하늘과 땅의 이미지를 구현하며 예수 그리스도 아래에서 온전히 회복될 영광스러운 미래를 미리 보여 준다. 그러므로 이성과 과학의 굴레로부터 벗어나서 빵과 음료의 신비 속에 담긴 참된 생명의 의미를 맛보라."

그렇다면 성만찬의 빵과 음료는 어떻게 우리가 이 세상에 충만한 하나님의 생명에 참여할 수 있도록 안내하는가? 성만찬은 우리가 예수와 하나를 이룬 거룩한 연합의 실체를 보여 준다. 이 연합은 단순히 우리가 그 빵과 음료 곁에 가만히 서서 만들어 내는 것이 아니라, 우리 모두가 개별적으로 살아가는 각자의 삶을 통해서 그리고 우리 모두가 하나님의 백성으로 함께 살아가면서 이 세상에서 하나님의 구원 이야기의 일부가 됨으로써 이 연합에 직접 그리고 실제적으로 참여한다. 그 과정을 좀 더 자세히 살펴보자. 우리는 성만찬의 식탁에서 먼저 빵과 음료를 먹고 마신다. 이어서 우리는 그 성만찬 사건의 의미를 깊이 묵상하면서 그 빵과 음료가 드러내는 모든 것들을 분명한 기쁨 가운데 바라본다. 그리고 우리는 그 만찬의 신비에 참여하면서 하나님의 손 안에 있는 온 세상을 하나님의 구속과 회복의 관점으로 조망한다. 그리고 이 세상의 알파와 오메가, 즉 처음과 나중의 모든 것들을 우리 입술에 담는다. 또 하나님의 모든 구원 이야기를 우리의 심장 속으로 가져다가 그 이야기가 우리의 혈관을 따라 흐르게 하고 우리의 인간관계와 일 그리고 즐거움과 같은 모든 삶에 활력을 공급하도록 한다. 그러면 우리의 모든 삶은 이제 예수께서 사셨던 삶의 능력으로 살아갈 수 있는 힘을 얻는다. 또 그분이 모든 사람들을 위하여 자신의 생명을 기꺼이 내어주셨듯이 우리도 남을 위하여 자신을 기꺼이 세상의 고통에 내어줄 수 있는 힘을 얻는다. 그리고 주께서 이 세상의 모든 악을 이기고 부활하셨듯이 우리 역시 하나님의 성령으로 새로운 생명으로 부활할 것이다. 또 우리는 죄에 대하여 온전히 죽고 생명으로 다시 태어나서, 우리 안에 거하시고 우리와 함께 고통 중에 사시며 죄악 속에서 우리와 함께 투쟁하시고 새로운 생명으로 우리와 함께 부활하시는 그리스도 안에서 참되고 궁극적인 삶의 의미를 발견할 수 있다.

그래서 성만찬의 축제는 저 멀리 떨어져 있는 추상적인 개념도 아니고 억지로 준수해야 할 관심의 대상도 아니며 피상적으로나 기계적인 방식으로 따라야 할 단순한 의례도 아니다. 성만찬의 축제를 통해서 우리는 빵과 음료가 안내하는 즐거운 묵상으로부터 시작하여 그 빵과 음료 안에서 예수께서 우리의 개별적인 삶을 통해서 그리고 하나님의 백성의 공동체인 교회를 통해서 새롭게 만들어 가시는 하나님 구원 이야기에 참여하는 단계로 나아가야 한다. 하나님의 백성들의 공동체인 교회는 그 입술과 삶의 예배를 통해서 이 세상을 향한 하나님의 거룩한 목적을 단계적으로 드러내야 한다.

5. 요약

이번 7장에서 나는 오늘날 계속되고 있는 성만찬 예배의 위기는 계몽주의와 합리주의의 영향 때문임을 지적하였다. 이로 말미암아 현대 예배의 성만찬에 하나님의 임재의 신비가 사라지고 그 빈 자리를 합리적이고 이성적인 상징론이 짓누르고 있다. 상당수의 그리스도인들과 심지어 목회자들과 교회 지도자들은 성만찬에서 경험될 수 있는 하나님의 임재에 대해서 전혀 관심을 기울이지도 않으며, 그 임재의 신비를 그저 음악으로 대체하거나 이를 완전히 제외시키고 있다. 예전에 성만찬 예배에서의 하나님의 임재에 관한 내 강의를 들었던 어떤 목회자가 강의 후에 나에게 다가와서 이런 말을 했다. "교수님의 강의를 정말 잘 들었습니다. 그런데 우리 교회에서는 신년 예배 때 딱 한 번 성만찬을 갖습니다만, 성만찬 예배 횟수를 더 늘린다면 우리 교인들이 그것을 너그럽게 참아줄지 의문입니다. 교수님! 혹시 성만찬을 지금보다 더 자주 갖지 않으면서도 같은 효과가 있는 좋은 대안이 없을까요?" 내 생각에 이런 질문은 꼭 이렇게 묻는 것이나 다름 없다. "저는 일 년에 한 번 설교합니다만, 설교 횟수를 지금보다 더 늘린다면 교인들이 너그럽게 참아줄지 의문입니다. 혹시 좋은 대안이 없을까요?" 예수께서 말씀하시기를 "나를 기억하는" 방법이 하나 있는데 그것은 성만찬의 빵과 음료라고 하셨다. 왜 우리는 예수께서 말씀하신 분명한 교훈을 따르려고 하지 않는가?

앞에서 나는 올바른 성만찬을 위하여 우리가 고대의 교부들이 따랐던 가장 초기의 공통의 전통으로 되돌아가야 한다고 주장하였다. 성만찬에서의 하나님의 임재에 관한 초기 교부들의 관점을 가장 잘 담아낼 수 있는 신학적인 용어는 "실제적인 임재"(real presence)이다. 여기에서 말하는 "실제적인 임재"는 교회 역사 속에서 전혀 설명할 수 없는 것을 이성적으로 설명하려고 시도하는 가운데 등장했던 이론들과는 전혀 다르다. 예를 들어 로마 가톨릭교회의 화체설은 신성이 인성 속에 그림자로 비춰지고 있어서 이 세상의 빵과 음료가 성만찬의 식탁에서 예수 그리스도의 실제 살과 실제 피로 변화한다고 설명한다. 또 마틴 루터의 공재설은 그리스도께서 빵과 음료 "안에, 그 속에, 그 주변에" 함께 임재한다고 가르친다(이는 마치 불 속에 있는 부지깽이가 뜨거운 불로 인하여 벌겋게 달궈지지만 여전히 불은 아닌 것과 유사하다). 칼빈에 의하면 우리는 성만찬의 빵과 음료를 세상을 구원하기 위하여 예수 그리스도 안에서 일하시는 하나님의 구원 활동을 보여 주는 "표지(sign)와 증거(testimony)와 증언(witness)"이라고 한다. 또 다른 유명한 종교개혁자였던 쯔빙글리는 성만찬의 빵과 음료는 단순히 과거의 구원 사건을 상기시키는 기억에 불과하다는 개념을 보편화시켰다. 그리하여 성만찬의 식탁에서 일어나는 모든 행위들을 위로부터 임하는 하나님의 행위보다는 성찬을 받는 신자의 믿음 안에서 일어나는 사건으로 한정지음으로써 성만찬의 초자연적 차원을 제거하고 말았다. 성만찬의 빵과 음료는 예수 그리스도 안에서 일하시는 하나님의 구원을 상기시키는 인간적인 시도에 불과하다는 것이다. 이렇게 성만찬에서 인간의 책임을 극단적으로 강조하는 입장은 성육신이 100% 인간과 100% 하나님과의 연합이라고 고백하는 관점과 잘 조화되지 않는다. 하나님의 관점에서 볼 때 성만찬의 빵과 음료는 하나님이 계획하신 동산이 완벽하게 회복되고 하늘과 땅의 모든 만물이 하나님이 다스리시는 샬롬 아래에 놓이게 되는 하나님 나라를 미리 맛보는 것이다.

"실제적인 임재"라는 용어는 성만찬의 식탁에서 실제로 무슨 일이 일어나는지를 이성적으로 설명해보려는 시도가 아니다. 성육신이란 용어가 하나님과 인간의 신비로운 연합을 확인하듯이 실제적인 임재라는 용어도 성만찬의 식탁에서 일어나는 하나님의 임재의 신비를 있는 그대로 확인할 뿐이다. 우리는 성만찬의 식탁을 이성적으로 이해하고 설명하도록 그 자리로 초대받은 것이 아니라, 하나님의 구원 이야기를 응시하는 확고한 시선을 가지고 그 이야기를 깊이 묵상하며 그 이야기의 세계 속으로 들어가서 그리스도의 생명에 실제적으로 참여하도록 초청받았다. 이것이 바로 성만찬의 빵과 음료의 신비를 경험하는 것이다.

8장

기도,
고대 예배 스타일의
재발견을 통해서 변혁시키기

당신은 교회가 함께 모여 드리는 예배 중의 공중기도(public prayer)에는 우리의 존재와 행위를 형성하는 힘이 있다는 사실을 믿는가? 여기에서 내가 말하는 공중기도라는 용어는 예배 중에 여기저기에서 들려오는 신자들의 산발적인 기도만을 제한적으로 의미하는 것이 아니다. 내가 주목하는 공중기도는 처음부터 끝까지 진행되는 전체 예배 경험(the total worship experience)을 포괄적으로 가리킨다. 내가 주목하는 이러한 유형의 예배가 바로 교회가 세상 속에서 그리고 세상을 위하여 하나님께 드리는 기도이다.

입장과 함께 개회로부터 시작하여 찬송과 기도 그리고 신앙고백이 모두 다 기도의 행위이다. 또 말씀 봉독과 시편 찬송, 설교, 중보기도, 평화의 인사 그리고 봉헌도 모두 다 기도이다. 또한 성만찬 예배를 위한 식탁의 준비와 삼성송, 알렐루야, 분병, 분잔, 치유의 예식, 그리스도의 죽음과 부활에 관한 찬양, 성찬 그리고 감사의 기도 역시 모두 다 기도의 행위이다. 또한 축도가 끝나고 사랑 안에서 주님을 섬기도록 신자들을 세상으로 파송하는 위임의 말씀 역시 기도의 행위이다.

하지만 이러한 기도의 행위들은 단순한 기도들의 모음(collection of prayers)이 아니라, 세상을 향한 하나님의 구원 이야기에 관한 기도이며 그 이야기를 일종의 감사의 행위로서 하나님께 봉헌하는 것이다. 그래서 예배 전체의 행위를 통해서 신자는 주님 앞에 이렇게 기도한다. "하나님! 주님의 이야기를 기억하고자 우리가 여기에 모였나이다. 그리고 장차 이 모든 세상과 전체 우주가 주님의 독생자 안으로 함께 모여서 그분 안에서 주님이 계획하신 모든 것들이 이루어지기를 기도합니다."

1. 공중기도의 위기

공중기도의 첫 번째 위기는 이를 무시하는 것이다. 여기에서 무시(neglect)라는 말은 회중 예배 시간에 아무도 기도하지 않는다는 뜻이 아니다. 사실 모든 교회가 예배 중에 기도한다. 거의 대부분의 예배가 기도로 시작하고 기도로 끝을 맺기도 한다. 또 설교 전이나 후에 기도하기도 하고, 아픈 자들이나 몸져누운 자들을 위해서, 또 회중의 필요를 위해서나 지역 사회와 국가를 위해서 또는 심지어 전세계를 위한 중보기도도 있다(하지만 오늘날 상당수의 교회 예배에서는 중보기도 시간이 빠져 있는 경우도 적지 않다). 그럼에도 불구하고 내가 여기에서 현대 교회가 공중기도를 무시한다고 말하는 이유는, 주일예배의 모든 순서를 교회가 세상의 생명을 위한 일종의 기도의 행위로 이해하고 진행하지 못하기 때문이다.

오늘날의 교회가 모든 예배를 세상을 위한 우주적인 기도의 행위로 이해하지 못하는 데는 몇 가지 이유가 있다. 예배를 기도로 이해하지 못하는 첫 번째이자 내가 생각하기에 가장 근원적인 이유는, 공중기도가 하나님의 구원 이야기에 근거한다는 점을 제대로 이해하지 못하기 때문이다. 대부분의 사람들은 그저 공중기도란 우리 내면으로부터 쏟아져 나오는 것이라고만 생각한다. 하지만 내가 이 책에서 계속 강조하는 바와 같이 하나님의 구원 이야기는 하나님이 구원하시는 이 세상에 관한 이야기이며 인간의 실존에 관한 이야기이다. 그리고 기독교 예배는 바로 이 구원 이야기를 기도하는 것이다. 하지만 오늘날 많은 사람들의 귀에 이 구원 이야기가 잘 들리지 않기 때문에, 그 결과로 하나님의 구원 이야기가 기도의 내용과 구조에 제대로 적용되지 않는 것이다.

기독교 예배를 하나님의 백성들이 세상을 위하여 하나님께 드리는 기도로 이해하지 못하는 둘째 이유는 오늘날 예배가 일종의 프로그램으로 변질되었기 때문이다. 미디어와 대중매체의 혁명으로 말미암은 방송 프로그램 이론들이 기독교 예배에 도입된 결과 오늘날의 예배는 흥미로운 오락 프로그램 발표회로 변질되었다. 게다가 현대 기독교 음악 산업이 발달하면서 흥미로운 예배 프로그램의 계발과 확산에 많은 사람들의 관심이 집중되고 있다. 일반 대중들 역시 연예와 쇼맨십, 유명 인사들의 명성에 이끌리면서 상당수의 지역 교회들도 대중들을 교회로 이끌고자 오락 프로그램 발표 형식의 예배를 강조하고 있다.

그 결과 기독교 예배의 본질이 세상을 위한 하나님의 구원 이야기에 대한 공중기도로부터 연단 위에서의 프로그램 발표 공연으로 뒤바뀌고 말았다. 세상 속에서 세상을 위한 하나님의 구원 행위를 재현하는 예배가 아니라, 사람들이 편안하고 즐거워하고 무언가에 대한 확신을 얻도록 하는 프로그램 공연으로 바뀐 것이다. 또 하나님의 백성들에 의한 공중기도로서의 예배가 아니라 개인적이고 사적인 체험으로서의 예배로 변질되었다. 이러한 예배의 사사화(私事化, privatization of worship)의 저변에는 이 시대의 개인주의 문화가 깔려 있다. 타인과 온 세상보다는 자신에게 초점을 두는 풍조 때문에, 기독교 예배와 기도 역시 내 삶과 내 필요, 내 욕망에만 관심을 가질 뿐이고, 가난한 자들의 필요나 폭력에 대해서 무관심하고 온 사회와 국가적인 관심사가 쏠려 있는 폭력과 전쟁에 문제는 거들떠보지 않으며, 모든 죄와 죽음과 악을 종식시키고자 그리스도 안에서 일하시는 하나님의 구원을 무시한다. 그렇다면 기독교 예배와 공중기도를 어떻게 갱신시켜야 할 것인가? 이 질문과 관련하여 고대 교회로부터 무엇을 배울 수 있을까?

2. 고대 교회의 공중기도

공중기도로서의 기독교 예배는 다음과 같이 설명될 수 있다. "공중기도는 자신의 희생으로 온 세상을 하나님과 화목하게 하신 그리스도의 구속사역에 대한 감사와 찬양 가운데 모든 피조물을 성령의 능력으로 예수 그리스도를 통하여 성부 하나님께 봉헌하는 것이다."

이것이 바로 기독교 교회의 공중기도가 실행하는 것이기 때문에, 공중기도의 외형을 형성하는 내부적인 내용의 핵심은 바로 하나님의 구원 이야기이다. 결국 공중기도는 하나님의 이야기를 기도로 봉헌하는 것이다.

하나님의 이야기와 기도의 긴밀한 상관관계는 구약 시대 이스라엘의 예배에서도 분명히 나타난다. 히브리인들의 공중 예배는 창조와 출애굽 사건, 약속의 땅에 대한 소망, 성막과 성전에서의 희생제사, 유월절 그리고 그 밖에 매년 반복적으로 기념하는 사건들처럼, 이스라엘과 하나님의 관계를 활짝 펼쳐 보여주는 구원 이야기에 근거한다. 안식일 제도와 그 밖의 모든 예배 내용과 양식들은 이스라엘과 세상을 위한 하나님의 이야기에 의하여 결정된다. 기독교의 공중예배도 이와 마찬가지다.

하나님의 구원 이야기는 공중예배의 모든 부분을 결정한다. 예를 들어 개회 예전으로부터 시작하여 말씀과 성만찬 그리고 파송 예전과 같이 기독교 예배의 모든 내부 구조는 하나님의 이야기에 따라서 구성된다. 이러한 예배-기도 순서 중에는 하나님의 구원 이야기에 비추어 볼 때 우연히 덧붙여지거나 부수적이거나 보조적인 것이 하나도 없다. 예배-기도 안에는 개회기도와 시편 찬송, 설교 전 기도, 설교 말씀, 중보기도, 평화의 인사, 성만찬 기도, 축도 그리고 찬송과 성가대의 합창, 이 모든 예배순서들은 교회의 전체 공중 기도로서 꼭 어울리는 것들이다. 이 모든 기도를 통해서 예배자들은 세상의 구원을 완수하신 예수 그리스도의 사역에 대한 감사와 찬양 중에 온 세상과 그 안에 거하는 모든 이들을 하나님께 봉헌한다. 그리고 이를 통해서 온 세상의 구원을 위한 하나님의 구원사역의 완성을 하나님께 기도하는 것이다.

온 세상을 위한 교회의 공중기도는 항상 삼위일체의 관점에서 성령의 능력으로 예수 그리스도를 통하여 성부 하나님께 봉헌한다. 왜냐하면 성령의 능력 안에서 성육신과 죽음 그리고 부활을 통해서 뿐만 아니라 하나님과 그분의 세상 사이에(히 9:24)에 영원한 중재자가 되심으로써, 하늘과 땅과 하나님과 인간을 하나로 연합하시고 장차 그의 재림으로 하나님의 구원 이야기를 완성하실 분이 바로 예수 그리스도이기 때문이다.

성령의 능력으로 예수 그리스도를 통하여 온전히 회복될 피조계에 관한 진리의 이야기는 영원한 천상의 예배와 기도의 핵심내용인 동시에 이 지상의 예배와 기도의 내용과 형식을 결정하기도 한다. 그래서 나는 다음 페이지에서 하나님의 구원 이야기가 어떻게 기독교 예배의 외면적이고 공식적인 형태와 그 내용을 결정하는지에 대해서 설명하려고 한다. 교회사 속에서 기독교 예배의 내용과 그 형식이 하나님의 이야기에 따라서 형성되어 온 전체 과정을 자세히 소개하는 것은 너무나 복잡하기 때문에 여기에서는 다만 요한 크리소스톰의 예전에서 발췌한 몇 가지 사례를 통해서 그 상호관계를 설명하고자 한다. 이 예전의 기원은 대략 4세기에 해당한다.

3. 기도로서의 예배

만일 교회의 기도가 하나님의 구원 이야기로부터 비롯된다면 그 기도는 전체로 온 세상을 위한 것인 동시에 그 세상을 살아가는 각 개인을 위한 것이다. 20세기의 저명한 동방정교회 예배학자인 알렉산더 슈메만(Alexander

Schmemann)은 이 점을 다음과 같이 설명한다.

> 대연도(大連禱, the Great Litany, 사순절 기간 동안 기도 인도자가 기도 내용을 언급하면 이어서 회중이 간단한 간청으로 응답하는 연도에 교회와 병자 그리고 나라를 위한 중보기도를 포함한 연도의 일종 - 역주)는 교회가 추구하는 기도의 본질을 보여준다. 좀 더 강조하여 말한다면 이 기도는 교회에게 부여된 공공의 임무(the common task)인 기도하는 존재로서의 교회(the Church as prayer)의 본질을 보여준다. 교회 회중 가운데 기도하는 자로 존재하는 신자들은 그 기도 가운데 자기 개인만의 고유하고 사적인 모든 염려들은 옆에 내려놓아야 한다. 대연도(大連禱, the Great Litany)는 올바른 기독교적인 가치 체계가 무엇인지를 보여주는데, 이 기도에 참여하는 개개인들이 그 기도를 자신의 고유한 기도로 인정하고 늘상 교회와 종교적인 삶 그 자체를 부패시키고 왜곡시키는 이기주의를 극복함으로써, 비로소 자신의 공동체적인 회원의 자격을 완수할 수 있다. 하지만 한 개인의 구체적인 관심사가 교회의 기도에서 완전히 배제되는 것은 아니다. 왜냐하면 이기주의를 극복한 중보기도를 통해서 교회는 진정 이 세상 사람들의 사적이고 개인적인 필요에 집중할 수 있기 때문이다. 그래서 만일 대연도에서 모든 사적인 욕망이 사라지면 비로소 교회 기도의 능력은 모든 사랑 가운데 온 세상의 세심한 필요에 온전히 집중할 수 있다. 이를 위해서는 먼저 그리스도의 사랑 안에서 우리 자신을 온 세상과 일치시킬 수 있어야 하고 우리 자신을 이기주의로부터 해방시킬 수 있을 때, 비로소 우리는 교회 안에 영원토록 내주하시는 그리스도의 사랑 안에서 하나님의 은총과 자비가 필요한 모든 그리스도인들의 영혼에 관심을 기울일 수 있다(이러한 탄원은 만도[또는 저녁기도, the vesperal rite]에서 발견된다).[1]

일단 이 세상이 하나님의 품 안에 감싸여 있고 개인의 기도는 그 품 안에서 비로소 의미를 지닐 수 있음을 안다면, 교회는 어떻게 자신만을 위하지

---

1) Schmemann, *Eucharist*, 83.

않고 온 세상의 생명을 위하여 기도할 수 있는지 고민해야 한다. 과연 기독교 예배는 어떻게 온 세상의 구원을 위하여 그리고 모든 만물의 올바른 질서를 위한 교회의 기도가 될 수 있을까? 그리고 그와 동시에 그 예배 중에 이 세상을 살아가는 개인을 위한 기도가 될 수 있을까? 이 질문에 응답하고자 이어서 고대 비잔틴 예전의 여러 부분을 완벽하지는 않더라도 광범위하게 여기저기의 기도문을 소개하고 각각의 기도문에 대한 간략한 해설을 덧붙이고자 한다.[2] 그런데 다소 짧지 않은 이 기도문은 특정한 대상을 염두에 둔 것이 아니다. 그래서 이 기도문들을 그냥 막연하게 읽지 말고 독자 여러분의 기도로 따라 읽으면서 온 세상을 위하여 그리고 여러분 자신을 위한 각각의 기도문이 지향하는 본래 목표 안으로 들어가 볼 수 있기를 바란다.

1) 개회 예전

고대의 예배는 회중 공동체로 하여금 예배를 준비하도록 안내하는 간략한 예식인 개회 예전으로부터 시작했다(이 기도회는 모든 회중이 다 참여하는 것은 아니고 주로 목회자와 일단의 신실한 평신도들이 참여했다). 이 예전은 주로 세 개의 교창송이나 시편송으로 이루어졌다. 다음 소개하는 것은 개회 예전을 구성하는 교창송이며 셋째 교창송 다음에 시편 93편에 대한 찬송이 뒤따른다. 이 기도문을 읽어갈 때 주의 깊게 살펴볼 것은 다음과 같다. (1) 삼위 하나님에 대한 강조, (2) 온 세상에 대한 하나님의 통치, (3) 이 세상을 살아가는 각 개인에 대한 관심. 이 기도문을 읽어 보면 영창조로 낭송하고 싶은 생각도 들 것이다. 그렇게 조용하게 낭송하는 가운데 기도문의 가사와 구절에 담긴 영적인 의미를 깊이 묵상해 보라.

---

2) 성 크리소스톰의 예전은 다음 자료를 참고할 것. Morris, "The Byzantine Liturgy," in *Twenty Centuries of Christian Worship*, ed. Webber, 152-71.

첫째 교창

집사: 주님께 기도를 드립시다(집사 또는 부제, deacon의 선창).

회중: **주님! 자비를 베푸소서.**

목사: 우리 주 하나님! 주님의 능력은 감히 상상할 수 없으며 주님의 영광은 감히 헤아릴 수 없나이다. 주님의 자비는 한량없으며, 인류를 향한 주님의 사랑은 더 말할 나위 없이 무한하시나이다. 오 하나님! 주님의 크신 자비 가운데 우리를 굽어보시고 이 거룩한 권속들을 살펴보시고 우리와 함께 기도하는 모든 이들에게 주님의 자비와 은총을 베푸소서. 성부와 성자와 성령 삼위 하나님께 이제로부터 영원무궁토록 모든 영광과 존귀와 경배를 드리나이다.

회중 : **아멘.**

둘째 교창

집사: 다 함께 주님께 기도드립시다.

회중: **주님! 자비를 베푸소서.**

목사: 우리 주 하나님! 주님의 백성들을 구원하시고 주님의 유업 위에 복 내리소서. 주님의 충만하신 교회를 지키시며 주님이 거하시는 이 교회의 아름다움을 사랑하는 모든 이들을 거룩하게 하시며 주님의 거룩하신 능력으로 저들을 영화롭게 하시고 주님께 소망을 둔 우리를 결코 버리지 마소서. 성부와 성자와 성령 삼위께 이제로부터 영원 무궁토록 모든 나라와 권세와 능력과 영광을 돌려 드리나이다.

회중: **아멘.**

셋째 교창

집사: 다 함께 주님께 기도드립시다.

회중: **주님! 자비를 베푸소서.**

목사: 오 주님! 주께서는 우리 모두가 화평과 일치 가운데 기도할 수 있

> 는 은혜를 베푸시고 또 두세 사람이라도 주님의 이름으로 함께 간구하는 기도에 응답하시겠다고 약속하셨나이다. 또한 주님의 종들이 구하는 간구에 가장 좋은 것으로 넘치도록 응답하시며 이 세대에는 주님의 진리를 베푸시고 또한 오는 세상에서도 영원한 생명을 베푸셨나이다. 우리 주 하나님은 선하시며 자기 백성들을 사랑하시니 성부와 성자와 성령 삼위 하나님께 이제로부터 영원무궁하기까지 모든 영광을 드리나이다.
> **회중: 아멘.**

셋째 교창이 끝나면 회중은 아래의 후렴구를 덧붙여서 시편 93편을 찬송한다.

유일하신 독생자시요 하나님의 말씀이신 주님은 영원불멸하시며 우리의 구원을 위하여 동정녀 마리아를 통하여 조금도 변질되지 않고 사람으로 나시고 또한 십자가에 못 박혀 죽으셨나이다. 오 그리스도 우리 주님이시여, 주님의 죽으심으로 사망 권세를 정복하시고 우리를 구원하셨나이다. 주님은 거룩하신 삼위 하나님 중의 한 분이시니 성부와 성자와 함께 영광을 받으시옵소서.

위 후렴구의 내용에는 예수께서 사망 권세를 멸하시고 하나님과 사람의 연합을 이루셨다는 하나님의 구원 이야기의 핵심이 들어 있음에 주목하라.

2) 말씀의 예전

개회 예전에 이어서 말씀의 예전이 뒤따르는데, 이 예전은 세상과 교회, 국가, 도시, 날씨 그리고 여행객들의 필요에 관한 기도로 시작되며 개인 신자들에 대한 강조와 아울러 이들의 모든 생명을 하나님께 헌신할 것을 청원하는 기도로 끝난다. 이러한 기도가 말씀 예전의 앞부분에 등장하는 이유가 있다. 성경말씀이 읽혀지기 전에 그리고 설교 말씀이 선포되기 전에, 교회는 먼저 모든 세상과 그 가운데 거하는 각 개인들을 위하여 기도해야 하기 때문이다. 교회는 이렇게 세상의 복리와 그 가운데 거하는 모든 이들의 궁극적인 구원을 위하여 기도함으로써 세상을 향한 본래 교회의 선교적인 사명을 감당한다. 그래서 교회는 자신만을 위해서나 그 신자들을 위해서만 기도하는 것이 아니라 모든 세상과 그 가운데 거하는 모든 이들을 위해서도 기도한다. 이는 세상을 하나님과 화목시키는 그리스도의 사역이 모든 세상과 모든 이들에게도 해당되기 때문이다. 그래서 기도로서의 교회의 예배는 하나님께서 사랑하시고 자신과 화목하는 자리로 부르시는 모든 세상에게 성령의 능력으로 말미암아 그리스도를 통하여 은총과 자비를 베푸시기를 간구한다.

> **목사**: 평안 중에 주님께 기도드립시다[목사나, 집사 또는 부제(deacon)의 선창].
> **회중**: **주님! 자비를 베푸소서.**
> **목사**: 위로부터 임하는 평화를 위하여 그리고 우리 영혼의 구원을 위하여 주님께 기도드립시다.
> **회중**: **주님! 자비를 베푸소서.**
> **목사**: 온 세상의 평화를 위하여, 주님의 거룩한 교회의 안정을 위하여 그리고 모든 교회의 일치를 위하여 주님께 기도드립시다.
> **회중**: **주님! 자비를 베푸소서.**
> **목사**: 거룩한 권속들을 위하여 그리고 신앙 안으로 들어온 모든 이들을 위하여 그리고 주님을 향한 경외와 존경을 위하여 주님께 기도드립시다.
> **회중**: **주님! 자비를 베푸소서.**
> **목사**: 우리의 감독(bishop)을 위하여 그리고 그리스도 안에서 존경스러운 목사와 장로들을 위하여 그리고 모든 목회자들과 주님의 백성들을 위하여 주님께 기도드립시다.

회중: **주님! 자비를 베푸소서.**

목사: 이 나라와 그 안에 있는 모든 권세자들을 위하여 주님께 기도드립시다.

회중: **주님! 자비를 베푸소서.**

목사: 이 도시와 모든 도시와 나라를 위하여 그리고 그 안에 거하는 모든 신실한 백성들을 위하여 주님께 기도드립시다.

회중: **주님! 자비를 베푸소서.**

목사: 순조로운 날씨를 위하여, 이 땅의 풍성한 결실을 위하여 그리고 이 땅의 평화를 위하여 주님께 기도드립시다.

회중: **주님! 자비를 베푸소서.**

목사: 멀리 여행 중에 있는 성도들을 위하여, 병환으로 고통당하는 환자들을 위해서 그리고 박해받는 자들의 구원을 위하여 주님께 기도드립시다.

회중: **주님! 자비를 베푸소서.**

목사: 모든 고통과 분노, 위험 그리고 궁핍함으로부터 우리 모두의 구원을 위하여 주님께 기도드립시다.

회중: **주님! 자비를 베푸소서.**

목사: 오 주님! 우리를 도우시고 우리를 구원하시며 우리에게 자비를 베푸시고 주님의 은혜로 우리를 보호하소서.

회중: **주님! 자비를 베푸소서.**

목사: 동정녀 마리아의 몸에서 나시고 가장 복되시고 가장 거룩하시며 순결하신 우리 주 예수 그리스도께 모든 성인들과 함께 우리 모든 생명을 바치옵니다.

회중: **우리 하나님께 바치나이다. 아멘.**

이 기도가 끝나면 이어서 성경봉독과 설교를 통한 말씀의 예전이 계속 뒤따른다. 그 다음에는 입교 신자들을 위한 기도가 덧붙여지는 경우도 있는데, 초대교회에서 영적인 훈련의 과정을 거쳐야 하는 새로운 입교자들은 설교가 끝난 다음에 성경 말씀과 설교에 대해서 깊이 성찰하기 위하여 다른 장소로 이동한다. 한편 세례를 받은 기독교인들은 그 자리에 남아서 "신자의 예전"(liturgy of the faithful)이라고 알려진 성만찬(Eucharist)을 기다린다.

3) 신자의 예전 (성만찬의 기도)

신자의 예전을 구성하는 기도문을 이 책에 전부 다 소개하기에는 그 분량이 너무 많다. 그 기도는 천상의 천군 천사들이 부르는 영원한 삼성송에 함께 동참하기 위하여 지상의 신자들을 하늘로 초대하는 그룹 천사들(체루빔, cherubim)의 찬송으로 시작된다. 이어서 예배 인도자는 신자들이 하늘의 천군 천사들의 찬송에 함께 동참하도록 초청한다.

> 거룩! 거룩! 거룩! 만군의 주여! 하늘과 땅이 주님의 영광으로 가득하도다. 하늘 높은 곳에 호산나! 주님의 이름으로 오시는 이에게 복이 있을지로다! 지극히 높은 곳에 호산나!

이 기도에 이어서 하나님의 구원 이야기에 대한 기도가 이어진다. 여기에는 당연히 천지를 창조하시고 그의 형상대로 사람을 창조하시며, 피조계와 인류를 구원하시고자 이 역사 속에 개입하시고 성육신하시며 그의 죽음과 부활로 온 세상의 생명의 구원을 완성하신 예수 그리스도에 관한 하나님의 구원 이야기가 그 핵심을 이룬다. 아래에서 소개하는 내용은 전체 기도의 일부분이지만, 여기에도 피조계를 위한 하나님의 구원과 회복의 역사가 선명하게 나타난다. 이 기도문에는 세상을 구원하는 하나님의 두 손으로 등장하는 성자와 성령을 분명히 보여 준다.

> **목사**: (낮은 목소리로) 우리 주 하나님! 죄인들이 감히 입을 열어 큰 소리로 주님께 기도드리나이다. 주님은 참으로 거룩하시며 복되시니,

주님의 거룩하신 위엄은 감히 측량할 길이 없나이다. 주님의 행하신 모든 일은 의로우시니 이는 우리를 위하여 이 모든 일을 공평과 정의로 행하셨음이니이다. 주께서 흙의 먼지를 취하여 사람을 만드시고 주님의 형상을 따라 존귀하게 하셨을 때, 오 하나님! 주께서는 사람을 기쁨의 동산으로 인도하고 주님의 계명을 준수함으로 영원한 기쁨과 선한 복을 약속하셨나이다. 하지만 아담이 자신을 지으신 참된 하나님의 계명에 불순종하고 뱀의 유혹에 빠져 타락하고 스스로의 범죄로 말미암아 죽게 되었을 때 주께서는 공의로우신 심판대로 낙원에 가까이 가지 못하게 막으시고 이 세상은 죄악으로 가득차게 되었나이다. 주께서는 흙으로 지음받은 사람을 다시 흙으로 되돌아가게 하시면서도 사람에게 주님의 독생자 그리스도 안에서 거듭나는 구원의 은총을 베푸셨나이다. 그리하여 주님은 주께서 지으신 피조물로부터 영원히 주님의 은총을 거두지 아니하시고, 주께서 우리 피조물들을 위하여 손수 행하신 일을 하나도 잊지 않으셨나이다. 그리하여 주님의 자비하신 은총을 따라 주님은 여러 방법으로 이 세상의 우리에게 찾아오셨나이다. 주님의 선지자들을 우리에게 보내시고 또 세대마다 주님을 기쁘시게 하는 주님의 거룩한 이들을 통하여 우리를 위하여 놀라운 기사와 이적을 베푸셨나이다. 주님의 종인 선지자들의 입술을 통하여 우리에게 말씀하기도 하시고, 장차 임할 주님의 구원을 미리 예언하기도 하셨나이다. 주님은 우리를 위하여 율법을 베푸시고 또한 천사들을 명하여 우리를 보호해 주셨나이다. 드디어 때가 찼을 때 주께서는 드디어 주님의 독생자를 통해서 우리에게 말씀하셨나이다. 그분은 주님의 영광의 광채이시며 주님의 거룩하신 형상이시며, 능력의 말씀으로 친히 모든 만물을 붙드시나이다. 또한 그분은 천지가 창조되기 이전부터 계셨으나 우리의 구원을 위하여 이 땅에 나타나시고 사람들 가운데 사셨나이다. 그는 또한 거룩한 동정녀로부터 육체를 취하시고 자기를 비워 종의 형체를 취하셨나이다.

주께서는 죄인된 우리를 주님의 영광의 형상을 따르도록 하시려고 친히 우리의 비천한 육신을 입으셨나이다. 사람으로 말미암아 죄가 이 세상에 들어오고 그 죄로 말미암아 사망이 임하였으나, 주님의 품 속에 계신 유일한 독생자께서 여인의 몸에서 나시고 율법 아래 태어나서 그의 육신으로 죄의 저주를 감당하신 것은, 아담의 범죄 안에서 죽은 우리로 하여금 주님의 그리스도 그분 안에서 참 생명을 얻게 하려 하심이니이다. 그분은 이 세상 사람들과 같이 사셨으며 또한 우리에게 구원의 율법을 베푸셨나이다. 그분은 또한 우리를 완고한 우상 숭배로부터 해방시키시고 참 하나님이시요 우리의 아버지이신 주님을 아는 지식을 가져다 주셨나이다. 그리고 우리를 자신이 친히 선택하신 백성이요 왕 같은 제사장이요 거룩한 나라로 삼으셨나이다. 또한 물로 우리를 정결하게 하시고 성령으로 거룩하게 하신 다음, 죄로 말미암아 저주와 죽음에 팔려 노예가 되었던 우리를 위하여 친히 사망의 저주를 짊어지심으로 우리를 죽음에서 건지셨나이다. 십자가를 지시고 죽으사 지옥으로 내려가신 다음, 그곳에서 사망의 결박을 무너뜨리시고 사흘 만에 다시 부활하사 모든 육체에게 죽음으로부터 부활에 이르는 길, 죄악으로 가득한 이 세상 생명의 주인으로서는 전혀 불가능한 생명의 길을 만들어 주셨나이다. 그리하여 주님은 죽은 자 가운데 먼저 부활하사 잠자는 자들의 첫 열매가 되시고 모든 이들을 위한 생명의 길을 예비하셨나이다. 부활하신 주께서는 하늘로 오르시고 지극히 높으신 이의 오른편에 좌정하시고 장차 모든 만물을 주님의 뜻대로 다스리기 위하여 다시 오실 것이니이다. 주께서는 우리의 구원을 위하여 주께서 감당하신 고난을 기억하도록 우리에게 주님의 계명을 따라 이 일을 행할 것을 명하셨나이다. 주께서 세상의 생명을 위하여 자발적이며 흠이 하나도 없으시며 생명을 베푸는 죽음을 향하여 십자가에 자신을 내어 주시던 날 밤에, 거룩하시고 흠이 없으신 손으로 빵을 가지사 성부 하나님께 올려 감사의 기도를 드리고 축

사하신 다음에,
(큰 목소리로) 이를 떼어 그의 거룩한 사도들과 제자들에게 주시며 말씀하셨나이다. "받아 먹으라. 이는 너희를 위하여 너희 죄를 사하기 위하여 쪼개진 내 몸이니라."

회중: **아멘.**

목사: (낮은 목소리로) 이와 같이 또한 포도열매의 잔을 가지사 감사하시고 축사하여 성별하신 다음에 거룩한 사도들과 제자들에게 주시며 말씀하셨나이다.
(큰 목소리로) "너희 모두는 이 잔을 마시라. 이 잔은 너희와 많은 이들의 죄를 사하기 위하여 흘리는 나의 피, 곧 새 언약의 피로다."

회중: **아멘.**

목사: (낮은 목소리로) "이를 행하여 나를 기념하라. 이는 이 빵을 먹고 이 잔을 마실 때마다 나의 죽음을 선포하고 나의 부활을 고백할지어다." 그러므로 오 주님! 우리는 주께서 십자가에서 당하신 구원의 고난과 생명을 내어 주는 죽음을 기억하며 사흘만에 다시 부활하시고 하늘로 오르사 우리 주 하나님 아버지의 보좌 우편에 좌정하시고 주님의 크신 영광과 권능 가운데 다시 오실 것을 믿나이다.
(큰 목소리로) 모든 만물이 주님으로부터 나오고 모든 영광과 권세를 세세무궁토록 주님께 돌려드리나이다. 아멘.

이상의 "신자의 예전"(the liturgy of the faithful)은 이후에 에피클레시스(Epiklesis, 성만찬에 임하시는 성령의 임재를 위한 기도)를 통해서 계속되며 이후에 "주님의 기도"와 빵과 음료를 위로 거양할 때의 기도가 덧붙여진다. 이후에 신자들이 식탁에서 빵과 음료를 받을 때 단순한 음식이 아니라 예수를 받음으로 그 안에서 새로운 생명의 언약을 맺는다는 영성을 표현하는 기도를 드린다.

> **목사**: 오 주님! 주님의 백성을 구원하시고 주님의 유업에 복을 내리소서!
> **회중**: 아멘! 우리의 입술에 주님의 찬송이 가득하게 하시고 주님의 영광을 찬양하게 하옵소서. 이는 주님의 거룩하시고 영원히 죽지 않으며 생명을 내어 주시는 주님의 신비에 참여하게 하심이니이다. 또한 주님의 성결에 참여하게 하심으로 영원토록 주님의 공의를 묵상하며 찬송하게 하옵소서. 알렐루야, 알렐루야, 알렐루야.

신자들이 성찬을 받은 다음에 집사(나 부제, deacon)는 (한 번 더) 성찬에 대한 감사의 연도(連禱, 에크테니아, Ektenia)를 드린다. 이 기도는 성만찬 예전의 종결을 암시하는데, 여기에는 "이제 우리 자신과 서로에게 그리고 이 땅의 모든 이들에게 우리 주님 예수 그리스도를 전합시다"는 권면이 포함된다. 이 권면 다음에 목사는 회중과 함께 아래의 기도를 드리고 회중 앞을 떠나는데, 이 기도문에는 하나님의 백성들이 하나님을 축복하며 세상을 축복하고 또 온 교회와 모든 신자들을 축복하기 위하여 함께 모였음을 다시 한 번 더 선포하는 내용이 담겨 있다.

> **목사**: 다 함께 기도드립시다.
> **회중**: 주님! 자비를 베푸소서.
> **목사**: 오 주님! 주님께 복 비는 자들에게 은총을 베푸시는 하나님! 주님을 믿는 이들을 성별하시며 주님의 백성들을 구원하시고 주님의 유업에 복 내려 주소서. 또한 주님의 몸된 교회를 보호하시며, 주님의 아름다운 권속들을 사랑하는 자들을 성별하시고, 주께 소망을 두는 자들을 버리지 마옵시며, 주님의 거룩하신 능력으로 저들을 영화롭게 하옵소서. 주님의 세상에 그리고 주님의 교회와 목회자들과 이 나라의 위정자들과 주님의 백성들에게 평화를 내리소서. 이는 모든 선한 은총과 각양 아름다운 은사들이 모두 위로부터 내려오며 참 빛이신 주님께로부터 내려오기 때문이나이다. 우리 주 하나님, 성부와 성자와 성령께 이제로부터 세세무궁토록 모든

> 영광과 감사와 경배를 바치나이다.
> **회중: 아멘!**

이상에서 살펴본 고대 교회의 예배 기도문들은 기독교 예배 속에 단순히 몇 개의 기도문이 포함되는 것이 중요하지 않고, 기독교 예배는 세상의 생명을 위하여 그리고 그 안에 거하는 모든 이들의 구원과 복락을 위한 교회의 기도(the prayer of the church) 그 자체임을 보여 준다. 그래서 하나님께서 세상의 구원을 위하여 두 손으로 쓰시는 성부와 성령의 역사를 담고 있는 하나님의 구원 이야기가 고대 예배의 기도와 그 내용의 핵심이다.

4. 적용하기

이번 8장에서 나는 교회의 공중예배의 지향점은 예배 참가자가 아니라 삼위 하나님이시며 그 내용 역시 하나님을 향한 감사와 찬양의 기도라는 점을 증명하고자 초대교회의 자료들을 소개하였다. 이러한 예배 기도문들은 오늘날의 예배 관행에 패러다임의 전환을 요구한다. 오늘날의 예배는 먼저 회중들에게 무언가를 믿도록 하고 그들의 기존 신앙을 더욱 풍성하게 하거나 강화시키고 또 그들의 삶에 어떤 치유를 가져다 주려고 애쓰는 어떤 영적인 프로그램의 연출이나 공연처럼 여겨지고 있는 실정이다. 하지만 고대의 예배는 (현대적인 용어를 사용하자면) 사람들에게 다가가려고 예배를 디자인한 것도 아니고 사람들에게 초점을 맞춘 것도 아니고 그들을 치유하려고 애쓴 것도 아니다. 그럼에도 불구하고 하나님을 향한 찬양과 감사의 기도가 지배적이었던 그들의 예배를 통해서 당시 신자들은 세상의 구원을 위한 하나님의 전능하신 행위들을 깊이 묵상하며 세상에서 일하시는 하나님의 생명에 참여하는 삶을 살아가기로 다짐하고 결단할 수 있었다. 그래서 예배에서의 중요한 요점은 우리가 기도하는 대로 우리의 존재가 빚어지고 만들어진다는 것이다.

  신자의 영적인 삶을 형성하는 결정적인 도구로서 하나님의 이야기의 중요성을 강조했던 가장 유명한 인물 중의 한 사람이 바로 4세기에 활동했던 갑바도기아의 교부인 닛싸의 그레고리(Gregory of Nyssa, 주후 331-394)이다. 그레고리는 예배에서 창조와 성육신 그리고 재창조로 이어지는 하나님의 구원 이야기의 중요성을 직시하였다. 그는 주장하기를 "우리가 하나님을 이해하는 지식이 자라가는 원천이 바로 예수 그리스도"라고 한다. 왜냐하면 "그리스도는 우리를 하나님과 화해시키고 태초에 하나님과 함께 나누었던 거룩한 친교를 다시금 회복시켜 주셨기" 때문이다. 또한 인간 본성의 역동성과 활력의 방향을 올바로 재조정하는 것이 바로 그리스도의 참된 인성이라고 한다. 이렇게 그레고리는 신자의 영적인 삶을 위한 성육신의 중요한 의미를 받아들이는 데 아타나시우스와 니케아 신경을 만들었던 다른 교부들의 사상을 따랐다. 그레고리는 그의 글에서 이렇게 적고 있다. "비천한 자를 일으켜 세우신 주께서 먼저 낮고 천한 자리로 내려가셨기에, 비로소 우리도 가장 지극한 높은 곳으로 오를 수 있었다."[3] 우리는 그리스도께서 행하신 일에 대한 기억과 소망 중에 드리는 예배를 통해서 하나님의 구원사역에 대한 깊은 묵상의 자리로 나아간다. 이때 우리는 그분의 인격과 사역에 대한 묵상 가운데, 비천한 자리에서 지극히 높은 곳으로 구원받은 우리의 참된 본성을 깨달을 수 있다. 이와 관련하여 그레고리는 자신의 글에서 이렇게 적고 있다.

> 만일 사람의 마음이 이 세상의 감당할 수 없는 모든 질병으로부터 정결케 되었다면, 그는 분명 자신의 아름다움 속에서 거룩하신 하나님의 형상을 발견할 것이다. 내 생각에는 이 짧은 말 속에 하나님의 정하신 바가 표현된다고 생각한다. 즉 너희 인간 안에는 진정한 선을 완성하려는 열망이

---

3) Gregory of Nyssa, Homily 10, On the Song of Songs, cited by Charles Kannegiesen, "The Spiritual Message of the Great Fathers," in *Christian Spirituality*, ed. Bernard McGinn and John Meyendorff (New York: Crossroad, 1986), 74.

숨어 있다. 하지만 하늘 높은 곳에서부터 하나님의 장엄하신 영광을 찬양하며, 감히 표현할 수 없는 그분의 권능과 측량할 수 없는 그분의 선하심과 감히 헤아릴 수 없는 그분의 본성을 높여 송축하는 것을 듣게 될 때, 네 속의 욕망을 인하여 스스로 절망하지 말라. 왜냐하면 주님의 은혜로 인하여 바로 네 안에서부터 거룩하신 하나님께 나아갈 길이 열려 있기 때문이다. 너를 지으신 그분께서 마치 밀랍으로 조각의 형상을 빚어 만들듯이 너의 본성 안에 이 놀라운 자질을 부여하셨기 때문이다. 하지만 하나님의 형상을 지닌 모든 만물 속에 나쁜 악이 스며듦으로 말미암아, 그 악한 덮개 아래 감추어져 있는 이 아름다운 것들도 그만 헛되고 말았다. 그래서 만일 회반죽처럼 너희 마음에 달라붙은 오물을 선한 삶으로 씻어 정결케 한다면, 하나님의 아름다움은 다시금 너희 안에서 빛을 발할 것이다. 이는 하나님은 정결하시고 모든 욕망으로부터 자유로우시고 모든 악으로부터 분리되셨기 때문이다. 그래서 이 모든 것들이 여러분 안에 거한다면 곧 하나님께서도 진정 여러분 안에 계신다. 또한 여러분의 생각 속에 죄악이 섞여 있지 아니하고 욕망으로부터 자유로우며 오점으로부터 멀리 떨어져 있다면, 진정 복이 있으리니 여러분은 분명 하나님을 볼 것이다. 또한 정결하지 못한 자들에게는 결코 보이지 않는 것을 볼 수 있을 것이니 이는 너희가 정결함을 입었기 때문이다. 또한 모든 물질적인 뒤얽힘으로 말미암은 어두움이 여러분의 영혼으로부터 제거되었기에, 여러분은 정결한 마음의 천국 속에서 밝게 빛나는 복된 세상을 바라볼 수 있을 것이다.[4]

여기에서 닛싸의 그레고리는 하나님의 구원에 대한 묵상이 신자를 어떻게 하나님의 구원에 실제로 참여하도록 안내하는지 그리고 우리의 예배를 어떻게 이해하고 또 그 예배대로 살아갈 수 있도록 안내하는지에 대해서 잘 설명하고 있다. 그가 말하려는 것은 신앙이 없는 누구라도 혼자만의 노력으로 자기 속에 하나님의 형상을 회복할 수 있다는 뜻이 아니다. 그가 정작 교훈하고자 하는 것은 예수 그리스도 안에서 인간의 참 본성을 회복하고 새롭

---

4) Gregory of Nyssa, Homily 6, *On the Beatitudes*, in ibid., 72, 74.

게 하시는 이는 바로 하나님이시며 그 덕분에 우리 마음의 천국에서 밝게 빛나는 복된 비전을 바라볼 수 있다는 것이다. 그렇다면 묵상이 어떻게 우리를 그리스도께서 도달하신 영생에 참여할 수 있도록 안내하는가?

이 질문에 대한 해답으로 첫째 명심할 점은 기독교 예배는 하나님의 구원에 관한 역사적인 사건에 초점을 맞춘 기도라는 것이다. 하나님은 이 세상에서 우리에게 자신을 알리시고 창조를 통해서 일반계시를 알리셨고, 이스라엘의 구원 역사 속에서 그리고 궁극적으로 예수 그리스도 안에서 우리가 직접 볼 수 있도록 우리에게 자신을 계시하셨다. 그래서 예배-기도(worship-prayer)의 초점은 하나님께서 인간의 곤경을 근본적으로 해결해 주시고 자신을 내어 주심으로 우리를 하나님과 연합시키시고 새 하늘과 새 땅에서 회복되는 피조계를 향한 하나님의 사랑에 집중된다. 예배에서 우리가 기도하는 이 구원 역사는 죽은 과거가 아니라 지금도 살아 생생하게 지속된다. 왜냐하면 살아 계시고 우리와 함께하시는 하나님께서 이 세상을 구원하며 회복하기 위하여 이 역사 속에서 지금도 일하고 계시기 때문이다.

둘째로 예배의 기도는 유한한 우리가 만들어낸 언어가 아니라 하나님의 언어라는 점을 명심해야 한다. 예배-기도는 오직 기독교적인 이야기 안에서만 발견되는 유일하고도 독특한 언어를 사용하여 이 세상에서 하나님의 구원 역사를 실행한다. 우리 입술로 고백하는 기도 언어는 인간의 창작품이 아니라, 하나님의 창조로부터 시작하여 인간의 타락과 언약, 유월절, 성막, 선지자들의 예언의 말씀, 그리스도의 성육신, 죽음, 부활, 승천, 교회의 탄생, 세례와 성만찬, 영원한 중보사역 그리고 종말과 재림과 같이 하나님께서 창조하신 것들이다. 이런 언어가 우리에게 필요한 이유는, 이것들이 바로 하나님의 음성을 들려주며 하나님의 임재를 나타내 보여 주기 때문이다. 이런 언어들은 이 세상의 다른 종교에서는 찾아볼 수도 없고 감히 생각조차도 할 수 없다. 이 이야기는 성경의 하나님께만 해당되는 독특한 내용을 담고 있으며 그런 이유로 이로부터 기독교 예배와 기도, 묵상과 동참을 끌어낼 수 있다. 이 세상에 이와 비교하거나 대신하거나 대체할 수 있는 이야기는 결코 없다. 하나님과 인간의 관계는 오직 이 언어로만 설명될 수 있을 뿐이다. 왜냐하면 이 언어는 오직 하나님으로부터 비롯되었고 그래서 기독교적인 묵상과 참여를 가능하게 해 주는 유일한 언어이기 때문이다.

셋째로 신자의 묵상은 무엇보다도 하나님의 구원 이야기 안에서 이루어져야 하며 이 이야기를 보여 주는 기도의 언어를 통해서 진행되어야 한다. 신자의 올바른 묵상을 조절하고 안내하는 것은 바로 기도의 언어로 인한 보호와 안정 때문이다. 올바른 묵상이란 교회의 기도와 관계없이 그저 우리 자아 깊은 곳에서 혼자 스스로의 힘으로 만들어낸 내면의 언어에서 우러나오는 것이 아니다. 그리스도의 몸 된 교회는 하나님의 음성 언어로 하나님의 구원 이야기를 기도하기 때문에, 우리의 묵상 역시 항상 교회의 공적인 음성에 그 묵상의 닻을 내려야 한다. 그래서 신자의 묵상과 성찰은 겨우 더듬거려 말할 수 있는 것들을 하나님의 은혜로 말미암아 더욱 분명하게 설명할 수 있도록 늘 교회의 신앙에 의지해야 한다.

그런데 교회의 공중기도에서 개인적인 기도 역시 묵상과 성찰에 꼭 필요하다. 공중기도는 개인기도로 안내하는 다리와 같다. 바람직한 개인 기도를 위하여 염두에 둘 진행 과정이 있다. 어거스틴(Augustine)은 이 과정을 기억(memoria)-지성(intellectus)-의지(voluntas)의 순서로 설명한다.[5] 먼저 교회의 기도는 우리의 마음에 강한 흔적을 남긴다. 그 다음 우리는 기억을 통해서 세상을 향한 하나님의 구원 이야기를 회상한다. 그러면 그 이야기가 다시 우리의 지성을 사로잡고 경이와 놀라움으로 우리를 압도하면서, 그 이야기 안에서 우리 자신의 자리를 발견하며 그 이야기가 우리 자아와 이 세상에서의 인간 실존과 인류 역사와 온 우주의 의미를 결정하기를 소원하는 의지를 불러일으킨다. 계속해서 그 이야기는 우리를 그 이야기의 역사적인 궤적 속으로 들어가도록 촉구하며 그 거대한 세상의 이야기 속에서 우리 개인의 의미를 발견하며, 특히 이 세상 역사의 정점에서 우리에게 인간 본성의

---

5) Augustine, quoted in Hans Urs von Balthasar, *Prayer* (San Francisco: Ignatius Press, 1986), 133.

충만한 의미를 보여 주신 예수 그리스도 안에서 이 세상을 살아가도록 우리를 촉구한다. 그리고 그 의지로 말미암아 우리는 이 세상에서 예수의 생명에 동참하는 삶을 계속 살아 갈 수 있으며, 예수께서 사랑하신 그대로 우리도 애정을 갖고 세상을 사랑할 수 있을 것이다. 이것이 바로 닛싸의 그레고리가 말한 것을 그대로 체험하는 삶이다. "그래서 이 모든 것들이 여러분 안에 있다면, 곧 하나님께서도 진정 여러분 안에 계신다."[6]

여기에서 한 가지 더 명심할 것이 있다. 역사 속에서의 하나님의 구원을 실행하는 교회의 기도에서 신자는 하나님의 행위를 단순히 지성적으로나 머릿속에서만 묵상하고 성찰하는 것이 아니다. 묵상과 성찰은 이러한 구원 활동들을 통해서 자신의 본성을 우리에게 알리시는 하나님의 놀라움과 경이를 맛보는 시간이며 그 구원이 그대로 실행되는 순간이다. 그리고 우리가 고백할 수 있는 더 놀라운 것은, "하나님이 사람의 몸을 입고 성육하시고 우리를 위하여 고난당하시고 또한 우리와 이 세상을 자신에게로 연합시키고자 죽음에서 부활하셨다"는 사실이다. 우리는 감히 저항할 수 없는 사랑 안에서 자신의 본성을 계시하신 그 구원으로 우리를 인도하신 이 영광스러운 하나님에 대하여 그저 놀라고 감탄할 뿐이다. 그리고 예수의 본성 안으로 연합한 우리는 그분의 은총으로 하나님의 형상대로 지음받은 본래의 본성을 따라 거룩하게 변화되어 하나님과 온전한 연합을 이루게 되었다. 그래서 교회의 기도에 참으로 놀라운 축복의 비밀이 숨어 있다. 그 이유는 바로 기독교 예배와 기도의 묵상과 성찰을 통해서 그리고 성령의 능력을 따라 신자들은 하나님의 구원 내러티브 안에서 실제로 살아갈 힘을 공급받기 때문이다.

---

[6] Gregory of Nyssa, *On the Beatitudes, in Christian Spirituality*, ed. McGinn and Meyendorff, 74.

5. 요약

나는 이번 마지막 장을 오늘날 기독교 예배에서 발견되는 기도의 위기에 대하여 지적하는 내용으로 시작하였다. 가장 심각한 문제점은 오늘날 예배가 더 이상 세상을 위한 하나님의 구원 이야기에 대한 기도의 입장에서 이해하거나 드러지지 못하고 있다는 것이다. 그저 이 시대의 풍조를 따라 영적인 프로그램을 연출하거나 또는 일종의 재미있는 공연처럼 생각하고 있다.

이 문제를 해결하기 위해서는 예배에 대한 인식에 패러다임의 전환이 필요하며, 우리의 모든 예배를 하나님 자신의 구원 이야기를 그분께 기도로 봉헌하는 행위로 생각하고 또 그대로 실행해야 한다. 어떤 회중은 예배 중에 하나님의 이야기가 아니라 자신들이 부르고 싶은 노래를 부르기도 한다. 나는 은사주의자들이나 오순절 또는 현대 예배음악의 영향을 받은 교회들을 포함하여 다양한 형식을 따라 예배를 드리는 신앙 공동체에 참여해 본 적이 있다. 이들 상당수의 회중들에게 예배는 그저 노래부르기(singing)와 별반 다르지 않은 것 같았다. 하지만 이 책에서 나는 고대 교회는 처음부터 끝까지 모든 예배를 하나님께 그분의 구원 이야기를 감사와 찬송으로 봉헌하는 것으로 이해했다는 점을 설명하려고 노력했다. 이것이 바로 새로운 그러나 오래된 예배를 위하여 우리에게 요청되는 발상의 전환이다. 예배 중에 우리는 하나님께 드리는 기도로 그분의 교회와 세상을 위한 하나님의 구원 이야기를 실행한다. 우리 스스로의 힘으로 내면으로부터 무기력한 기도를 만들어 내기 전에 하나님의 기도 언어를 그대로 따라서 기도해야 하며, 세상과 그 가운데 거하는 모든 이들의 궁극적인 기도인 예수 그리스도를 봉헌하는 하나님의 기도의 목소리를 그대로 따라 삼위 하나님께 예배드려야 한다. 이것이 정녕 주께서 우리 가운데 찾으시는 그분의 예배다.

Ancient-Future *Worship*

Proclaming and Enacting
God's Narrative

결론

고대-미래의 예배를 향한 나의 순례

이 책 "고대-미래의 예배"는 독자들에게 읽혀질 뿐만 아니라 실제 예배 현장에 그대로 적용되는 것이 나의 바램이다. 독자들은 지식 습득을 위하여 학문적인 책들을 많이 읽지만 실제로 활용되는 책은 많지 않다. 하지만 "오래된-미래 시리즈"를 기획하던 초기부터 나는 독자로부터 "이 책을 우리 교회에 그대로 적용할 수 있겠어요"라는 응답을 기대했었다.

1. 고대-미래의 교회란?

지난 십여 년 동안 고대-미래에 대한 내 강의나 저술을 접했던 사람들이 나에게 편지나 전화로 이런 문의를 했다. "저는 고대-미래의 교회를 방문하고 싶습니다. 어디로 가야할까요?" 그러나 고대-미래의 예배라는 것이 다음 세대 예배의 조류가 될런지 또는 고대-미래의 교회라는 것이 근처에서 당장 소개할 수 있는 참신한 교회가 아니기 때문에, 이런 요청에 대하여 준비된

답변이 없다. 고대-미래의 예배는 어떤 새로운 기획이나 쇼도 아니고 최신의 시도도 아니다. 지난 1960년대 이후로 새로운 교회를 세우기 위한 혁신적인 시도들이 많이 나타났다. 하지만 세대마다 교회와 기독교 신학이 새롭게 등장해야 하는 것은 아니다. 기독교 교회는 영감을 받아야 하고 또 때로는 시대의 문화 속으로 상황화해야겠지만, 완전히 무너뜨리고 새로 지어야 할 폐물은 아니다.

하나님은 오순절의 성령강림을 통해서 이 땅에 교회를 세우셨다. 그 이후로 교회는 마치 숲 속의 가시덤불처럼 수많은 가지로 무성하게 자라났지만, 교회가 성경에 기록된 하나님의 구원 역사에 참여하기 위하여 되돌아가야 할 중심 줄기와 뿌리는 오직 하나뿐이다. 또한 사도신경이나 니케아신경처럼 초대교회를 통해서 확립된 신앙의 보편적인 가르침에 대한 공통의 핵심적인 유산도 있다. 그래서 내가 요청하는 바는 신앙과 예배에 관한 이러한 공통의 기반을 오늘날 올바로 발굴하고 회복하는 것이다. 왜냐하면 이러한 신앙의 전통은 사도들로부터 이어받아서 수세기 동안 교회를 통해서 전승되었기 때문이다. 그래서 굳이 여러분이 고대-미래의 예배에 대한 한 가지 정의(a definition)를 원한다면 이렇게 시도해 볼 수 있다. 고대-미래의 예배란 이 세상의 모든 상황 속에서 신실하게 실행하며 분명하게 소통되는 말씀과 성만찬 그리고 찬송 가운데 드려지는 공통된 기독교 교회의 예배 전통이다.

기독교 예배의 중심에 위치한 것은 바로 하나님의 말씀과 성만찬이며, 이 두 기둥을 통해서 세상을 향한 하나님의 전망이 선포되고 구현된다. 또한 이 예배를 특정한 상황에 맞게 상황화시키는 것이 바로 예배음악이다. 예배음악은 사람들의 언어에 맞게 예배를 소통시키는 중요한 수단이며, 역사 속에서 하나님이 행하신 구원 이야기에 대한 우리 인간의 합당한 반응을 담는 그릇이기도 하다. 그래서 우리는 예배 중에 노래와 찬송으로 하나님의 이야기를 선포하지만 그러나 성경 어디에서든 교회 역사 어디에서든 노래와 찬송이 말씀과 성만찬을 대신하지도 않았다. 말씀과 성만찬은 역사 속에서의 하나님의 구원 행위를 기억하며 주께서 모든 사망과 악의 권세를 멸하시고 쟁취하실 최후 승리를 소망하기 위하여 하나님께서 지정하신 결정적인 은혜의 방편으로 항상 예배의 중심을 차지한다. 그래서 여러분이 만일 고대-미래의 예배를 그대로 실행에 옮기기를 원한다면, 먼저 하나님의 구원 이야기를 배우고, 이 이야기를 그대로 말씀과 성만찬 속에서 실행하며, 교회사 속에서 전승된 위대한 신앙 고백의 보화에 대한 응답을 담은 아름다운 찬송과 노래를 활용해 보라.

2. 하나님의 구원 이야기의 뼈대를 복원하기

하나님의 구원 이야기에 집중한 고대 교회 예배의 기본 뼈대를 탐구하기 위한 나의 순례 여정은 1970년대 초엽부터 시작되었다. 당시 나는 휘튼에 있는 슬라브 복음선교회(the Slavic Gospel Mission)로부터 선교회 소속학교에서 동방신학(Eastern theology)에 대해서 한 학기 강의를 해 달라는 부탁을 받았다. 당시 나는 휘튼대학교에서 교수사역을 하고 있었고 또 역사신학으로 박사학위를 받았지만, 동방 교회 교부들에 대해서는 사실 전혀 아는 바가 없었다(하지만 이들은 초기 기독교의 실제 요람과도 같으며 기독교 교회의 보편적인 신조들이 성경적인 핵심 사상을 온전히 따를 수 있도록 하는 데 가장 중요한 영향을 미친 사상가들이기도 하다). 이 부탁을 받은 나는 가을학기 수업 이전의 여름방학 내내 동방 교회와 신학에 대한 자료들을 집중적으로 연구하였다.

그런데 아쉽게도 당시에는 영어로 동방 교회를 소개하는 서적들이 그리 많지 않았다. 그때서부터 비로소 서구 개신교 사회에 동방 교회가 점점 알려지기 시작했고, 그 이후로부터 점차 동방 교회 교부들과 공통의 기독교 신학적인 유산의 발전에 이들이 미친 막대한 영향에 관한 수많은 컨퍼런스와 서적들이 출판되기 시작했다.

1) 이차 자료들

당시 나로서는 다행스럽게도 뉴욕에 있는 포드햄대학교(Fordham Univ.)에서 교수하던 동방 신학자 존 메이엔도르프(John Meyendorff)에 의하여 동방신학에 관한 새 책이 방금 출간되었다. 『비잔틴 신학』(*Byzantine Theology*)이라는 제목이 달린 이 책은 시장에 대한 출판사의 회의적인 시각 때문에 불과 1천권만을 제한적으로 출판하였다.[1] 나는 이 책을 19.95 달러에 구입하였는데, 당시(1974년) 이 책의 두께를 고려할 때 참으로 천문학적으로 비싼 가격이었다. (그 책은 지금도 여전히 출간되고 있으며 이후로도 수천 권이 팔렸다). 그 책을 처음 손에 넣을 당시 나는 지금 이 순간까지도 끝나지 않을 순례 여정을 그렇게 시작하고 있음을 전혀 알지 못했다.

『비잔틴 신학』은 두 부분으로 구성되어 있다. 첫 번째 부분은 동방 교회의 역사를 소개하고 있다. 그 다음 두 번째 부분은 동방 교회의 신학을 소개하고 있다. 바로 이 두 번째 신학에 관한 부분에서 나는 큰 감동을 받았다. 내 마음에 가장 결정적인 영향을 준 것은 창조-성육신-재창조에 관한 패러다임이었다. 성경과 고대 교회의 사상의 기본적인 골격을 이루는 것이 바로 이 세 단어다. 하지만 그 이전에 내가 하나님의 구원 이야기를 해석할 때 주로 사용했던 것은 서구적인 지성의 결과물인 창조-죄악-구속의 틀로서 어거스틴에 의하여 소개된 이후 서구신학의 기본 골격을 이루는 것이었다. 동일한 골격은 종교개혁자 칼빈을 통해서도 이후로 계속 이어지며 계몽주의를 거쳐 복음주의자들에 그대로 전해졌다. 그리고 오늘날에도 성경을 전체로 이해하려고 할 때 여전히 지배적인 틀로 사용되고 있다.

물론 서구의 모델 그 자체로는 잘못된 것이 하나도 없다. 문제는 이 기본 틀이 해석되고 적용되는 방식에 있다. 최소한 내가 훈련받은 배경에 비추어 볼 때 대중적인 접근 방식은 개인적이고 도덕적인 차원에서 죄를 강조하면

---

1) John Meyendorff, *Byzantine Theology: Historical Trends and Doctrinal Themes* (New York: Fordham University Press, 1974).

서, 그만큼 정사들(政事, principalities)과 권세들(powers)은 충분히 다루지 않는다. 어거스틴과 저명한 종교개혁자인 칼빈 그리고 이후의 복음주의자들은 개인의 죄와 회개의 필요성 그리고 우리의 죄를 대속하기 위한 그리스도의 죽음에 대한 개인적인 믿음의 수용을 아주 많이 강조한다. 그러다 보니 서구신학은 대속사역에 대한 희생적인 관점만을 배타적으로 강조하는 반면에, 그의 부활과 이를 통한 죄와 사망 그리고 악의 권세에 대한 승리와의 강력한 연결구도의 맥락에서 그리스도의 대속을 이해하지 못하는 약점이 생기고 말았다. 이렇게 십자가를 통한 만족과 보상만을 강조하는 이론에 너무 지나치게 메어 있다 보니 서구신학은 창조와 성육신 그리고 하나님이 지으신 모든 피조물에 대한 궁극적인 회복 사이에 존재하는 일관성(또는 통일성, unity)을 충분히 인식하는 데 실패하고 말았다. 그 결과 서구신학은 개인주의적인 기독교를 조장하고 말았다.

『비잔틴 신학』을 (수차례 숙고하여) 읽으면서 나는 성육신하신 하나님이 어떻게 죄와 사망의 권세를 무찌르고 승리를 거두셨는지를 설명하는, 그리스도의 성육신 사건과 이후의 승리자 그리스도(Christus Victor)의 연속적인 주제야말로 그동안의 서구신학이 잃어버린 중요한 연결고리라는 사실을 새롭게 깨달았다. 예를 들어 서구 교회에서 많은 이들은 동정녀 탄생 교리의 의미를 이성적으로 설명하지 못해서 쩔쩔맨다. 우리는 물론 동정녀의 몸에서 이루어진 신비로운 수태를 믿지만, 그 다음에는 이 교리가 무엇을 의미하는지, 이 교리를 가지고 어떻게 해야 하는지를 잘 모른다. 그러나 동방의 교부들은 그렇지 않았다. 그들은 동정녀의 수태 사건을 포함하여 성육신을 어떻게 다루어야 할지를 잘 알고 있다. 하나님은 스스로 인류의 죄의 결과인 죽음을 친히 짊어지심으로 피조물의 부패와 타락을 역전시키고자 동정녀 마리아의 태 안에서 전체 피조물과 연합하신 것이다. 둘째 아담이신 예수는 첫째 아담으로 인한 모든 죄와 죽음을 정복하여 굴복시키신 것이다. 첫째 아담이 죄로 모든 피조물에게 해악을 끼친 것처럼 둘째 아담이신 예수께서는 그 반대로 자신의 의로 모든 피조물을 구원하셨다. 그리고 자신의 죽음을 통해서 예수는 죽음을 정복하셨다. 또 다시 죽음에서 부활하심으로 재림을 통해서 궁극적으로 완성될 온 세상의 새 창조를 시작하셨다. 그날이 오기까지 예수께서는 하늘에 거하시는 성부 하나님에게로 승천하시고 지금도 세상을 위하여 중보하시며 그 발 아래 원수를 온전히 굴복시키는 날까지 이 세상을 통치하신다. 그래서 사도 바울이 빌립보교회 성도들에게 권면한 바와 같이, "모든 입으로 예수 그리스도를 주라 시인할 것이다"(빌 2:11).

당시 동방신학을 잘 정리해 놓은 또 다른 책으로 내가 읽어본 것은 구스타프 아울렌(Gustav Aulen)의 『승리자 그리스도』(*Christus Victor*)이다.[2] 이 책에서 아울렌은 "승리자 그리스도"야말로 속죄에 대한 초대교회 교부들의 으뜸가는 견해였음을 설득력 있게 주장한다(이 관점은 그리스도의 대속의 가치를 결코 부인하지 않는다). 또 이 책에는 이레니우스가 어떻게 승리자 그리스도에 관한 사상을 발전시켰는지에 관한 훌륭한 설명이 실려 있다(고대의 모든 예전이 승리자 그리스도라는 주제를 기도로 승화시켰다는 내용에 대해서는 4장을 참고하라). 이 책에서 아울렌은 중세 시대의 신학이 그리스도의 대속에만 배타적으로 집중하다가 승리자 그리스도의 주제를 어떻게 누락시키고 말았는지를 설득력 있게 논증하고 있다. 특히 이 책의 4장은 로마교회의 미사에서 어떻게 이러한 변화가 발생하고 있는지를 다룬다.

동방 신학에 대해서 계속 연구하는 과정에서 나는 고대 교회의 창조-성육신-재창조의 구조에 관한 내 자신의 관심과 열정에 도움을 주는 또 다른 신학자들의 이름이나 책들을 알게 되었다. 그중에 반복하여 읽으면서 나에게 큰 도움이 되었던 얼마 되지 않은 책 중에는 조지 플로로프스키(George Florovsky)가 저술한 『창조와 구속』(*creation and redemption*)이 있다.[3] 하버드 대학교에서 동방 교회 역사(Eastern Church history) 분야를 담당하던 플로로프스키는 고대 교회 교부들의 세계 속으로 나를 안내해 주었다. 교부들에 대한 그의 탁월한 식견과 이들을 함께 통합할 줄 아는 그의 능력 덕분에, 나

---

2) Gustaf Aulen, *Christus Victor: A Historical Study of the Tree Main Ideas of the Atonement* (New York: Macmillan, 1969; Eugene, OR: Wipf & Stock, 2003).

3) Georges Florovsky, *Creation and Redemption* (Belmont, MA: Nordland Publishing, 1976).

는 성경에 대한 고대인들의 이해의 틀을 더욱 풍부하게 확장시킬 수 있었다. 그의 학문적인 식견은 나에게 새로운 세계를 열어 주었고 교회 교부들의 사상을 올바로 해석하는 방법도 가르쳐 주었다.

기독교에 대한 고대인들의 관점을 다룬 또 다른 이차 자료로 추천할 만한 것으로는 듀크대학교에서 가르쳤던 데이빗 벤틀리 하트(David Bentley Hart)라는 탁월한 젊은 신학자가 저술한 것들이다. 그의 책 『무한의 아름다움』(The Beauty of the Infinite)[4]에서 내가 감동을 받은 것은, 단지 교부들이나 또는 하나님의 이야기를 해석하는 데 교부들이 동원했던 틀에 대한 방대한 학식만이 아니라, 저자가 고대의 교부들을 오늘날 포스트모던 시대의 철학자들이나 후기 기독교의 문화적인 상황과 연결시켜 상호 대화를 시도하는 방식이다. 데이빗 하트는 N. T. 라이트처럼 오늘날 우리가 사는 시대가 오래 전 로마 시대와 매우 흡사하다고 생각한다. 오늘날 우리가 다뤄야 할 쟁점들은 전세계적으로 널리 만연한 전쟁, 도덕의 붕괴, 다원주의적인 철학과 종교들의 범람(특히 영지주의)과 같은 주제들이다. 그런데 초대교회 교부들도 그 시대를 지배하던 정사들과 권세들의 문제와 씨름했던 것처럼, 우리 역시 이 시대의 정사들과 권세들과 씨름해야 한다. 오늘날 우리 시대의 문제들에 올바로 대응하려면 성경에 대한 고대의 틀을 먼저 회복해야 하고 특히 승리자 그리스도에 대한 고대 교회의 관점을 올바로 복원해야 한다.

중세시대 교회가 기독교적인 국가 체계 안에 정착한 이후 당시 교회는 그 이전에 교회에 적대적인 문화의 상황이 바뀌었다고 믿었고, 그 결과 승리자 그리스도에 대한 강조점이 그리스도의 대속을 배타적으로 희생의 관점에서만 접근하는 입장으로 바뀌고 말았다. 하지만 플로로프스키와 하트는 오늘 우리가 살아가는 포스트모던의 시대, 후기 기독교의 시대 그리고 새로운 범신론의 시대에 고대 교회의 창조-성육신-재창조의 골격을 올바로 복원하고 승리자 그리스도를 다시금 부활시킬 방법을 소개하고 있다.

---

4) David Bentley Hart, *The Beauty of the Infinite* (Grand Rapids: Eerdmans, 2003).

2) 일차 자료들

앞에서 이차 자료를 먼저 소개하고 그 다음에 일차 자료를 소개하는 것이 독자들에게는 조금은 이상하게 느껴질지도 모른다. 그런데 어떤 이들은 먼저 큰 그림을 보고 그 다음에 세부적인 사항들을 파악하는 편을 선호한다. 또 다른 이들은 먼저 세부적인 사항들로부터 시작하여 점차 큰 그림에 도달하는 편을 선호하기도 한다. 하지만 나는 먼저 전체를 보고 그 다음에 큰 그림을 떠올리면서 퍼즐의 작은 조각들을 짜맞추어가는 편을 좋아한다. 그래서 나는 먼저 전체 그림을 보여 주는 2차 자료들을 먼저 읽고 그 다음에 흥미를 갖고 일차 자료를 깊게 연구해 들어간다.

전에 나는 대학원 과정에서 속사도 교부들(the apostolic fathers, 이렇게 불린 이유는 이들은 사도전승에 대한 방어자 또는 옹호자들이었기 때문이다)에 대한 과목을 수강하면서 2세기의 교부들에 대하여 처음으로 배운 적이 있었다. 당시 나는 속사도 교부들의 저작의 진정성이나 논란의 여지가 있는 그리스 단어의 의미에 대한 해석 방법에 대해서 집중적으로 배웠다. 이 과목은 2세기의 속사도 교부들의 신학 사상에 대해서는 깊이 있게 다루지 않았다. 그러나 당시 나는 고대 교부들의 글을 읽었기 때문에, 신약성경에서 발견되는 사도들의 사상과 그 직후 사도들의 계승자이자 해석자들 사이의 긴밀한 연결고리에 관심을 기울일 수 있었다.

1세기와 2세기의 사도적인 전승의 연결고리에 관한 매우 흥미로운 책 중의 하나가 바로 시릴 리차드슨(Cyril Richardson)의 『초대 기독교 교부들』(*Early Christian Fathers*)이다.[5] 이때 나는 주후 110년에 안디옥교회의 감독이었던 이그나티우스의 일곱 편지와 디다케 그리고 특히 리용의 감독이었던 이레니우스가 작성한 이단논박(Against Heresies)을 흥미롭게 읽었다. (클레멘트, 순교자 저스틴, 터툴리안과 같은) 2세기의 다른 교부들과 함께 이들은 2세기 신학 사상의 발전을 위한 결정적인 디딤돌을 놓았다. 이들은 무엇보다

---

5) Cyril C. Richardson, ed., *Early Christian Fathers* (Philadelphia: Westminster, 1953).

도 2세기에 교회의 박해와 이론적인 반박에 직면하여 사도적인 신앙을 방어하고 보존하는 데 최선을 다했다. 이 과정에서 수많은 기독교인들이 신앙 때문에 순교하기도 하고 또 교회 지도자들은 영지주의 이단과 투쟁해야만 했다. 또한 수많은 이교도인들이 그리스도께로 회심하고 기독교 교인이 되기도 했다. 그리고 초대교회는 새로 입교한 신자들이 그리스도인으로서 어떻게 사고하고 생활해야 하는지를 교육하는 카테큐메나테(Catechumenate, 초대교회 때 아직 세례받지 않은 입교인들을 세례교인으로 훈련하는 교회교육과정 - 역주)를 발전시켰다.

2세기의 교부들과 그들의 저술들이 어떻게 내가 이전에 가지고 있던 근대주의 신학사고로부터 좀 더 역사 속에서의 하나님의 구원사역에 대한 이야기중심의 사고로의 패러다임의 전환을 가져오는 계기로 작용했는지에 대해서는 아직 말할 단계는 아닌 것 같다. 속사도 교부들의 저술들에 대해서는 더 많은 이야기를 할 수 있겠지만, 여기에서는 2세기의 가장 중요한 신학 사상가였던 이레니우스에게 국한시키고자 한다. 나의 책『고대-미래의 신앙』(Ancient-Future Faith)에서는[6] 이레니우스가 사도들의 진리에 일관성 있게 헌신했음을 자세히 상술하였기 때문에, 여기에서는 이레니우스의 총괄갱신(recapitulation)의 신학에 대해서만 짤막하게 언급하고자 한다(이 주제는 엡 1:10, "하늘에 있는 것이나 땅에 있는 것이 다 그리스도 안에서 통일되게 하려 하심이라"는 말씀에 근거하고 있다).

총괄갱신의 신학(the theology of recapitulation)은 창조-성육신-재창조에 관한 하나님의 구원 이야기에 대한 고대교회의 신학적인 윤곽을 묘사하는 한 가지 방법이다. 총괄갱신은 사도 바울의 신학에서 발견되듯이 첫째 아담과 둘째 아담을 상호 연관성 속에서 이해한다(고전 15:22). 그리고 성경 전체를 모형론의 관점에서 접근하며 그 안에서 이 교리나 저 교리를 서로 나누고 쪼개려하지 않고 성경 전체의 통일성을 강조한다. 이런 맥락에서 볼 때 예수 그리스도는 첫째 아담이 했던 것을 다시금 실행하는 새 아담이며, 인류

---

6) Robet E. Webber, *Ancient-Future Faith* (Grand Rapids: Baker, 1999).

의 모든 역사를 총괄하는 분이다. 또한 그는 사망의 권세를 정복하고 모든 악한 것들을 멸하시고 이 세상을 하나님의 영광스러운 동산으로 회복하여 성부 하나님께 되돌려 봉헌하신다. 그리고 바로 이 주님이 그의 나라에서 피조계를 영원토록 통치하신다.

이레니우스의 저술들을 통해서 나는 점점 총괄갱신 신학의 중요성을 깨닫기 시작했다. 또 성경을 새로운 관점으로 읽으면서 그 안의 모든 것들이 새롭게 이해되기 시작했다. 성경의 모든 사건들은 서로 연결되어 있으며, 이스라엘의 이야기도 새로운 각도에서 이해되기 시작했고, 복음서들 그중에 특히 권세들(the powers)에 관한 예수의 말씀도 새롭게 다가오기 시작했다. 또 서신서 어디에서든, 특히 사도 바울의 서신에서 인류 모든 역사 속에서 일하시는 삼위 하나님의 구원 활동에 관한 신학을 발견하게 되었다. 모든 만물 가운데 그리스도께서 좌정하신다는 것이다. 이렇게 사도 바울의 서신들이 새로운 관점에서 읽혀지기 시작했다.

총괄갱신의 핵심적인 주제는 성육신 사건이다. 성육신 사상이 성경 전체를 관통하고 있으며(몇몇 교부들의 이름을 언급한다면) 이그나티우스와 이레니우스 그리고 터툴리안의 사고의 핵심이기도 하다. 그러나 3세기 후반과 4세기 초반에 이르러 그리스도의 성육신에 관한 교리들이 더욱 중요한 핵심 쟁점으로 부상하기 시작했다. 예를 들어 알렉산드리아 출신의 성직자였던 아리우스(Arius)는 성육하신 하나님의 말씀이 실은 하나님의 본질이 아니라 하나님의 첫 번째 창조 행위의 결과물이라는 사상을 퍼뜨리기 시작했다. 그는 성육신하신 말씀이 성부 하나님과 동일한 본질이 아니라고 가르쳤다. 말하자면 성육신하신 그리스도는 하나님께서 첫 번째로 창조하신 피조물이고 세상의 구원을 위해서 이 세상으로 보냄을 받았다는 것이다. 아리우스의 주장에 따르면 그리스도는 하나님께서 지명하신 구세주이지만, 성부 하나님과 동일한 본질을 소유한 하나님은 아니라는 것이다.

아리우스의 주장에 대한 대표적인 비판자는 아타나시우스(Athanasius)로서 4세기의 위대한 신학자이자 성육신 교리의 대표적인 옹호자였다. 아타나시우스는 성육하신 말씀이 성부 하나님으로부터 지음을 받은 피조물이 아니라 하나님께서 직접 성육신하신 분이라고 주장했다. 성육하신 하나님의 말씀은 동정녀 마리아의 태에서 이 세상 피조계와 그 안의 피조물과 직접 연합한 하나님 자신이라는 것이다.『성육신에 관하여』(On the Incarnation)라는 그의 중요한 저술에서 아타나시우스는 논쟁의 핵심을 다루고 있는데,[7] 만일 하나님께서 그분의 고유한 본질과 속성을 그대로 간직하시면서도 성육신하지 않고 피조물인 인간과 연합하지 않으셨다면 하나님은 결국 우리를 구원하실 수 없다는 것이다. 아리우스의 사상을 격파한 아타나시우스의 교리는 니케아 회의를 통해서 교회의 공식 입장으로 공인받았다. 그리고 오늘날 니케아 신경을 고백할 때 우리는 성육신하신 하나님의 말씀은 창조된 것이 아니라 영원히 하나님 그분으로부터 독생하신(eternally begotten of God himself) 하나님이시라는 의미를 아타나시우스와 함께 고백하는 것이다. 그래서 우리와 같은 피조물이 아니라 오직 하나님만이 성육하셔서 우리를 구원하실 수 있다. 이것이 바로 "오직 하나님만이 구원하신다"는 고대 교회 신학의 중요한 원칙 중의 하나이다. 다음은 성육신하신 말씀이 성부 하나님과 동일한 본질임을 고백하는 니케아 신경의 중요한 일부분을 소개한다.

> 우리는 믿나이다.
> 우리 주 예수 그리스도는 하나님의 독생자이시며,
> 만세 전에 아버지로부터 나셨고,
> 하나님으로부터 나신 하나님이시며
> 빛으로부터 나신 빛이시고,
> 하나님으로부터 나셨으나, 창조되지 아니하셨고,
> 아버지와 같은 본성을 가지신 하나님이심을 믿사옵나이다.
> 그로 말미암아 모든 만물이 창조되었고,

---

7) Athanasius, *On the Incarnation (De Incarnatiokne Verbe Dei)*, trans. and ed. a religious of C.S.M.V. (Crestwood, NY: St. Vladimir's Seminary Press, 1975).

우리 인간들을 위하여, 또 우리의 구원을 위하여 하늘로부터 내려오시어,
성령의 능력으로 동정녀 마리아를 통하여 성육하시고 사람이 되셨나이다.
우리를 위하여 본디오 빌라도 치하에서 십자가에 못박히시고,
고난을 당하여 죽으시고 묻히셨다가 성경대로 사흘 만에 다시 부활하신 후,
다시 하늘로 오르시어 성부 하나님 우편에 앉아 계시나이다.
그분은 산 자들과 죽은 자들을 심판하러 영광중에 다시 오실 것이며,
그분의 나라는 영원할 것입니다.[8]

속사도 교부들에 대해서 연구하기 이전의 내 신학교육이나 신학배경 속에 누락되었던 것이 바로 총괄갱신의 신학이었다. 다행히도 고대 교부들의 저술들을 읽고 또 창조-성육신-재창조의 신학적인 구조에 익숙해지면서 나는 점점 더 깊은 복음주의 신앙세계 속으로 들어갈 수 있었다. 또 그동안 내 입술로 늘 고백해 왔던 것들의 의미를 좀 더 분명하게 이해할 수 있었다. 나는 평생 "하나님과 동행하는 삶"이나 "하나님께 맡기라", 또는 "주님을 구세주로 영접하면 풍성한 삶의 의미를 발견할 것이다"와 같은 지침들을 들어 왔다. 그런데 속사도 교부들의 사상을 통해서 나는 이런 지침들이나 다른 복음주의적인 교훈들은 하나님의 복음 속에 담긴 풍부한 의미들을 밖으로 간단하게 표현한 것임을 점점 이해하게 되었다. 그 이전에 나는 복음이란 그저 하나님이 내 삶의 내러티브 속으로 들어오시도록 허락하는 것이며 내 마음과 내 삶 속에 그분을 위한 어떤 여지(餘地, room)를 마련해 드리는 것이라고 생각했다. 하지만 이제 거꾸로 하나님께서 그분의 구원 내러티브 속에 나를 위한 자리를 마련하여 그 세계 속으로 초청하신다는 사실을 깨달았다. 그분의 구원 이야기 속에서 하나님은 성육하신 말씀과 성령이라는 그분의 두 손으로 인간의 상황을 근본적으로 역전시키시고 총괄적인 갱신을 이루셔서, 이제 나는 그분 안에서 그분과 함께 살 수 있게 되었다. 그 결과 그리스도를 통해서 우리는 이 땅의 죄악이 모두 사라지고 온전하게 회복된 세

---

[8] *The Book of Common Prayer*, 358-59.

상에 대한 기대와 소망을 가지고 살 수 있게 되었다. 하나님께서 성육신하시고 만물을 모두 새롭게 갱신하셨기 때문에 (총괄갱신 때문에), 이제 우리는 지금 여기에서 그분과 함께 그분의 내러티브 안에서 살 수 있게 되었고, 또 그분은 내 안에서 사시면서 세상을 위한 그분의 내러티브를 증언하는 삶을 살 수 있도록 인도하신다.

3. 하나님의 이야기

내가 정확히 언제부터 온 세상의 이야기를 하나님의 구원 이야기로 이해하기 시작했는지는 잘 모른다. 그런 관점은 지난 세월의 독서와 연구를 통해서 점점 자라갔지만, 특히 『하나님의 포옹』(The Divine Embrace)을[9] 저술하기 위하여 집중적으로 자료를 준비하는 과정에서 더욱 깊어졌다. 이 책을 저술하는 과정에서 고대 교부들의 신학적인 구조가 내 마음에 선명하게 각인되었고 내 심령에 강한 확신으로 자리하게 되었다. 또 성경 전체를 하나님의 구원 내러티브로 접근하는 관점은 이 책의 부록에도 소개된 "고대 복음주의의 미래로의 초청"을 준비하는 과정에서도 더욱 고조되었다.

하지만 이제 초대교회 교부들에 대해서 잠깐 언급해 보자. 내가 읽은 일차 자료들 중에 어떤 저술들이 하나님의 구원 이야기를 창조-성육신-재창조의 구조와 연결시키고 있는가?

이 질문과 관련하여 나는 역시나 2세기의 위대한 사상가였던 이레니우스를 다시 언급할 수밖에 없다. 이레니우스나 다른 교부들의 저술들을 읽으면서 나는 그 속에서 1970년대와 80년대에 널리 소개된 자유주의적인 관점과는 전혀 다른 하나님의 내러티브를 발견하게 되었다. 자유주의자들은 이 이야기의 역사적인 본질이나 실제성을 인정하려고 하지 않았다. 그래서 그들은 이야기 자체는 받아들이면서도 그 이야기의 역사적인 속성은 부인하는

---

9) Robert E. Webber, The Divine Embrace (Grand Rapids: Baker, 2006).

신학적인 표어들을 고안했다. 말하자면 이 이야기는 신화일 뿐이고 예수는 전세계의 보편적인 단일신화(the universal mono-myth)의 주인공일 뿐이라는 것이다. 그러한 견해는 "예수의 역사와 그리스도에 대한 믿음"이라는 구절로 집약될 수 있다. 이들에 따르면 역사적인 예수와 그리스도에 대한 믿음 사이에는 깊은 간격이 있다는 것이다. 또 이들은 창조주가 그분의 피조 세계와 피조물과 연합한 것을 실제로 발생한 역사적인 사건으로 인정하지는 않더라도, 이를 하나의 종교적인 체험을 담아 내는 보편적인 진리로 수용할 수 있다고 주장한다. 이런 교설(巧說)이야말로 이레니우스가 당대에 영지주의로 배격했던 것과 마찬가지로 이 시대에 등장한 새로운 영지주의로 배격해야 한다(앞에서 언급한 바와 같이 이 내러티브의 역사성은 이성적으로 증명할 필요가 없다. 이 내러티브는 단지 하나님의 구원 행위에 관한 권위 있고 영감된 기록이자 계시된 해설서인 성경을 통해서 수납할 뿐이다).

하나님의 구원 내러티브에 대한 이레니우스의 사상은 신화에 기초한 것이 아니라 역사적인 사실(historical fact)에 근거하고 있다. 하나님의 구원 이야기는 특정한 시간과 장소 그리고 역사 속에서 실제로 발생했다. 하나님은 우리가 살아가는 이 물질 세계를 창조하시고 이 세상 역사 속에 개입해 들어오시고 이스라엘 사람들 가운데 구원을 실행하셨고, 세상의 방향을 바꾸시고자 성육신하셨다. 그리고 그리스도는 이 세상을 재창조하시고자 육체적으로 다시 재림하실 것이다. 또한 하나님의 뜻을 따라 살아가며 이 세상을 하나님의 영광에 걸맞는 곳으로 변화시키라는 인류를 향한 창조의 위임명령은 새 하늘과 새 땅에서 실제적이고 문자적으로 실현될 것이다.

내가 주변 사람들에게 고대 교부들이 기독교 신앙과 성경을 구원 내러티브의 구조를 따라 파악했다고 말하면 그들은 뭔가 아쉽다는 듯이 웃거나 눈을 치켜뜨고서 "그것은 그렇게 이해하고 싶어서 교수님이 만들어낸 것이 아닐까요?"라고 반박하는 사람도 있다. 그럴 때면 나는 그저 어깨를 으쓱해 보이면서 웃지만, 속으로 생각하기에 그들은 아마도 교부들의 저술을 전혀 읽어 보지 않았을 것이다. 그러나 내가 그들에게 최소한도로 당부하고 싶은 것은 (그리고 때로는 그렇게 했다) 이레니우스의 『사도들의 설교에 대한 해설』 (*On the Apostolic Preaching*)만이라도 읽어 보라는 것이다. 그러면 초대교회 교부들이 성경에 기록된 하나님의 구원 이야기에 얼마나 성실했었는지를 이해할 수 있을 것이다.

『사도들의 설교에 대한 해설』은 시작부터 끝까지 하나님의 구원에 관한 이야기를 다루고 있는데, 이레니우스는 이 이야기를 나누지 않고 전체를 한 편으로 이해하였다. 이레니우스의 저술에 관한 소개의 글에서 존 베어(John Behr)는 이렇게 적고 있다. "이레니우스는 사도들의 설교를 하나님의 창조로부터 그 아들이 높이 들림 받기까지의 전체 하나님의 구원 활동의 맥락에서 면밀히 다루고 있다." 또 그 책의 서문에서는 "우리는 실제 사건들을 있는 그대로 믿어야 한다"고 하면서 이레니우스가 직시했던 하나님의 구원 이야기의 역사성을 강조하고 있다.[10]

이레니우스는 전체 성경을 자신의 독특한 관점을 따라 이해했던 2세기의 최초 교부이며, 전체 성경을 인류 역사에 관한 파노라마와 같은 전망을 우리에게 보여 주시는 하나님의 권위 있는 말씀으로 해석하였다. "사도들의 설교에 대한 해설"은 먼저 하나님의 창조로부터 시작하여 인간의 타락과 이스라엘을 통해서 계속 진행되는 인류의 역사를 다룬다. 그리고 이어서 예수 그리스도 안에서의 하나님의 구원과 성육하신 하나님의 말씀을 계속 다루고 있다. 이 저서에서 이레니우스는 이 이야기의 진리를 증명하기 위하여 본문 상호간의 논증(또는 상호텍스트적인 논증, intertextual arguments)을 동원한다. 그는 이그나티우스(주후 110년)나 순교자 저스틴(주후 150년)과 같은 교부들의 저술에서도 발견되듯이, 특히 선지서로부터 자신의 논증을 끌어 온다. 존 베어(John Behr)에 의하면, "이레니우스는 성령의 능력 안에서 자신의 아들 예수 그리스도를 통하여, 성령의 능력을 통하여 사람들에게 자신을 계시하시고 흙을 취하여 만드신 피조물을 자신과의 친밀한 교제 안으

---

10) St. Irenaeus of Lyons, *On the Apostolic Preaching*, trans. John Behr (Crestwood, NY: St. Vladimir's Seminary Press, 1997), 17.

로 인도하신 분이 바로 오직 한 분이신 하나님이심을 논증하고 있다."¹¹⁾ 그래서 오늘날 우리는 하나님께서 둘째 아담의 순종으로 첫째 아담의 실수를 총괄적으로 갱신하셨음을 설교하고 찬양할 수 있게 되었다. 그분의 두 손인 성육하신 말씀과 성령을 통하여 하나님은 이 세상을 새롭게 갱신하시고 이제 우리는 하나님께서 최종적으로 완성하실 역사에 관한 기대와 소망 속에서 살 수 있게 되었다.

총괄갱신의 주제는 이레니우스 뿐만 아니라 2세기의 다른 교부들의 글에서도 중심을 이루고 있다. 기독교 전통 안에서 이 주제를 다룬 설교로 지금까지 남아 있는 최초의 사례가 하나 있다. 그것은 내가 앞의 5장에서 이미 언급한 바와 같이, 사르디스의 멜리토(Melito of Sardis)가 주후 195년경에 부활절 전야 예배(Easter Vigil)에서 전했던 설교문이다. 이 설교문에 대해서는 이미 앞에서 살펴보았기 때문에, 여기에서는 다만 고대 교회에서 복음을 설교하고 소통할 때 이스라엘의 이야기와 예수의 이야기가 얼마나 중요한 위치에 있었는지에 관한 통찰을 보여 주는 사례 설교문으로만 언급하고자 한다. 이 설교에는 다양한 이미지와 모형론이 가득 차 있어서, 당시 교회가 성경본문을 어떻게 이야기의 구조를 따라서 읽고 설교했는지를 오늘날까지 생생하게 보여 주는 분명한 증거이다.

오늘날 우리도 예배 시간에 설교를 전하고 듣는다. 오늘날 우리는 하나님의 전능하신 구원 행위를 기억하며 그 구원 이야기를 설교에서 선포한다. 또 성만찬을 통해서 하나님의 구원 이야기와 장차 이루어질 하나님의 미래를 극화하고(dramatize) 실행하며, 그렇게 함으로써 장차 임할 하나님 나라에 대한 현실적이고 실존적인 체험 속에서 그 나라의 도래를 온 세상에서 알리고 선포한다.

동방과 서방의 예전 양쪽의 역사적인 발전에 영향을 준 또 다른 대표적인 고대 교부들의 작품 가운데 하나가 바로 히폴리투스(Hippolytus)가 주후 215

---

11) Ibid., back cover.

년에 저술한 『사도전승』(On the Apostolic Tradition)이다.[12] 이 작품에 대해서도 이미 앞서 언급했기 때문에 여기에서는 다만 이 저술에서도 성만찬 기도(아나포라, anaphora - 그리스어로 떠오름이나 봉헌을 의미하며, 주로 성만찬의 감사 기도를 가리킴 - 역주)를 하나님의 내러티브 관점에서 접근했다는 점만 잠깐 주목하고자 한다. 물론 이 내러티브 역시 삼위일체적이다. 그래서 히폴리투스는 성만찬 기도가 어떻게 성부 하나님의 구원에 대한 찬양과, 역사 속에서의 성자 하나님의 구원사역에 대한 기억 그리고 자기 백성들을 하나로 연합시키고 그분의 진리를 신앙으로 확증하시는 성령의 역사를 지향하고 있는지를 잘 논증한다(좀 더 자세한 내용을 위해서는 5장의 "히폴리투스의 기도문"을 참고하라).

4. 요약

앞에서 나는 성경과 기독교 신앙에 대한 나의 사고가 근대적인 사상에서 벗어나 좀 더 히브리적이고 통합적인 고대의 사상으로 발전하는 데 도움을 주었던 몇몇 고대 교부들의 중요한 일차 저술들과 이차 자료들에 관한 간략한 시야를 제공해 보려고 하였다.

내가 밟았던 학문적인 순례는 다른 사람에게도 똑같이 적용될 규범은 아니다. 내가 확신하기로는 근대성으로부터 벗어나서 고대의 사상에 도달하는 데는 여러 방법이 있을 것이다. 하지만 내가 거쳤던 학문적인 순례 여정을 통해서 독자 여러분들도 초대교회의 신학과 실천에 좀 더 많은 관심을 갖는데 다소 도움이 될 수 있기를 희망한다.

결론적으로 나는 성경과 신앙을 창조-성육신-재창조의 패러다임을 따라서 이해하면서 하나님께서 어떻게 이 세상을 향한 자신의 구원 목적을 완성하시고자 만물을 자신에게로 회복시키시면서 만물을 총괄적으로 갱

---

12) Hippolytus, *On the Apostolic Tradition*.

신하시는지에 관한 이야기의 구조에 따른 신앙의 해석학(the story-formed hermeneutic of the faith)을 고대 교회로부터 배워 왔고 또 앞으로도 그러할 것이다. 여러분도 성경을 영적으로 읽는 방법을 익힘으로써, 사도들의 전승을 올곧게 따라가는 고대-미래의 예배를 준비할 수 있기를 바란다.

부록

고대 복음주의 미래로의 초청

프롤로그

시대마다 성령께서는 성경에 권위 있게 기록되어 교회를 통해서 끊임없이 전승되어 오고 있는, 예수 그리스도 안에서의 하나님의 계시를 교회가 얼마나 신실하게 붙잡고 있는지를 스스로 점검해 볼 것을 요구하신다. 그래서 나는 오늘날 전세계에 널리 퍼진 복음주의의 생명력과 견고함에 대해서 분명한 확신을 갖고 있지만, 그럼에도 불구하고 오늘날 북미권의 복음주의는 현재 하나님의 백성들이 직면한 새로운 내부적인 그리고 외부적인 도전에 대해서 특별히 민감하게 반응할 필요가 있다고 확신한다.

오늘날 현재 하나님의 백성들이 직면한 외부의 도전 중에는 급변하는 문화적인 환경이나 또는 새롭게 등장하는 종교적이고 정치적인 관념론들도 있다. 또한 내부의 도전 중에는 오늘날의 시민 종교나 합리주의, 개인주의 그리고 실용주의와 야합한 복음주의도 있다. 이러한 내부, 외부의 도전 앞에서 복음주의자들은 고대 교회의 합의와 일치를 통해서 정리되고 그 이후 동방 교회의 발전과 로마 가톨릭교회의 타락과 이에 대항한 개신교 종교개혁 그리고 복음주의적인 대각성 운동의 과정에서 확립된 기독교 신앙을 올바로 회복함으로써 이런 도전 앞에서 자신들의 증언을 더욱 강화시켜 나가야 한다. 오늘날 우리와 마찬가지로 고대 기독교인들 역시 정치적인 압제와 이교도들의 비판 그리고 영지주의와 같은 다양한 도전에 직면했다. 이단의 공격과 박해 앞에서 그들은 인류 역사를 이스라엘 역사와 특히 예수 그리스도의 죽음과 부활 그리고 하나님 나라의 도래로 최고조에 달하는 하나님의 구원 내러티브의 연장선상에서 이해하였다.

고대 교회처럼 오늘날의 교회 역시 자신들이 믿고 따르는 복음과 모순되거나 경쟁하는 다양한 거대담론들과 조우하고 있다. 여기에서 제기되는 질문이 하나 있다. 과연 누가 이 세상을 진술하는가? 고대 복음주의의 미래(an Ancient Evangelical Future)가 복음주의 기독교인들을 향하여 던지는 도전의 메시지는 인류 역사 속에서의 하나님의 구원 행위에 관하여 하나님께서 직접 계시로 알려 주신 성경의 이야기의 중요성을 다시금 회복하여 높이 천명하라는 것이다. 하나님 나라에 관한 내러티브에는 교회의 신학적인 성찰의 토대 뿐 아니라 예배와 영성과 같은 교회의 공적인 사역과 세상 속에서의 선교를 위한 항구적인 의미가 들어 있다. 그래서 오늘날의 교회는 이런 주제들을 복원함으로써 이 시대 교회가 다루어야 할 과제들을 감당할 힘을 공급받을 수 있다.

1. 성경 내러티브의 중요성에 관하여

지금까지 나는 현대의 복음주의자들이 현대 교회가 하나님의 권위로 계시된 삼위 하나님의 구원에 관한 성경 이야기의 중요성으로 되돌아가야 한다는 점을 당부하였다. 창조와 성육신 그리고 재창조로 진행되는 이 이야기는 인류 역사에 대한 그리스도의 총괄갱신을 통해서 실행되었는데, 초대교회 교부들은 이 이야기를 신앙의 표준(rules of faith)에 잘 정리해 놓았다. 초대교회 당시 복음의 근간을 주된 내용으로 담고 있는 이 표준들은 성경을 해석하고 당대의 문화에 대한 비평의 열쇠를 제공했으며 교회의 목회사역을 위한 기반을 제공했다. 그래서 나는 오늘날의 복음주의자들도 복음을 단순한 명제로 축소시키는 근대적인 신학 방법론을 버리고 또 이 시대의 문화에 너무 끼워맞추다 보니 하나님의 내러티브의 중요성을 간과하거나 심지어 그 속에 담긴 우주적인 구원의 의미를 도외시하는 현대의 목회사역으로부터 돌아서라고 요청한다. 여러 이야기들이 서로 경쟁하는 세상에서 복음주의자들은 이 세상의 참된 이야기인 하나님의 말씀의 진리를 회복하고 이 이야기를 복음주의적인 삶의 근간으로 삼을 것을 당부한다.

2. 하나님의 내러티브의 연장인 교회에 관하여

나는 오늘날의 복음주의자들이 교회의 가시적인 차원을 아주 중요하게 여길 것을 당부한다. 또한 하나님의 선교(Missio Dei)에 대한 교회의 신실한 반응으로서 이 세상에서의 선교에 헌신할 것과, 교회 본연의 일치와 거룩성, 보편성 그리고 사도성을 위한 교회일치적인 탐구에 헌신할 것을 당부한다. 또한 복음주의자들은 교회를 그저 하나님의 구속계획에 뒤따르는 보잘것없는 부록에 불과한 것처럼 여기는 개인주의로부터 돌아설 것을 촉구한다. 개인주의적인 복음주의가 오늘날 교회 없는 기독교(churchless Christianity)의 문제를 악화시키고 있으며, 세상의 비지니스 모델이나 분리주의적인 교회론을 따라서 교회를 이해하도록 유혹하거나 교회를 그저 맹목적으로 비판하는 원인으로 작용하고 있다. 따라서 나는 오늘날의 복음주의자들이 신앙 공동체 안에서 교회의 보편성과 공공성을 올바로 회복할 것을 당부한다.

3. 하나님의 내러티브에 대한 교회의 신학적인 성찰에 관하여

나는 이 시대 교회의 신학적인 성찰이 초대교부들을 통해서 전승된 신학적인 해석과의 연속성을 유지하면서 성경에 올바로 뿌리내릴 것을 당부한다. 그래서 이 시대 복음주의자들은 기독교 교회가 그 이전 초대교회로부터 물려받은 공통의 전승과 멀어지는 방법론들로부터 돌아설 것을 촉구한다. 이러한 현대적인 방법들은 하나님의 구원 이야기에서 그리스도 안에서 총괄적으로 갱신되고 있는 하나님의 전체 구원사역의 중요성을 간과할 뿐만 아니라 이 이야기를 전체로 접근하지 않고 그 일부분만을 합리적으로 분석하다가 결국 전체 이야기를 조각내고 있다. 또한 이 이야기에 대한 반역사적인 태도 역시 고대 교회가 강조했던 공통의 성경적이고 신학적인 유산의 중요성을 무시한다.

이러한 태도는 모든 교회가 함께 공통으로 고백하는 신조들에 대한 해석학적인 가치를 무시하는 것이다. 그리고 이 세상에 관한 하나님의 이야기를 그저 다양하게 경쟁할 수 있는 이론들 중의 하나로 폄하하고 이 세상의 역사를 향한 하나님의 구원 계획을 증언하는 교회의 일관된 증언 활동에 해를 끼친다. 그래서 나는 오늘날의 복음주의자들은 다양한 개신교 전통에 대한 관용과 동정을 잃지 않으면서도 그 신앙과 삶 속에서 "온 교회가 함께 고백했던 전통"과의 일치를 이룰 것을 당부한다.

4. 하나님의 내러티브를 말하고 실행하는 교회의 예배에 관하여

나는 또 오늘날의 복음주의자들은 예배를 통해서 하나님의 이야기를 설교하고 찬송하며 구현할(enact) 것을 당부한다. 그리고 이 시대 교회는 하나님께서 세례와 성찬, 신앙고백, 안수, 결혼, 성령의 은사를 통한 치유사역을 통해서 어떻게 자신의 백성들을 돌보시고 우리의 삶을 빚어내시는지 그리고 세상 속에서 일하시는 하나님의 의미를 어떻게 깨닫도록 안내하시는지에 대해서 새로운 관점으로 접근할 것을 당부한다. 그래서 복음주의자들은 하나님을 단순히 인간 지성의 대상으로 간주하거나 예배의 중심에 하나님이 아니라 인간 자아를 올려놓으려는 세속적인 예배로부터 돌아설 것을 촉구한다. 그런 예배는 강의중심의 예배로 귀결되거나, 음악과 흥행물 또는 프로그램 연출과 공연이 지배하는 예배로서 하나님의 우주적인 구원을 올바로 선포하는 데 실패할 수밖에 없다. 그래서 나는 이 시대 복음주의자들은 말씀과 성만찬이라는 예배의 역사적인 본질을 올바로 회복할 것과 흘러가는 시간을 역사 속에서의 하나님의 구원 행위에 정초시키는 기독교 교회력을 따라 예배할 것을 당부한다.

5. 하나님의 내러티브의 구현인 교회 안에서의 영성 형성에 관하여

나는 또 교회 안에서 하나님의 백성들의 영성 형성을 위한 교리교육을 삼위일체적인 성경 내러티브의 확고한 토대 위에서 실행할 것을 당부한다. 오늘날 기독교의 영성과 관련하여 내가 염려하는 것은 영성이 하나님의 구원 이야기로부터 분리되고 또 그리스도의 생명 안으로의 세례와 그의 몸 된 교회와의 연합으로부터 분리되는 것이다. 하나님의 구원 이야기로부터 분리된 영성은 때로는 율법주의의 색채를 띠거나 초월적인 지식에 함몰되거나 또는 과도한 치유 지향적인 문화, 뉴에이지, 영지주의, 혹은 이 세상에 대한 이원론적인 배척, 혹은 자신만의 독특한 경험에 대한 자기애적인 집착의 형태로 나타날 수 있다. 이러한 거짓된 영성은 오늘날 교회가 직면한 여러 도전들에 올바로 응전하기에는 매우 부적합하다. 그래서 나는 이 시대 복음주의자들은 고대 교회의 카테큐메나테(Catechumenate)에서 가르쳤고 실행했던 것과 같은 역사적인 영성으로 되돌아갈 것을 당부한다.

6. 세상 속에서 구현되는 교회의 생명에 관하여

나는 또 이 시대 복음주의자들이 십자가의 영성을 회복하고 세상 속에서의 하나님의 선교에 헌신할 것을 당부한다. 이런 모습으로 구현되는 경건은 삶의 가치를 존중하며 세상 속에서의 성경적인 도덕과 적절한 자기 부인을 강조한다. 십자가의 영성은 또한 이 세상 질서에 대한 신실한 청지기의 사명과 아울러 이 시대의 문화를 향하여 담대한 선지자의 사명을 지향한다. 그래서 나는 이 시대 복음주의자들은 우리에게 생명을 베푸신 하나님의 은사에 대한 이 시대의 무관심과, 정치적이고 경제적인 불의, 생태환경에 대한 무관심, 가난한 자들과 약자들에 대한 냉대에 선지자적인 음성으로 대항할 것을 촉구한다. 사실 우리 복음주의자들은 이 시대의 인종차별과 소비주의, 정치적인 보복, 시민 종교, 성차별주의, 윤리적인 상대주의, 폭력과 죽음의 문화에 대항하여 선지자적인 입장을 단호하게 보여 주는 데 실패하였다. 이런 실패 때문에 자신의 몸된 교회를 통하여 세상에 말씀하시는 그리스도의 음성은 자꾸만 침묵하며 교회 역시 세상 앞에서 집단적으로 구현해야 할 하나님의 이야기로부터 점점 멀어져 가고 있다. 그래서 나는 이 시대 교회가 세상을 향한 반문화적인 사명을 회복할 것을 당부한다.

에필로그

결론적으로 우리 복음주의자들은 세상에서 하나님 나라를 증언하며 세상 문명의 영적인 토대를 제공하는 교회의 선교적인 사명의 원동력이 바로 하나님의 구원 이야기라는 확신을 다시금 회복할 것을 촉구한다. 나는 이러한 요청을 일종의 지속적이면서도 끝이 열려 있는 대화로 독자들 앞에 제시하고자 한다. 나에게도 잘 보지 못하는 맹점과 약점이 있을 것이다. 그래서 나는 이 시대 복음주의자들이 여러 교육기관이나 교단 혹은 지역 교회 안에서 다양한 형태의 출판물이나 컨퍼런스를 통해서 내가 여기에서 부탁한 당부의 말씀을 진지하게 고민해 볼 수 있기를 바란다.

간절히 기도하옵기는, 주께서 은혜와 능력을 공급하심으로 이 시대 교회가 성육신을 통해서 인류 역사 속에 개입해 들어오신 초월하시며 참되신 삼위 하나님을 선포하는 자리로 나아갈 수 있기를 간구한다. 또 내 마음에 간절히 원하는 바는 우리의 신학적인 성찰과 예배, 영성 그리고 이 세상에서의 삶을 포함하여 이 모든 교회의 선교 사역이 성경과 신조 그리고 교회의 전통과의 일치 안에서, 하나님의 목적을 올바로 구현하며, 예수 그리스도께서 이 세상 만유 가운데 참 주님이심을 선포함으로 그분께 세세 무궁토록 영광돌릴지어다.

참고 문헌

Works Cited

Athanasius. *On the Incarnation (De Incarnatione Verbi Dei)*. Translated and edited by a religious of C.S.M.V., with an introduction by C. S. Lewis. Crestwood, NY: St. Vladimir's Seminary Press, New Edition, 1975.

Aulen, Gustaf. *Christus Victor: A Historical Study of the Three Main Ideas of the Atonement*. New York: Macmillan, 1969; Eugene, OR: Wipf & Stock, 2003.

Balentine, Samuel E. *The Torah's Vision of Worship*. Minneapolis: Fortress Press, 1999.

Balthasar, Hans Urs von. *Prayer*. San Francisco: Ignatius, 1986.

Beale, G. K. *The Temple and the Church's Mission: A Biblical Theology of the Dwelling Place of God*. Downers Grove, IL: InterVarsity Press, 2004.

Deiss, Lucien. *Early Sources of the Liturgy*. 2nd ed. Trans. Benet Weatherhead. Collegeville, MN: Liturgical Press, 1975.

Florovsky, Georges. *Creation and Redemption*. Belmont, MA: Nordland Publishing, 1976.

Hart, David Bentley. *The Beauty of the Infinite*. Grand Rapids: Eerdmans, 2003.

Hippolytus. *On the Apostolic Tradition*. An English version with introduction and commentary by Alistair Stewart-Sykes. Crestwood, NY: St. Vladimir's Seminary Press, 2001.

St. Irenaeus of Lyons. *On the Apostolic Preaching*. Translation and introduction by John Behr. Crestwood, NY: St. Vladimir's Seminary Press, 1997.

Melito of Sardis. *On Pascha*. Translated, introduced, and annotated by Alistair Stewart-Sykes. Crestwood, NY: St. Vladimir's Seminary Press, 2001.

Meyendorff, John. *Byzantine Theology: Historical Trends and Doctrinal Themes*. New York: Fordham University Press, 1974.

Richardson, Cyril C., ed. and trans. *Early Christian Fathers*. Philadelphia: Westminster, 1953.

Schmemann, Alexander. *The Eucharist: Sacrament of the Kingdom*. Crestwood, NY: St. Vladimir's Seminary Press, 1988.

Webber, Robert E. *Twenty Centuries of Christian Worship*. Peabody, MA: Hendrickson, 1994.

Wilson, Marvin R. *Our Father Abraham*. Grand Rapids: Eerdmans, 1989.

Recommended Works

Anderson, Bernard A. *From Creation to New Creation*. Minneapolis: Fortress Press, 1994.

Baker, Jonny, and Doug Gay with Jenny Brown. *Alternative Worship*. Grand Rapids: Baker, 2004.

Bartholomew, Craig R., and Michael W. Goheen. *The Drama of Scripture*. Grand Rapids: Baker, 2004.

Basden, Paul. *Exploring the Worship Spectrum*. Grand Rapids: Zondervan, 2004.

Batson, David. *The Treasure Chest of the Early Christian*. Grand Rapids: Eerdmans, 2001.

Chan, Simon. *Liturgical Theology*. Downers Grove, IL: InterVarsity Press, 2006.

Church, Forester F., and Terrence J. Mulry, eds. *Earliest Christian Prayers*. New York: Macmillan, 1988.

Daley, Brian E. *The Hope of the Early Church*. Peabody: Hendrickson, 2003.

Dawson, John David. *Christian Figural Reading and the Fashioning of Identity*. Berkley: University of California Press, 2002.

Green, Joel B., and Michael Pasquarello III. *Narrative Reading, Narrative Preaching*. Grand Rapids: Baker, 2003.

Hall, Christopher A. *Learning Theology with the Church Fathers*. Downers Grove, IL: InterVarsity Press, 2002.

———. *Reading Scripture with the Church Fathers*. Downers Grove, IL: InterVarsity Press, 1988.

Lee, Philip J. *Against the Protestant Gnostics*. New York: Oxford, 1987.

Peterson, Eugene H. *Eat This Book*. Grand Rapids: Eerdmans, 2006.

Ramsey, Boniface. *Beginning to Read the Fathers*. New York: Paulist Press, 1985.

Seitz, Christopher R. *Figured Out*. Louisville: Westminster John Knox Press, 2001.

———, ed. *Nicene Christianity*. Grand Rapids: Brazos Press, 2001.

Thompson, Bard. *Liturgies of the Western World*. New York: World Publishing, 1962.

Webber, Robert E. *Ancient-Future Faith*. Grand Rapids: Baker, 1999.

———. *The Divine Embrace*. Grand Rapids: Baker, 2006.

———. *Worship Old and New*. Grand Rapids: Zondervan, 2nd ed., 1994.

Wilken, Robert L. *Remembering the Christian Past*. Grand Rapids: Eerdmans, 1995.

Williams, D. H. *Retrieving the Tradition and Renewing Evangelicalism*. Grand Rapids: Eerdmans, 1999.

———, ed. *The Free Church and the Early Church*. Grand Rapids: Eerdmans, 2002.

———, ed. *Tradition, Scripture and Interpretation*. Grand Rapids: Baker, 2006.

예배학
하나님의 구원 내러티브의 구현

Ancient-Future WORSHIP

2011년 03월 14일 초판 발행
2021년 06월 30일 초판 4쇄 발행

지 은 이 | 로버트 E. 웨버

옮 긴 이 | 이승진

펴 낸 곳 | 사)기독교문서선교회
등   록 | 제16-25호(1980. 1. 18)
주   소 | 서울시 서초구 방배로 68
전   화 | 02) 586-8761~3(본사) 031) 942-8761(영업부)
팩   스 | 02) 523-0131(본사) 031) 942-8763(영업부)
홈페이지 | www.clcbook.com
이 메 일 | clckor@gmail.com
온 라 인 | 기업은행 073-000308-04-020, 국민은행 043-01-0379-646
          예금주: 사)기독교문서선교회

ISBN 978-89-341-1132-0 (93230)

* 낙장·파본은 교환해 드립니다.